TABLEAU GÉNÉRAL

DE

L'ORGANISATION, DES TRAVAUX ET DU PERSONNEL

DE

L'INSTITUT DE DROIT INTERNATIONAL

PENDANT LES DEUX PREMIÈRES PÉRIODES DÉCENNALES DE SON EXISTENCE (1873-1892)

DRESSÉ
EN VERTU D'UNE DÉCISION DE L'INSTITUT

PAR

M. Ernest LEHR
son Secrétaire général

PARIS
G. PEDONE-LAURIEL, Libraire-Éditeur

BRUXELLES
OFFICE DE PUBLICITÉ
J. LEBÈGUE & Cie

LA HAYE
BELINFANTE FRÈRES
LIBRAIRES-ÉDITEURS

BERLIN
PUTTKAMMER & MÜHLBRECHT
LIBRAIRES-ÉDITEURS

GENÈVE
HENRI GEORG
LIBRAIRE

1893

TABLEAU GÉNÉRAL

DE

L'INSTITUT DE DROIT INTERNATIONAL

1873-1892

PRÉFACE

L'Institut de droit international avait exprimé, dans l'une de ses dernières sessions, le désir que ses règlements, ses travaux et ses résolutions fussent résumés en un volume plus portatif que ne l'est la collection de ses *Annuaires*. La rédaction de ce volume s'est trouvée retardée pendant plusieurs années par des circonstances indépendantes de la volonté de mon honorable prédécesseur. Il m'a paru d'autant plus important de l'entreprendre dès mon entrée en fonctions, que l'Institut commence aujourd'hui la vingtième année de son existence et que, après cette période déjà longue d'activité et d'études patientes, il est utile de regarder en arrière, de mesurer le chemin parcouru et de constater si les résultats obtenus répondent à ce qu'espéraient ses promoteurs en 1873.

Si l'on veut bien jeter un coup d'œil sur les quatorze chapitres dans lesquels j'ai cherché à grouper les travaux accomplis ou en cours d'exécution, on reconnaîtra, je l'espère, que, fidèle à son programme, notre Compagnie a vaillamment travaillé à formuler les principes généraux de la science, sérieusement concouru à une codification graduelle et progressive du droit international, poursuivi sans relâche la consécration des règles reconnues comme étant en harmonie avec les besoins des sociétés modernes, et contribué, pour sa part, à assurer le triomphe de la justice et de l'humanité dans les relations des peuples civilisés.

Il n'est, pour ainsi dire, pas une question importante du droit international public ou privé qui n'ait fait l'objet de ses délibérations ou qui ne soit déjà inscrite sur le programme de ses prochaines sessions. Pour ne rappeler ici que ses résolutions les plus importantes sur les conflits de lois, l'Institut a posé, en matière civile, les règles de la capacité, du mariage, de la tutelle; en matière commerciale, celles du droit de change et du fonctionnement des sociétés par actions; en matière maritime, celles de l'assurance et de l'abordage; en matière pénale, celles de l'extradition; en matière de procédure, celles de la compétence des tribunaux, de la preuve des lois étrangères et de l'exécution des jugements. Il a élaboré des règlements sur le blocus pacifique, sur l'admission et l'expulsion des étrangers, sur la procédure arbitrale. En ce qui concerne le droit de la guerre, il est probablement superflu de mentionner, tant ils sont connus, son *Manuel des lois de la guerre sur terre* et son projet de *Règlement sur les prises maritimes.*

Parmi les matières qui occupent actuellement ses quinze commissions d'étude, il suffira de citer la faillite en droit international, le régime de la mer territoriale, la contrebande de guerre, les questions de nationalité et de naturalisation, le régime des capitulations, les immunités diplomatiques et consulaires.

Un corps international dont les réunions sont forcément espacées et qui, en moins de vingt ans, peut porter à son actif des études approfondies sur un pareil ensemble de sujets, difficiles et délicats entre tous, est assurément fondé à se rendre le témoignage qu'il n'a pas perdu son temps et que la science a eu, dans ses sessions, la large part qui lui revenait. On se tromperait, d'ailleurs, si, en dehors des délibérations proprement dites sur les points portés à l'ordre du jour, on méconnaissait l'utilité de relations personnelles, amicales et fréquentes, entre des hommes choisis, parmi les jurisconsultes éminents de l'univers entier, à raison de leurs connaissances spéciales en matière de droit international. Non seulement toutes les questions sont étudiées, avec une exceptionnelle compétence, par des savants qui représentent tous les pays et toutes les écoles; mais encore elles le sont par des hommes qui, en se voyant de près sur un terrain neutre, ont appris à s'estimer et à s'aimer, malgré des différences de nationalité ou des divergences de doctrine. Ce qui donne leur valeur particulière aux résolutions de l'Institut, c'est que ses membres sont à la fois des spécialistes rompus à toutes les difficultés du sujet et des hommes de bonne volonté, désireux d'arriver à une entente cordiale, en faisant la part de toutes les objections, de toutes les susceptibilités légitimes. Leurs avis sont souvent des transactions : ils n'en valent peut-être que mieux.

Après avoir donné les règlements de l'Institut et le résumé de ses travaux de 1873 à 1892 inclusivement, le présent volume réserve une place légitime à la biographie des travailleurs qui ont concouru à l'œuvre. Tous les membres et associés, soit actuels, soit décédés, y ont leur notice spéciale, et l'on trouvera, dans cette sorte de Dictionnaire des « internationalistes » contemporains, les noms de la plupart des jurisconsultes qui, dans leurs pays respectifs, tiennent haut et ferme le drapeau du droit international.

Pour les notices comme pour les travaux eux-mêmes, le *Tableau général* n'est qu'un sommaire des douze *Annuaires* parus. Bien loin de rendre inutiles les volumes antérieurs, il en présuppose au contraire la connaissance. De même que, pour les travaux, il ne donne, à part une courte introduction historique sur chaque question, que les résolutions votées par l'Institut et renvoie expressément aux *Annuaires* soit pour les rapports et mémoires qui les ont préparées, soit pour les délibérations qui en sont le commentaire nécessaire, de même, dans les notices, il se borne à rappeler les linéaments principaux de la vie de chaque membre et ses publications les plus considérables, à l'exclusion de ceux de ses écrits, souvent très nombreux et d'une haute valeur scientifique, qui ne constituent pas des volumes ou des ouvrages proprement dits ; ces opuscules, omis dans le *Tableau général*, sont énumérés dans les divers volumes de l'*Annuaire*, aussi complètement qu'il a plu aux intéressés d'en fournir la liste, et c'est là qu'il faut les chercher.

Le *Tableau général* renferme, pour autant que le rédacteur a été en mesure de les donner, tous les renseignements précis et d'une utilité immédiate; mais il n'a d'autre prétention que d'être un *vade mecum*, un livre à consulter, un résumé qui, pour atteindre son but, a été maintenu systématiquement dans des limites aussi étroites que possible. Si j'avais cédé à la tentation d'y introduire *tout* ce qui est intéressant dans les travaux de l'Institut ou dans la liste des publications de ses membres, l'ouvrage aurait eu deux ou trois volumes et n'aurait plus été portatif.

On me pardonnera d'insister, en terminant, sur ces quelques points. Si scrupuleux et si soucieux de toutes les convenances individuelles que j'aie été dans mon travail, je ne me dissimule pas que certains de mes honorés confrères le trouveront ou trop long.... ou trop court. Je me permets de leur demander quelque indulgence à raison même des difficultés de l'œuvre : j'espère que, malgré ses imperfections, elle pourra leur rendre certains services, et ce sera ma récompense.

Ernest Lehr.

Lausanne, le 15 janvier 1893.

TABLE ANALYTIQUE DES MATIÈRES

PREMIÈRE PARTIE

Statuts et règlements de l'Institut.

DEUXIÈME PARTIE

Travaux de l'Institut.

I

Connaissance des lois étrangères et des traités internationaux.

II

Conflit des lois civiles.

III

Conflit des lois en matière commerciale.

IV

Droit maritime en temps de paix [1].

V

Conflit des lois pénales.

[1] Une résolution votée par l'Institut, à Hambourg, le 12 septembre 1891, sur les conflits de lois en matière maritime, est reproduite p. 227, note 2.

VI

Procédure.

VII

Procédure dans les procès mixtes entre ressortissants d'États ayant le droit de juridiction consulaire dans les pays d'Orient.

VIII

Solution pacifique des différends internationaux.

IX

Mesures de coercition en temps de paix.

X

Occupation de territoires.

XI

Fleuves internationaux.

XII

Lois et coutumes de la guerre.

XIII

Guerres maritimes.

XIV

Sujets à l'ordre du jour de l'Institut, sur lesquels il n'est encore intervenu aucun vote de principes.

XV

De quelques matières, ayant fait l'objet des délibérations de l'Institut, sur lesquelles il est intervenu, depuis lors, des actes internationaux ou officiels.

TROISIÈME PARTIE

Personnel de l'Institut de droit international.

I

Composition primordiale de l'Institut.

II

Liste des membres et associés de l'Institut, classés par pays et d'après la date de leur première élection, avec l'indication des fonctions qu'ils ont remplies et des sessions auxquelles ils ont assisté.

III

Liste des membres ou associés de l'Institut par rang d'ancienneté.

IV

Composition du bureau aux diverses sessions de l'Institut.

V

Membres et associés présents aux diverses sessions.

VI

Notices biographiques et bibliographiques sur les membres et associés actuels de l'Institut.

VII

Notices biographiques et bibliographiques sommaires sur les membres décédés.

VIII

Renseignements biographiques parvenus au Secrétariat général postérieurement à l'impression des notices qui précèdent.

PERSONNEL

DE

L'INSTITUT DE DROIT INTERNATIONAL

au 31 décembre 1892.

Président d'honneur de l'Institut.

M. ROLIN-JAEQUEMYNS, élu en septembre 1892.

BUREAU DE L'INSTITUT

Président.

M. G. MOYNIER, élu en septembre 1892 pour être en fonctions jusqu'au commencement de la prochaine session.

Vice-Présidents.

MM. HOLLAND et ALBÉRIC ROLIN, élus en septembre 1892 pour être en fonctions jusqu'au commencement de la prochaine session.

Secrétaire général.

M. ERNEST LEHR, élu en septembre 1892 pour six ans.

FONCTIONNAIRES DE L'INSTITUT

Gestion financière.

Trésorier: M. Éd. Rolin, associé et secrétaire, élu en septembre 1891 pour trois ans.

Secrétariat de l'Institut.

Secrétaire: M. Éd. Rolin, associé et trésorier, renommé en 1892.

Secrétaire-adjoint: M. J. Berney, professeur de droit à l'université de Lausanne, nommé en 1892.

Comité de rédaction.

MM. Lehr et Rivier, désignés en 1892.

MEMBRES HONORAIRES, MEMBRES ET ASSOCIÉS

(avec leurs adresses)

Membres honoraires.

Field (David Dudley), avocat, membre fondateur de l'Institut, Washington Buildings, nº 1, Broadway, New-York.

Hart (sir Robert), G. C. M. G., inspecteur général de la douane maritime chinoise, Péking.

Lambermont (*Bon F.-A.*), ministre d'État, secrétaire général du ministère des Affaires étrangères, Bruxelles.

Parieu (*E. de*), membre de l'Institut de France, *ancien président de l'Institut*, 14, rue Las Cases, Paris.

Twiss (*sir Travers*), Q. C., membre fondateur et *ancien vice-président de l'Institut*, Riverside, Ashford (Middlesex).

Membres.

Aschehoug (*T.-H.*), professeur à l'université, ancien membre du Storthing, Christiania.

Asser (*T.-M.-C.*), conseiller d'État en service extraordinaire, avocat, professeur de droit, *ancien vice-président de l'Institut*, Heerengracht, Amsterdam.

Aubert (*Ludvig*), professeur à l'université, Christiania.

Bar (*L. de*), professeur à l'université, membre du Reichstag allemand, *ancien président de l'Institut*, Gœttingue.

Barclay (*T.*), avocat, secrétaire honoraire et conseil de la Chambre de commerce anglaise, 17, rue Pasquier, Paris.

Brocher de la Fléchère (*Henri*), professeur à l'université, 9, rue Bellot, Genève.

Brusa (*Emilio*), professeur à l'université, *ancien vice-président de l'Institut*, 98, Corso Vittorio-Emanuele, Turin.

Calvo (*Charles*), ministre de la République Argentine, 9, Roonstrasse, Berlin.

Clunet (*Éd.*), avocat, directeur du *Journal du Droit international privé*, 1, place Boïeldieu, Paris.

Demangeat (*C.*), conseiller à la Cour de cassation, professeur honoraire à la faculté de droit, 62, rue Saint-Placide, Paris.

Den Beer Poortugael, général-major, conseiller d'État, ancien ministre de la Guerre, la Haye.

Dicey (*A.-N.*), professeur à l'université, All Souls College, Oxford.

Dillon (*J.-F.*), attorney and counsellor at law, 50, Wall street, Brown Building, New-York.

Engelhardt (*Édouard*), ministre plénipotentiaire (France), 27, Corso Solferino, Gênes.

Esperson (*Pierre*), professeur à l'université, Pavie.

Féraud-Giraud (*L.-J.-D.*), conseiller à la Cour de cassation, 74, rue de Rennes, Paris.

Ferguson (*Jan-Helenus*), ministre des Pays-Bas, Péking.

Fiore (*Pasquale*), professeur à l'université, 171, Corso Vittorio-Emanuele, Naples.

Gabba (*C.-F.*), professeur à l'université, Pise.

Geffcken (*F.-H.*), ancien ministre résident, 3, Seitzstrasse, Munich.

Goldschmidt (*L.*), professeur à l'université, 9, Maassenstrasse, Berlin.

Goos (*Carl*), professeur à l'université, ministre de l'Instruction publique et des Cultes, Copenhague.

Hall (*W.-E.*), membre du barreau anglais, Oxford and Cambridge Club, Pall Mall, Londres, S. W.

Hannen (*lord*), membre du Conseil privé et juge d'appel, 49, Lancaster Gate, Londres, W.

Harburger (*H.*), conseiller au tribunal régional et privat-docent à l'université, Karlstrasse, 21, Munich.

Hartmann (*Adolph*), conseiller intime de légation en disponibilité, 5, Wiesenstrasse, Hanovre.

Holland (*T.-E.*), professeur à l'université, All Souls College, Oxford.

Kamarovsky (*comte Léonide*), professeur à l'université, Lycée du Césarévitch Nicolas, à Moscou.

Kapoustine (*M. de*), curateur de l'université, Saint-Pétersbourg.

Kasparek (*Franz*), professeur à l'université, Ringplatz, 36, Cracovie.

Labra (*R. de*), avocat, membre de la Chambre des députés, 31, calle de Serrano, Madrid.

Lammasch (*Heinrich*), professeur à l'université, VIII, 10, Florianigasse, Vienne, et, en été, XVIII Pötzleinsdorf, Ludwiggasse, 8, Vienne.

Lehr (*Ernest*), professeur honoraire de l'université de Lausanne, conseil de l'ambassade de France en Suisse, *secrétaire général de l'Institut*, aux Toises, 12, chaussée de Mon-Repos, Lausanne (Suisse).

Lueder (*C.*), professeur à l'université, Erlangen.

Lyon-Caen (*Ch.*), professeur à la faculté de droit et à l'École des sciences politiques, *ancien vice-président de l'Institut*, 13, rue Soufflot, Paris.

Marquardsen (*H.*), membre du Reichstag allemand, professeur à l'université, Erlangen.

Martens (*F. de*), professeur à l'université et à l'École de droit, *ancien vice-président de l'Institut*, membre permanent du Conseil du ministère des Affaires étrangères de Russie, 12, Pantéleimonskaja, Saint-Pétersbourg.

Martens Ferrão (*J.-B. de*), ambassadeur de Portugal auprès du Saint-Siège, Palais Orsini, Rome.

Martin (*W.-A.-P.*), docteur en théologie et en droit, président du Tung-Wen College, Péking.

Martitz (*F.-C.-L. de*), professeur à l'université, Tubingue.

Montluc (*Léon de*), conseiller à la cour d'appel, hôtel de Guerne, rue de Lewarde, Douai.

Moynier (*Gustave*), président de la Croix-Rouge, *président de l'Institut*, 8, rue de l'Athénée, Genève, ou, en été, Sécheron, près Genève.

Nys (*E.*), professeur à l'université, juge au tribunal de première instance, *ancien secrétaire de l'Institut*, 30, rue Saint-Jean, Bruxelles.

Olivecrona (*K. d'*), conseiller à la Cour suprême, Stockholm.

Perels (*F.*), conseiller intime actuel, directeur au ministère de la Marine, 55III, Potsdamerstrasse, Berlin.

Pierantoni (*Aug.*), professeur à l'université, sénateur du royaume, *ancien président de l'Institut*, 5, rue Magenta, Rome.

Pradier-Fodéré (*P.*), doyen honoraire de la faculté des sciences politiques et administratives de l'université de Lima, conseiller à la Cour d'appel, 65, cours Vitton, Lyon.

Reay (*D.-J. Mackay, lord*), G. C. I. S., G. C. I. E., membre de la Chambre des lords, ancien gouverneur de Bombay, 6, Great Stanhope street, Londres W.

Renault (*Louis*), professeur à la faculté de droit et à l'École des sciences politiques, *ancien vice-président de l'Institut*, 30, rue du Cherche-Midi, Paris.

Rivier (*Alphonse*), professeur à l'université, consul général de la Confédération suisse, *ancien secrétaire général et président de l'Institut*, 58, avenue de la Toison d'Or, Bruxelles.

Rolin (*Albéric*), avocat, professeur à l'université, *vice-président de l'Institut*, 11, rue Savaen, Gand.

Rolin-Jaequemyns (*G.*), ancien ministre, professeur honoraire à l'université de Bruxelles, *general adviser to the Siamese Government, ancien secrétaire général et président de l'Institut, président d'honneur*, à Bangkok.

Roszkowski (*G.*), professeur à l'université, 12, Dlugoszstrasse, Lemberg.

Sacerdoti (*Adolfo*), professeur à l'université, Padoue.

Torres Campos (*Manuel*), professeur à l'université, Grenade.

Westlake (*J.*). Q. C., professeur à l'université de Cambridge, *ancien vice-président de l'Institut*, River House, Chelsea embankment, Londres.

Associés.

Alcorta (*Amancio*), professeur de droit international à l'université, Buenos-Ayres.

Baker (*sir Sherston, baronnet*), *recorder* des bourgs de Barnstaple et de Bideford, Library chambers, Middle Temple, Londres.

Banning (*Emile*), directeur général des archives au ministère des Affaires étrangères, Bruxelles.

Beauchet (*Ludovic*), professeur à la faculté de droit, Nancy.

Beirão (*Francisco*), avocat, professeur de droit, ancien ministre, 166, rua da Prata, Lisbonne.

Bergbohm (*Carl*), professeur à l'université, Dorpat.

Buzzati (*J.-C.*), professeur à l'université, Macerata.

Carathéodory (*Étienne*), envoyé extraordinaire et ministre plénipotentiaire de Turquie, 101, avenue Louise, Bruxelles.

Carnazza-Amari (*Giuseppe*), professeur à l'université, sénateur du royaume, Catane.

Catellani (*E.-L.*), professeur à l'université, 180B, via Spirito Santo, Padoue.

Chrétien (*A.-M.-V.*), professeur à la faculté de droit, 31, rue du Faubourg Saint-Jean, Nancy.

Clère (*Jules*), publiciste, secrétaire-rédacteur de la Chambre des députés, 3, rue Léonie, Paris.

Dahn (*Félix*), conseiller intime, professeur à l'université, 20, Schweidnitzer Stadtgraben, Breslau.

Danevsky (*V. de*), conseiller d'État, professeur à l'université, Kharkov (Russie).

Descamps (*Chevalier*), sénateur, professeur à l'université, Louvain.

Desjardins (*Arthur*), avocat général à la Cour de cassation, membre de l'Institut de France, 2, rue de Solferino, Paris.

Despagnet (*Frantz*), professeur à la faculté de droit, 63, rue de la Teste, Bordeaux.

Fusinato (*Guido*), professeur à l'université, directeur de la *Rivista italiana per le scienze giuridiche*, Turin.

Gareis (*C.*), professeur à l'université, Paradeplatz, Königsberg.

Glasson (*Ernest*), professeur à la faculté de droit, membre de l'Institut de France, 40, rue du Cherche-Midi, Paris.

Grünhut (*C.-S.*), professeur à l'université, directeur de la *Zeitschrift für das Privat- und öffentliche Recht der Gegenwart*, Vienne.

Heimburger (*C.-F.*), privat-docent à l'université, *ancien secrétaire de l'Institut*, Heidelberg.

Hilty (*C.*,) membre du Conseil national de la Confédération suisse, professeur à l'université, Berne.

Jellinek (*Georg*), professeur à l'université, 6, Seegartenstrasse, Heidelberg.

Kentaro Kaneko, secrétaire en chef de la Chambre des pairs du Japon, Tokio.

Kleen (*R.*), secrétaire de légation en disponibilité, ancien chargé d'affaires de Suède et de Norvège, 46, Leopoldstrasse, Carlsruhe (grand-duché de Bade).

Lainé, professeur à la faculté de droit, 125, boulevard Montparnasse, Paris.

Lardy (*C.-E.*), docteur en droit, envoyé extraordinaire et ministre plénipotentiaire de la Confédération suisse, 4, rue Cambon, Paris.

Lawrence (*E.-J.*), Brunswick Lodge, Cambridge.

Leech (*H.-B.*), professeur à l'université, Dublin.

Lœning (*Edgar*), professeur à l'université, Halle.

Maluquer y Salvador (*J.*), avocat, professeur à l'université centrale, 10, Campomanes, Madrid.

Matzen (*H.*), professeur à l'université, Copenhague.

Meili (*Frédéric*), avocat, professeur à l'université, Zurich.

Meyer (*Georg*), professeur à l'université, 38, Rohrbacherstrasse, Heidelberg.

Moore (*J.-B.*), professeur au Columbia College, New-York.

Olivart (*Ramon de Dalmau de Olivart, marquis d'*), ancien professeur à l'université centrale de Madrid, avocat, Barcelone.

Olivi (*Ludovico*), professeur à l'université, Modène.

Peralta (*M.-M. de*), envoyé extraordinaire et ministre plénipotentiaire de Costa-Rica, 85, Calle de Alcala, Madrid.

Prins (*Ad.*), inspecteur général des prisons, professeur à l'université, *ancien secrétaire de l'Institut*, 60, rue Souveraine, Bruxelles.

Roguin (*E.*), professeur à l'université, 26, rue de Bourg, Lausanne.

Rolin (*Édouard*), avocat, *secrétaire* et *trésorier de l'Institut*, 100, avenue Louise, Bruxelles.

Romero y Giron (*V.*), sénateur du royaume, ancien ministre, 28, Barquillo, Madrid.

Rydin, professeur à l'université, Upsal (Suède).

Scott (*J.*), conseiller judiciaire près le gouvernement égyptien, Le Caire.

Seijas (*R.-F.*), ancien ministre, directeur au ministère des Affaires étrangères du Venezuela, à Caracas.

Sieveking (*Friedrich*), premier président de la Cour hanséatique, Hambourg.

Stœrk (*Felix*), professeur à l'université, Greifswald.

Strisower (*Leo*), avocat, privat-docent à l'université, VIII Josefstädterstrasse, 97, Vienne.

Teichmann (*Albrecht*), professeur à l'université, Bâle.

Van der Rest, professeur à l'université, 89, rue des Rentiers, Bruxelles.

Vincent (*René*), avocat à la cour d'appel, rédacteur en chef de la *Revue pratique de droit international privé*, 3, place d'Iéna, Paris.

Wallace (*sir D. Mackenzie*), ancien secrétaire privé de S. Exc. le vice-roi des Indes, 46, St-Ermin's Mansions, Caxton street, Westminster, Londres, S. W.

Waxel (*Platon de*), vice-directeur à la chancellerie du ministère des Affaires étrangères, Saint-Pétersbourg.

Weiss (*André*), professeur à la faculté de droit, 10, rue Copernic, Paris.

TABLEAU GÉNÉRAL

DE

L'ORGANISATION, DES TRAVAUX ET DU PERSONNEL

DE

L'INSTITUT DE DROIT INTERNATIONAL

PENDANT LES DEUX PREMIÈRES PÉRIODES DÉCENNALES
DE SON EXISTENCE (1873-1892).

INTRODUCTION HISTORIQUE [1]

On peut s'étonner que, dans notre siècle d'association, il n'y ait pas eu déjà depuis longtemps une ou plusieurs sociétés pour l'étude du droit international. Cependant ce retard se conçoit aisément, pour peu que l'on tienne compte, d'une part, du délaissement relatif où végétait, il y a peu de temps encore, la science du droit des gens en comparaison des autres disciplines juridiques; d'autre part, du caractère essentiellement cosmopolite de cette science et de la nécessité d'en aller chercher les adeptes en tous pays; de grouper en un faisceau des Américains, des Anglais, des Russes, des Autrichiens, des Italiens, des Français, des Allemands, malgré

[1] Cfr. *Annuaire*, I, 11, et *Notice* de M. Alphonse Rivier dans la *Bibliothèque universelle* de Lausanne, t. LI (1874), p. 577.

les différences de langage et d'habitudes, par-dessus les divisions politiques et les préjugés nationaux, en franchissant les distances, en surmontant, enfin, quantité de difficultés matérielles.

Lorsqu'une idée est décidément bonne, elle fait son chemin et finit par se réaliser en dépit des obstacles. Le fait même de surmonter des obstacles est un critérium de bonté. Celle-ci a subi l'épreuve victorieusement, et son opportunité s'est manifestée par cet autre fait qu'un vif désir de la voir enfin réalisée a surgi spontanément, et à peu près simultanément, de 1867 à 1871, à Berlin et à New-York, à Genève, à Gand et à Kharkov. Voici ce qu'écrivait à M. Rolin-Jaequemyns, en septembre 1871, M. Lieber, l'éminent jurisconsulte que Lincoln avait chargé de rédiger ses célèbres Articles de guerre :

« C'est depuis longtemps une de mes idées favorites que celle d'un congrès qui se composerait des principaux juristes internationaux *(international jurists)*, non officiel, mais hardiment public et international..., une espèce de concile juridico-œcuménique, sans pape et sans infaillibilité. Cette idée a fait sourire une ou plusieurs personnes : je n'ai pas moins continué à m'y tenir... Gand serait un lieu excellent. Je m'en repose sur vous du soin de mentionner tout ceci, soit maintenant, soit quand je ne serai plus, en note ou dans le texte, mais à quelque époque et de quelque manière que vous le fassiez, je vous prie d'en parler comme d'une idée favorite que je caresse depuis plusieurs années..... Mon congrès et ses travaux ne seraient qu'un développement naturel de notre progrès commun sur la large voie de la civilisation ciscaucasienne. »

« Presque au même moment », dit M. Rolin[1], « où

[1] *Revue de droit international,* t. V, p. 481, dans l'article très important, intitulé : *De la nécessité d'organiser une insti-*

M. Lieber nous écrivait, M. Moynier, président du Comité international de secours aux militaires blessés, chargeait à Genève un ami commun de nous entretenir d'un projet analogue. En novembre 1872, M. Moynier prit la peine de venir lui-même à Gand en conférer avec nous. D'autres jurisconsultes ou hommes d'état de divers pays, parmi lesquels MM. Bluntschli et de Holtzendorff, M. Carlos Calvo, MM. Drouyn de Lhuys et de Parieu, et M. Katchénovsky, l'éminent professeur de Kharkov, voulurent bien nous stimuler de leurs encouragements. M. Bluntschli, entre autres, nous écrivait : « L'idée d'une conférence de juristes du droit « international m'a souvent aussi préoccupé, et je suis fort « désireux de voir formulées les propositions que vous me « promettez. En attendant, je me permets de vous communi- « quer la forme que l'idée a provisoirement prise en moi : « *le point capital me paraît être de créer une institution per-* « *manente, durable, qui insensiblement puisse et doive devenir* « *une autorité pour le monde...* » M. Bluntschli nous exposait ensuite, avec la netteté qui le caractérise, le plan d'*Institut* ou d'*Académie du droit international,* qui a servi de point de départ à nos entretiens et à notre correspondance ultérieure. »

C'est en mars 1873 que M. Rolin fit le pas décisif, en envoyant à un certain nombre de personnes compétentes une *Note confidentielle,* dans laquelle il exposait son projet. L'auteur de la note appelle l'attention « sur la nécessité, la possibilité et l'opportunité de donner corps et vie, à côté de l'*action diplomatique* et de l'*action scientifique individuelle,* à un nouveau et troisième facteur du droit international, sa-

tution scientifique permanente pour favoriser l'étude et les progrès du droit international.

voir à l'*action collective scientifique* ». J'en extrais quelques passages :

« L'idée de se réunir et de s'associer non seulement pour augmenter, faciliter, améliorer la *production matérielle,* mais pour stimuler les *forces intellectuelles,* leur donner un centre, un appui, leur assurer des encouragements, ouvrir des enquêtes, augmenter l'autorité des propositions utiles, démontrer l'inanité ou le péril des autres, etc., est une idée *essentiellement moderne.* Dans tous les pays civilisés on voit fleurir, avec ou sans l'appui des gouvernements, des sociétés, instituts, académies, ayant pour but le développement de quelqu'une des connaissances humaines. Plus récemment le progrès des communications a facilité la tenue de congrès périodiques, où des hommes voués à l'étude d'une science déterminée profitent des avantages qu'assure un échange personnel et immédiat d'idées. L'économie politique ou sociale, le droit, l'histoire, la médecine, les sciences exactes, les sciences naturelles ont ainsi leur représentation collective, passagère ou permanente. Plus d'une fois déjà ces réunions ont pris un caractère international....

« Sans doute, ce serait exagérer singulièrement le rôle et la portée de ces réunions que d'en attendre un grand nombre d'idées neuves, de progrès intrinsèques pour la science. Leur mission semble être de vulgariser plutôt que de créer. C'est même avec justice que l'on a pu reprocher à certaines d'entre elles, soit de se laisser envahir par des médiocrités prétentieuses, soit de se passionner pour des théories plus brillantes que solides, soit de disperser leur attention sur un programme mal défini, au lieu de la concentrer sur quelques questions essentielles. *Aussi ne proposons-nous ni d'en imiter l'organisation, ni d'en rechercher la popularité immédiate. C'est en droit international surtout qu'il importe, si l'on veut faire œuvre sérieuse et durable, de ne céder ni aux entraînements de l'imagination, ni à l'illusion de la phrase.* Plus la voie est encore obscure et mal tracée, plus il faut faire appel, pour s'y guider, à toutes les lumières de la raison et du plus ferme bon sens. N'a-t-on pas vu à Lausanne, sous le nom de *congrès de la paix et de la liberté,* des réunions dont le titre même paraît une dérision à qui parcourt de sang-froid le compte rendu de leurs débats? Nous sommes loin de comparer à ces assemblées, tout au moins stériles, les brillantes et généreuses assises des *congrès de la paix,* tenus à différentes reprises, depuis 1842, à Londres, à Paris, à Bruxelles, à Francfort. Cependant nous croyons le moment venu d'arriver à quelque chose de plus précis que des vœux formulés en termes généraux et des malédictions contre la guerre. *Ce qui serait aujourd'hui nécessaire, et ce que nous venons proposer, ce serait la réunion intime d'un groupe restreint d'hommes déjà connus dans la science du droit international par leurs écrits ou par leurs actes et appartenant, autant que possible, aux pays les plus divers.* Cette réunion chercherait à poser les premiers jalons de l'action scientifique collective, 1° en examinant en principe le genre d'utilité, le degré d'efficacité de cette action et la meilleure forme sous laquelle elle pourrait se produire; 2° en arrêtant les statuts d'une *Académie* ou *Institut international du droit des gens.* »

L'Institut devait, selon M. Rolin, *servir d'organe à l'opinion juridique du monde civilisé en matière de droit international.*

« C'est en ayant constamment ce but devant les yeux, que les membres devraient chercher à favoriser collectivement, par tous les moyens en leur pouvoir, la connaissance, la diffusion et le développement du droit des gens. Par une réciprocité naturelle, l'Institut, indépendant de tout lien officiel, ne se présenterait en aucune façon comme empiétant sur les attributions des gouvernements. Ceux-ci s'aideraient seulement de ses lumières s'ils le jugeaient convenable et utile. Les opinions émises, les principes formulés ne prétendraient qu'à une simple autorité morale.

« Quelle serait la nature des travaux de l'Institut ? En premier lieu, il faudrait y comprendre l'*étude des principes du droit international*. On peut se demander s'il ne faudrait pas aller plus loin, et inscrire en tête de son programme la *codification du droit international*. Ce sera une question à résoudre. Ce qui est certain, c'est que, si cette entreprise peut être abordée avec fruit, la création de l'Institut la facilitera singulièrement...

« Il est une autre tâche, concrète et accidentelle, à laquelle l'Institut pourra s'appliquer, lorsque les circonstances le permettront et le conseilleront. Ce sera celle d'étudier et d'élucider *les questions de droit international dont les événements actuels rendront la solution nécessaire*. Sans doute, il y a un grand nombre de ces questions auxquelles se mêle un intérêt politique, national ou autre, qui tend à les obscurcir. Cependant les plus complexes ont leur côté juridique, que l'on peut aspirer à mettre en lumière [1]. ».

La *Note confidentielle* fut accueillie favorablement. Peu après, les personnes qui avaient donné leur avis, ainsi qu'un petit nombre d'autres notabilités d'Europe et d'Amérique, furent invitées à se rendre à Gand, résidence de M. Rolin, pour y conférer sur le projet qui leur avait été communiqué et pour y fonder l'*Institut de droit international*.

Onze invités répondirent à l'appel et sont les *membres fondateurs* de l'Institut ; ce furent : MM. Asser, d'Amsterdam ;

[1] Article cité : *De la nécessité*, etc., p. 3-5, 21-27.

Bésobrasof, de Saint-Pétersbourg; Bluntschli, de Heidelberg; Calvo, de Buenos-Ayres ; Field, de New-York ; de Laveleye, de Liège ; Lorimer, d'Edimbourg ; Mancini, de Rome ; Moynier, de Genève; Pierantoni, de Rome; Rolin-Jaequemyns, de Gand.

Vingt-trois autres ne purent se rendre à la convocation, mais adhérèrent au projet, avec ou sans réserve, et furent proclamés membres de l'Institut dès sa fondation. Trois autres, qui n'avaient pas été convoqués, furent élus membres par les onze fondateurs réunis à Gand en 1873. Ces vingt-six membres, ouvriers de la première heure avec les onze fondateurs, sont, par ordre de pays : MM. Ahrens, de Bulmerincq, Goldschmidt, Heffter, de Holtzendorff, pour l'*Allemagne;* L. de Stein, pour l'*Autriche;* Laurent, pour la *Belgique;* de Landa, pour l'*Espagne;* Beach Lawrence, Wharton, Washburn, Woolsey, pour les *États-Unis;* Cauchy, Drouyn de Lhuys, Hautefeuille, Lucas, Massé, de Parieu, Vergé, pour la *France;* Bernard, Westlake, pour la *Grande-Bretagne;* Esperson, Sclopis, Vidari, pour l'*Italie;* Naumann, d'Olivecrona, pour la *Suède.*

L'Institut a tenu, jusqu'à ce jour, quatorze sessions:

I, *Gand,* 1873; II, *Genève,* 1874; III, *La Haye,* 1875; IV, *Zurich,* 1877; V, *Paris,* 1878; VI, *Bruxelles,* 1879; VII, *Oxford,* 1880; VIII, *Turin,* 1882; IX, *Munich,* 1883; X, *Bruxelles,* 1885; XI, *Heidelberg,* 1887; XII, *Lausanne,* 1888; XIII, *Hambourg,* 1891; XIV, *Genève,* 1892.

Le siège officiel de l'Institut, — conformément à l'art. 11 de ses Statuts primitifs, maintenu intégralement lors de leur revision à Oxford, — a été de 1873 à 1878, à Gand, résidence de M. G. Rolin-Jaequemyns, pendant son premier secrétariat général; de 1878 à 1892, à Bruxelles, résidence de M. A. Rivier et de M. G. Rolin-Jaequemyns, pendant son second secrétariat général.

Il est, depuis le mois de septembre 1892, à Lausanne, résidence du secrétaire général actuel, M. Ernest Lehr.

1re PARTIE

STATUTS ET RÈGLEMENTS DE L'INSTITUT DE DROIT INTERNATIONAL

I. — Statuts revisés, votés à Oxford, le 9 septembre 1880.

ARTICLE PREMIER [1].

L'Institut de droit international est une association exclusivement scientifique et sans caractère officiel.

Il a pour but de favoriser le progrès du droit international:

1° En travaillant à formuler les principes généraux de la science, de manière à répondre à la conscience juridique du monde civilisé;

2° En donnant son concours à toute tentative sérieuse de codification graduelle et progressive du droit international;

3° En poursuivant la consécration officielle des principes qui auront été reconnus comme étant en harmonie avec les besoins des sociétés modernes;

4° En contribuant, dans les limites de sa compétence, soit au maintien de la paix, soit à l'observation des lois de la guerre;

5° En examinant les difficultés qui viendraient à se produire dans l'interprétation ou l'application du droit, et en émettant, au besoin, des avis juridiques motivés dans les cas douteux ou controversés;

6° En concourant, par des publications, par l'enseignement

[1] L'article Ier des Statuts primitifs ne différait de celui-ci qu'en quelques détails de rédaction.

public et par tous autres moyens, au triomphe des principes de justice et d'humanité qui doivent régir les relations des peuples entre eux.

Art. 2.

En règle générale, il y a une session par an.

Dans chaque session annuelle, l'Institut désigne le lieu et l'époque de la session suivante.

Cette désignation peut être remise au bureau [1].

Art. 3.

L'Institut se compose de *membres*, d'*associés* et de *membres honoraires* [2].

Art. 4.

L'Institut choisit ses *membres* parmi les hommes de diverses nations qui ont rendu des services au droit international, dans le domaine de la théorie ou de la pratique.

Le nombre total des membres ne peut dépasser soixante, mais il ne doit pas nécessairement atteindre ce chiffre [3].

Art. 5.

Les *associés* sont choisis par les membres parmi les personnes dont les connaissances peuvent être utiles à l'Institut.

Ils assistent aux séances avec voix délibérative, excepté quand il s'agit de résolutions concernant les Statuts et règlements, d'élections ou des finances de l'Institut.

Le nombre total des associés ne peut dépasser soixante [4].

[1] Le troisième alinéa a été ajouté à l'article à Oxford.

[2] L'article primitif prévoyait des diplômes, qui n'ont été confectionnés que tout récemment et dont la distribution aux membres n'a commencé que cette année.

[3] L'article primitif parlait de services *éminents* et limitait le nombre des membres à cinquante.

[4] D'après l'article primitif (7), le nombre des associés était illimité, mais ils n'assistaient aux séances qu'avec voix consultative.

ART. 6.

Il ne peut être attribué, par une élection nouvelle, aux ressortissants d'un même État ou d'une confédération d'États, une proportion de places de membre dépassant le sixième du nombre total des membres existants au moment de cette élection [1].

La même proportion sera observée pour les places d'associé [2].

ART. 7.

Lorsqu'un membre ou associé est, au moment de sa nomination, ou lorsqu'il entre au service diplomatique actif d'un État, son droit de vote dans le sein de l'Institut est suspendu pendant le temps qu'il passe à ce service [3].

ART. 8.

Le titre de *membre honoraire* peut être conféré :

A des membres ou associés ;

A toutes les personnes qui se sont distinguées dans le domaine du droit international [4].

[1] L'article primitif admettait une proportion du cinquième.

[2] L'Institut, dans sa session de Lausanne (*Ann.*, X, 23 et suiv.), a décidé que, « lorsqu'une personne peut se réclamer de plus d'une nationalité, c'est sa nationalité active *actuelle* qu'il y a lieu de considérer. » — Dans sa session de Genève de 1892, il a décidé de proposer dans la prochaine session l'adoption d'un alinéa supplémentaire, en vertu duquel les membres ou associés qui resteraient pendant cinq ans étrangers aux travaux de l'Institut, si ce n'est pour raisons de santé ou de service, seraient considérés comme démissionnaires.

[3] La rédaction actuelle de cet article a été adoptée à Heidelberg en 1887, par dérogation à l'article primitif qui déclarait inéligibles les diplomates en service actif.

[4] D'après les Statuts primitifs, le titre de membre honoraire était exclusivement destiné à reconnaître les libéralités faites à l'Institut (« don de 3000 fr. au minimum »).

Les membres honoraires reçoivent les publications de l'Institut.

Les membres ou associés devenus membres honoraires jouissent de tous les droits et prérogatives des membres effectifs.

ART. 9.

Les membres, de concert avec les associés, dans chaque État, peuvent constituer des comités composés de personnes vouées à l'étude des sciences sociales et politiques, pour seconder les efforts de l'Institut parmi leurs compatriotes.

ART. 10.

A l'ouverture de chaque session ordinaire, il est procédé à l'élection d'un président et de deux vice-présidents, lesquels entrent immédiatement en fonctions.

ART. 11.

L'Institut nomme, parmi ses membres, un secrétaire général pour le terme de six ans.

Le secrétaire général est rééligible.

Il est chargé de la rédaction des procès-verbaux des séances, de la correspondance pour le service ordinaire de l'Institut et de l'exécution de ses décisions, sauf dans le cas où l'Institut lui-même y aura pourvu autrement. Il a la garde du sceau et des archives. Son domicile est considéré comme le siège de l'Institut. Dans chaque session ordinaire, il présente un résumé des derniers travaux de l'Institut.

ART. 12[1].

Le président, les deux vice-présidents et le secrétaire général composent ensemble le bureau, qui, dans l'intervalle

[1] Article introduit dans les Statuts à Oxford.

des sessions, avise, s'il y a lieu, aux mesures urgentes que l'intérêt de l'Institut ou de son œuvre peut réclamer.

Art. 13.

L'Institut peut, sur la proposition du secrétaire général, nommer un ou plusieurs secrétaires ou secrétaires adjoints, chargés d'aider celui-ci dans l'exercice de ses fonctions, ou de le remplacer en cas d'empêchement momentané.

Les secrétaires, s'ils ne sont pas déjà membres de l'Institut, acquièrent, par le fait seul de leur nomination, le titre d'associé [1].

Art. 14.

L'Institut nomme, pour le terme de trois ans, un trésorier chargé de la gestion financière et de la tenue des comptes.

Le trésorier présente, dans chaque session ordinaire, un rapport financier.

Deux membres sont désignés, à l'ouverture de chaque session, en qualité de commissaires vérificateurs pour examiner le rapport du trésorier. Ils font eux-mêmes rapport dans le cours de la session [2].

Art. 15.

En règle générale, dans les séances de l'Institut, les votes au sujet des résolutions à prendre sont émis oralement et après discussion.

Toutes les fois qu'il y a vote par appel nominal, les noms

[1] L'article primitif renfermait un 3e alinéa, qui limitait de plein droit le mandat des secrétaires à la durée de celui du secrétaire général, sauf le cas de décès de ce dernier dans l'intervalle de deux sessions. Il ne parlait pas des secrétaires adjoints.

[2] Ces commissaires vérificateurs ont pris la place d'une commission de surveillance prévue par les Statuts primitifs en vue « du contrôle et de l'inspection des dépenses et recettes ».

des membres ou associés qui ont voté pour et contre, ou qui se sont abstenus, sont mentionnés au procès-verbal [1].

Les élections se font au scrutin secret, et les membres présents sont seuls admis à voter.

Toutefois, pour l'élection des nouveaux membres ou associés, les absents sont admis à envoyer leurs votes par écrit sous plis cachetés.

Art. 16.

Exceptionnellement, et dans les cas spéciaux où le bureau le juge unanimement utile, les votes des absents peuvent être recueillis par voie de correspondance.

Art. 17.

Lorsqu'il s'agit de questions controversées entre deux ou plusieurs États, les membres de l'Institut appartenant à ces États sont admis à exprimer et à développer leur opinion, mais ils doivent s'abstenir de voter.

Art. 18.

L'Institut nomme parmi ses membres et ses associés des rapporteurs, ou constitue dans son sein des commissions, pour l'étude préparatoire des questions qui doivent être soumises à ses délibérations.

Dans l'intervalle des sessions, la même pérogative appartient au bureau ; et, en cas d'urgence, le secrétaire général prépare lui-même des rapports et des conclusions.

Art. 19.

L'Institut publie annuellement le compte rendu de ses travaux et désigne une ou plusieurs revues scientifiques pour lui servir d'organe.

[1] Alinéa introduit dans l'article à Oxford.

ART. 20.

Les frais de l'Institut sont couverts :

1° Par les cotisations des membres, fixées à 35 francs par an, et par celles des associés, fixées à 25 francs par an [1].

Ces cotisations sont dues dès et y compris l'année de l'élection.

Elles donnent droit à toutes les publications de l'Institut.

Un retard de trois ans non justifié, dans le payement de la cotisation, pourra être considéré comme équivalant à une démission ;

2° Par des fondations et autres libéralités.

Il est pourvu à la formation progressive d'un fonds dont les revenus suffisent pour faire face aux dépenses du secrétariat, des publications des sessions et des autres services réguliers de l'Institut.

ART. 21.

Les présents Statuts seront revisés, en tout ou en partie, sur la demande de dix membres [2]. La demande devra être adressée au bureau, avec motifs à l'appui, trois mois au moins avant l'ouverture de la session.

II. — Règlement du 3 septembre 1874 pour les élections de nouveaux membres.

ARTICLE PREMIER [3].

Les candidats aux places soit de membre, soit d'associé,

[1] Sous l'empire des anciens Statuts, les associés, qui n'avaient que voix consultative, ne payaient que 10 fr. par an, en échange des publications de l'Institut.

[2] Les Statuts primitifs, qui ne prévoyaient que cinquante membres au plus, se contentaient de la demande de six membres ; et ils étaient muets sur la procédure.

[3] Article substitué à l'article premier du Règlement de 1874, par décision de l'Institut du 10 septembre 1892.

sont présentés par le bureau sous les conditions suivantes :

1° Pour les pays qui comptent au moins trois membres, les candidatures doivent être annoncées par écrit au secrétariat général par un des membres du pays auquel appartient le candidat ; le membre qui transmet une candidature doit justifier que le candidat accepterait éventuellement son élection, que tous les membres du pays ont été consultés et que la majorité d'entre eux s'est prononcée en faveur de la candidature. Il doit y joindre les titres des candidats et les noms des membres favorables.

2° Pour les pays qui comptent moins de trois membres, les candidatures sont présentées par le bureau, avec l'avis du membre ou des deux membres faisant déjà partie de l'Institut.

Nulle candidature ne peut être utilement annoncée au secrétariat général moins de trois mois avant l'ouverture de la session.

Art. 2.

Un mois au moins avant l'ouverture de la session, le secrétaire général adresse à tous les membres la liste des candidatures avec pièces à l'appui.

Il y joint l'invitation d'envoyer au président de l'Institut, sous deux plis cachetés distincts, deux bulletins de vote, l'un pour l'élection des membres, l'autre pour celle des associés.

Art. 3.

Avant l'élection, une délibération a lieu en séance de l'Institut sur chacune des candidatures posées.

Art. 4.

Il est procédé successivement à l'élection des membres et à celle des associés.

Un candidat à une place d'associé peut être élu membre.

ART. 5.

Les élections se font par les membres, au scrutin de liste et à huis clos.

A chaque élection, le président dépose dans l'urne les bulletins envoyés par les absents, conformément à l'article 15 des Statuts et à l'article 2 du présent Règlement. L'accomplissement de cette formalité est constaté au procès-verbal.

ART. 6.

Sont élus membres de l'Institut les candidats dont les noms se trouvent sur plus de la moitié des bulletins déposés dans l'urne, à moins que le nombre de ceux qui ont obtenu cette majorité n'excède soit le nombre des places à pourvoir, soit la proportion fixée par l'article 6 des Statuts.

Si cet excédent se produit, ceux qui ont obtenu le plus grand nombre de suffrages sont seuls considérés comme élus. L'élimination se fait en ramenant d'abord chaque nationalité à la proportion qu'elle ne doit pas dépasser, et ensuite le nombre des membres et celui des associés à la limite qui est donnée par le nombre de places à pourvoir. Dans ces diverses opérations, à égalité des suffrages, c'est le plus âgé des élus qui l'emporte.

III. — Règlement du 9 septembre 1887 pour les travaux préparatoires dans l'intervalle des sessions.

ARTICLE PREMIER.

Pour chaque question, l'Institut désigne un rapporteur responsable.

Le rapporteur doit s'adjoindre un corapporteur. Il en donne avis au secrétaire général [1].

[1] Alinéa supplémentaire adopté à Genève le 10 septembre 1892.

ART. 2.

Une commission d'étude est nommée par le bureau, d'accord avec le rapporteur.

ART. 3.

Tout membre ou associé de l'Institut qui témoigne le désir de faire partie de la commission y est compris.

ART. 4.

Le rapporteur est tenu de se mettre en relations avec les membres de la commission avant le 31 décembre de l'année de sa nomination, pour leur soumettre ses idées et recevoir leurs observations[1]. Il en donne avis au secrétaire général.

ART. 5.

Le secrétaire général rappellera, s'il y a lieu, cette obligation au rapporteur.

ART. 6.

La commission peut, d'accord avec le bureau, se réunir avant la session suivante, si une pareille mesure est jugée nécessaire.

ART. 7.

Le rapporteur communique son rapport au secrétaire général, en temps utile pour qu'il puisse être publié et distribué avant la session où il sera discuté.

[1] Dans sa séance du 10 septembre 1892, à Genève, l'Institut a décidé que cet article devait être interprété en ce sens que les deux corapporteurs doivent, avant le 31 décembre, soumettre aux membres de la commission un avant-projet, accompagné d'un mémoire explicatif, et leur indiquer un délai pour la présentation de leurs observations. Après l'expiration de ce délai, ils rédigent leurs conclusions définitives, en les appuyant, s'il y a lieu, d'un rapport complémentaire discutant les observations reçues.

DEUXIÈME PARTIE

TRAVAUX DE L'INSTITUT DE DROIT INTERNATIONAL

I

Connaissance des lois étrangères et des traités internationaux.

A

Connaissance des lois étrangères.

Dans la session de Munich (1883), une commission fut formée, sur la proposition de MM. Norsa et Pierantoni, à l'effet de rechercher les moyens à proposer aux gouvernements pour faciliter la connaissance des lois étrangères et pour assurer la preuve de ces lois devant les tribunaux (*Annuaire*, t. VII, p. 285). Nous indiquerons, dans le chapitre consacré à la *Procédure*, le résultat des travaux de cette commission, quant à la preuve des lois étrangères devant les tribunaux.

Dans la session de Bruxelles (1885), M. Norsa présenta un rapport sur les moyens à proposer aux gouvernements pour faciliter la connaissance des lois étrangères (*Annuaire*, t. VIII, p. 235); ce rapport était accompagné d'un *Projet d'accord international* en vingt-deux articles (*Annuaire*, t. VIII, p. 265). L'assemblée ne crut pas devoir se rallier complètement à ce projet et chargea M. Asser de rédiger quelques propositions, qui furent adoptées dans la séance plénière du 12 septembre 1885.

Ces propositions sont ainsi conçues (*ib.*, p. 271):

Propositions pour un accord international, aux fins de l'institution d'un COMITÉ INTERNATIONAL PERMANENT, *pour faciliter aux gouvernements et aux citoyens de chaque pays la connaissance des lois étrangères actuellement en vigueur.*

L'Institut émet les vœux suivants :

1° Que les gouvernements s'engagent à se communiquer les lois qui sont en vigueur et qui seront promulguées ultérieurement dans leurs États respectifs, conformément à ce qui suit.

2° Que, parmi les lois à communiquer, on comprenne :

a) Les codes, les lois et les règlements qui concernent le droit civil et commercial, le droit pénal, les procédures civile et pénale, y compris celles qui regardent la faillite ou le concours des créanciers, et l'organisation judiciaire ;

b) Les lois et les règlements qui se rapportent au droit administratif et public intérieur, quand ils auront un intérêt général pour les États et pour les citoyens des diverses nations ;

c) Les traités, les conventions et les accords internationaux, ou les dispositions y contenues, concernant les rapports de droit civil ou d'intérêt économique, abstraction faite des rapports purement politiques ;

d) Les lois et les règlements édictés par suite desdits accords internationaux, de quelque forme qu'ils soient, ou traités d'union avec divers États, ou conventions internationales spéciales avec l'un d'eux.

Le comité à instituer d'après le n° 3° pourra y ajouter d'autres catégories.

3° Qu'un comité international permanent, composé de délégués nommés par les gouvernements, soit institué dans le but de recevoir les lois, etc., qui seront communiquées, de les conserver et d'en faire une classification dans un ordre systématique.

4° Que chaque année, par les soins du comité permanent, il soit rédigé, en français, un tableau général de toutes les lois, etc., communiquées par les divers États, en suivant la classification indiquée ci-dessus.

Dans la session de Heidelberg (1887), l'Institut revint sur sa décision. Condamnant formellement l'idée, formulée au 3° de ces *Propositions*, d'un comité international chargé de centraliser, de conserver et de classer systématiquement les lois étrangères (*Annuaire*, t. IX, p. 305), il adopta, en séance du 8 septembre 1887, le texte suivant, en remplacement de celui qui avait été voté à Bruxelles (*ib.*, t. IX, p. 311):

L'Institut émet les vœux suivants:

1° Que les gouvernements s'engagent à se communiquer les lois qui sont en vigueur et qui seront promulguées ultérieurement dans leurs États respectifs, conformément à ce qui suit:

2° Que, parmi les lois à communiquer, on comprenne principalement :

a) Les codes, les lois et les règlements qui concernent le droit civil et commercial, le droit pénal, les procédures civile et pénale, y compris ceux qui regardent la faillite ou le concours des créanciers, et l'organisation judiciaire;

b) Les lois et les règlements qui se rapportent au droit administratif et public intérieur, quand ils auront un intérêt général pour les États ou pour les citoyens des diverses nations;

c) Les traités, les conventions et les accords internationaux, ou les dispositions y contenues, concernant les rapports de droit civil ou d'intérêt économique;

d) Les lois et les règlements édictés par suite desdits accords internationaux, de quelque forme qu'ils soient, ou traités d'union avec divers États, ou conventions internationales spéciales avec l'un d'eux;

3° Que, dans chaque État, ces divers documents soient réunis dans un dépôt central, rendu accessible au public.

B

Connaissance des traités internationaux.

Dans la session de Munich (1883), l'Institut, sur la proposition de M. DE MARTITZ, chargea une commission d'étudier la question de savoir « *par quels moyens on pourrait obtenir une publication plus universelle, plus prompte et plus uniforme des traités et conventions entre les divers États* » (*Annuaire*, t. VII, p. 285).

Dans la session de Bruxelles (1885), M. de Martitz communiqua à l'assemblée un mémoire sur cette question; ce mémoire a paru dans la *Revue de droit international*, t. XVIII (1886), p. 168. L'Institut, sur la proposition du même membre, vota, en séance plénière du 11 septembre 1885, un vœu ainsi conçu (*Annuaire*, t. VIII, p. 232):

L'Institut de droit international exprime le vœu que les hauts gouvernements des divers États veuillent bien prendre soin de faire recueillir et publier dans des collections particulières, soit officiellement, soit en encourageant et favorisant les entreprises d'hommes compétents, les traités et actes internationaux conclus et faits par eux, dont la publication ne serait pas interdite par des raisons d'État ou par des convenances politiques.

L'Institut désire, en outre, que ces publications soient faites aussi générales et complètes que possible, pour qu'elles puissent offrir à la science du droit international la connaissance parfaite et exacte des relations de droit actuellement en vigueur entre les différents États.

L'Institut charge son Bureau de transmettre ce vœu aux hauts gouvernements, en y joignant, à titre d'information, le mémoire qui lui a été présenté par un de ses membres.

Dans la session de Heidelberg (1887), M. de Martitz présenta un *Projet de conclusions* en ce qui concerne les règles à suivre pour la publication des traités; mais l'assemblée n'eut pas le temps d'aborder l'examen de ce nº de son ordre du jour (*Annuaire,* t. IX, p. 302). Il en fut de même à la session de Lausanne (1888; cfr. *Annuaire,* t. X, p. 246, *Observations* de M. le comte Kamarovsky).

A Hambourg (1891), lorsque la question put être mise en discussion, une opinion unanime se manifesta dès le début: c'est que le meilleur moyen d'arriver au résultat désiré était de former une Union internationale dans laquelle entreraient tous les États intéressés. Deux faits récents encourageaient cette opinion: d'une part, la formation à Bruxelles, en vertu de la Convention internationale du 5 juillet 1890, d'une institution créée à frais communs entre cinquante et un États, dans le but de publier les tarifs douaniers de tous les pays du monde: d'autre part, une lettre adressée à l'Institut, le 27 août 1891, par le département de Justice et Police de la Confédération suisse et l'informant que, si l'Institut en exprimait le désir, le Conseil fédéral suisse, reconnaissant tous les services que pourrait rendre une Union internationale pour la publication des traités, serait disposé à prendre l'initiative des démarches diplomatiques pour sa création (*Annuaire,* t. XI, p. 321). En conséquence, l'Institut, en séance du 12 septembre 1891, adopta le projet suivant de résolution (*ib.*, p. 328):

L'Institut émet le vœu qu'une Union internationale soit formée, au moyen d'un traité auquel seraient invités à adhérer tous les États civilisés, en vue d'une publication aussi universelle, aussi prompte et aussi uniforme que possible, des traités et conventions entre les États faisant partie de l'Union.

M. de Martitz et M. Rolin-Jaequemyns, remplacé, depuis, sur sa demande, par M. de Martens, furent chargés, en s'aidant des travaux préparatoires déjà faits, de rédiger le plus tôt possible, en vue de cet objet et en prenant les avis des autres membres de la neuvième Commission, un *Avant-projet de convention* et de *règlement d'exécution*.

Ce double *Avant-projet*, spécialement élaboré par M. de Martens, fut présenté à l'Institut dans la session de Genève et adopté, le 7 septembre 1892, en la teneur suivante (*Ann.*, t. XII, p. 252 et 237).

PROJET D'UNE CONVENTION

concernant la création d'une Union internationale pour la publication des traités conclus par les puissances qui y accéderont.

(Texte adopté par l'Institut le 7 septembre 1892.)

S. M. l'Empereur d'Allemagne, etc., etc., etc. . . . . . animés du désir de faciliter, autant que possible, la connaissance exacte et prompte de tous les traités, conventions et arrangements internationaux quelconques conclus entre eux ou par les gouvernements contractants avec d'autres États non contractants, ont résolu de conclure la présente convention, afin d'assurer la publication des actes internationaux susmentionnés et ont nommé, etc., etc., etc.

Lesquels, après s'être communiqué leurs pleins pouvoirs, trouvés en bonne et due forme, ont convenu des articles suivants :

Article Ier.

Il est établi, par un accord de tous les gouvernements de . . . . . et de tous les gouvernements qui, à l'avenir, accéderont à la présente convention, une association sous le titre de : *Union internationale pour la publication des traités entre États*.

Article II.

Cette Union a pour but de publier, à frais communs, et de

faire connaître promptement et exactement les engagements internationaux, de quelque nature, forme ou portée qu'ils puissent être, conclus par les différents États contractants.

ARTICLE III.

A cette fin, il sera créé à Berne un Bureau international chargé de la publication des traités et conventions entre États.

Un Règlement spécial, fixant le fonctionnement de ce Bureau, est annexé à la présente convention et aura la même force obligatoire.

ARTICLE IV.

Le Bureau international publiera un recueil intitulé : *Recueil international des traités.* Cette publication sera reconnue comme l'organe officiel de l'Union internationale pour la publication des traités entre États, et elle fera preuve devant tous les tribunaux des Puissances contractantes.

ARTICLE V.

Les Parties contractantes s'engagent à communiquer, aussi promptement que possible, au Bureau international, pour être publiés dans le *Recueil international des traités et conventions,* les documents suivants :

1° Tous les traités, conventions, déclarations ou autres actes internationaux ayant force obligatoire pour les États signataires de la présente convention et qui seront publiés dans ces différents pays ; ne sont pas exclus de cette communication les actes internationaux conclus par les Puissances contractantes avec les États qui n'ont point adhéré à la présente Union internationale ;

2° Toutes les lois, ordonnances ou règlements intérieurs publiés par les gouvernements contractants dans leurs pays respectifs en exécution des traités ou conventions signés en leur nom et ratifiés ;

3° Les procès-verbaux des congrès internationaux ou conférences, qui seront transmis au Bureau international par les soins de la Puissance sur le territoire de laquelle auront lieu ces congrès ou conférences ;

4° Les circulaires ou instructions que lesdits gouvernements adresseront à leurs agents diplomatiques ou consulaires en vue d'assurer l'exécution uniforme des engagements internationaux pris par eux, étant stipulé qu'il dépend de l'appréciation de chaque gouvernement de communiquer au Bureau international telle circulaire ou instruction qu'il jugera convenable.

ARTICLE VI.

Tous les documents mentionnés dans l'article précédent seront communiqués au Bureau international dans leur texte original et accompagnés éventuellement d'une traduction française.

ARTICLE VII.

Tous les documents communiqués officiellement, en vertu de l'article V, au Bureau international, seront publiés dans le *Recueil international des traités* d'après le texte authentique et dans la langue originale, sans la moindre modification de l'acte communiqué.

Les actes internationaux non conclus en français seront publiés avec une traduction française reconnue expressément par les parties contractantes comme conforme au texte authentique du traité ou convention et comme ayant force obligatoire pour elles.

Toute exception à cette règle générale doit être constatée formellement et mentionnée en tête de l'acte publié.

Article VIII.

Tous les actes internationaux seront publiés par le Bureau international sans commentaire.

Article IX.

Les États contractants ou adhérents s'engagent à communiquer au Bureau international tous les actes internationaux (article V, 1°) dans le délai de deux mois après leur mise en vigueur; tous les autres actes énumérés à l'article V (2°, 3° et 4°) dans le délai d'un mois après leur publication ou mise à exécution.

Article X.

La présente convention restera en vigueur pendant cinq ans à partir de l'échange des ratifications.

Article XI.

Sur la demande d'un gouvernement contractant ou adhérent, une nouvelle conférence internationale pourrait être convoquée après l'expiration du terme de cinq ans, afin d'introduire des améliorations ou des modifications qui seraient jugées utiles ou nécessaires.

Article XII.

Si, douze mois avant l'expiration des cinq premières années, aucune demande prévue par l'article précédent n'a été faite, la présente convention restera en vigueur pendant les cinq années suivantes et, ainsi de suite, de cinq en cinq ans.

En foi de quoi, etc.

PROJET DE RÈGLEMENT D'EXÉCUTION

de la convention instituant un Bureau international pour la publication des traités entre États.

I. — *Organisation du Bureau international.*

Article Ier. — Le Bureau international sera organisé par les soins du gouvernement de la Confédération suisse dans les conditions déterminées par les articles suivants.

Art. II. — Le personnel du Bureau international sera nommé par le gouvernement fédéral suisse, qui communiquera aux États contractants ou adhérents les mesures prises pour le fonctionnement régulier de l'institution.

Art. III. — Le gouvernement fédéral suisse veillera à la marche régulière du Bureau international. Il fera les avances de fonds nécessaires pour la première installation du Bureau international, surveillera les dépenses faites et établira le compte annuel.

Art. IV. — Un rapport sur les travaux et la gestion financière du Bureau international sera adressé chaque année aux gouvernements intéressés.

Art. V. — Le Bureau international a le droit de correspondre directement avec tous les gouvernements intéressés et de demander tous les renseignements nécessaires pour assurer la publication prompte et exacte des documents qui lui sont communiqués en vertu de l'article V de la convention.

Aux demandes de renseignements ou d'éclaircissements de la part du public, le Bureau international répondra dans les limites de sa compétence et dans la mesure des moyens dont il dispose.

II. — *Recueil international des traités.*

Art. VI. — Il sera publié, chaque année, un volume au moins du *Recueil international des traités.*

Art. VII. — Chaque volume contiendra, outre le texte des documents communiqués par les gouvernements contractants ou adhérents, une table chronologique et des matières.

Art. VIII. — Chaque gouvernement recevra des exemplaires du *Recueil international des traités* dans la proportion du nombre d'unités contributives.

III. — *Budget. Répartition des frais du Bureau international.*

Art. IX. — Le budget du Bureau international est estimé approximativement à une centaine de mille francs.

Art. X. — Ce budget sera alimenté au moyen d'une contribution proportionnelle des États contractants ou adhérents et des ressources à provenir des abonnements au *Recueil* de l'Union en dehors de la cotisation des divers États.

Art. XI. — En vue de déterminer équitablement la part contributive des États contractants ou adhérents, ceux-ci sont divisés en six classes, contribuant chacune dans la proportion d'un certain nombre d'unités, savoir :

1re classe, 25 unités ;
2e » 20 »
3e » 15 »
4e » 10 »
5e » 5 »
6e » 3 »

Art. XII. — Chacun des coefficients ci-dessus sera multiplié par le nombre d'États de la classe correspondante, et la somme des produits ainsi obtenus fournira le nombre d'unités par lequel la dépense totale doit être divisée. Le quotient donne l'unité de dépense et, pour obtenir le montant de la contribution de chaque État dans les frais du Bureau international, il suffira de multiplier cette unité par le coefficient de la classe à laquelle cet État appartient.

Immédiatement après la session, et en réponse à la lettre du 27 août 1891, les deux textes adoptés par l'Institut ont été communiqués, par les soins du Bureau, au Conseil fédéral de la Confédération suisse, afin de servir de point de départ à une négociation diplomatique en vue de la création de l'Union internationale dont il s'agit.

II

Conflit des lois civiles.

A

Conclusions générales et préliminaires.

Dès la session de Genève (1874), l'Institut avait mis à son ordre du jour un sujet ainsi conçu : *Utilité de rendre obligatoires pour tous les États, sous la forme d'un ou de plusieurs traités internationaux, un certain nombre de règles générales du droit international privé, pour assurer la décision uniforme des conflits entre les différentes législations civiles et criminelles.*

MM. Mancini et Asser présentèrent un rapport étendu, imprimé trop tard pour qu'il fût possible de l'examiner avec tout le soin nécessaire. L'Institut se borna donc à donner sa sanction à quelques principes généraux, réservant l'examen des points spéciaux pour les sessions suivantes [1].

[1] V. les rapports de MM. Mancini et Asser, et les conclusions adoptées à Genève, *Revue de droit international*, t. VII, pp. 329 et ss., 351 et ss., et *Bulletin de l'Institut* (La Haye), pp. 1 et suiv., 36 et suiv.

Nous indiquons ici les *Conclusions générales* adoptées à Genève (*Ann.*, I, 123), et publierons dans un chapitre ultérieur les résolutions prises en matière de conflits de procédure.

DROIT INTERNATIONAL PRIVÉ — CONFLIT DES LOIS

Conclusions générales.

I. L'Institut reconnait l'évidente utilité et même, pour certaines matières, la nécessité de traités, par lesquels les États civilisés adoptent d'un commun accord des règles obligatoires et uniformes de droit international privé, d'après lesquelles les autorités publiques, et spécialement les tribunaux des États contractants, devraient décider les questions concernant les personnes, les biens, les actes, les successions, les procédures et les jugements étrangers.

II. — L'Institut est d'avis que le meilleur moyen d'atteindre ce but serait que l'Institut lui-même préparât des projets textuels de ces traités, soit généraux, soit concernant des matières spéciales et, particulièrement, les conflits par rapport aux mariages, aux successions, ainsi qu'à l'exécution des jugements étrangers. Ces projets de traités pourraient servir de base aux négociations officielles et à la rédaction définitive, qui seraient confiées à une conférence de jurisconsultes et d'hommes spéciaux délégués par les différents États ou du moins par quelques-uns d'entre eux, en accordant dans ce dernier cas aux autres États, pour ce qui concerne les matières à l'égard desquelles ce système peut être adopté sans inconvénient, la faculté d'y accéder successivement.

III. — Ces traités ne devraient pas imposer aux États contractants l'uniformité complète de leurs codes et de leurs lois; ils ne le pourraient même pas sans mettre obstacle aux progrès de la civilisation. Mais, sans toucher à l'indépendance législative, ces traités devraient déterminer d'avance laquelle d'entre les législations, qui pourraient se trouver en conflit, sera applicable aux différents rapports de droit. On soustrairait ainsi cette détermination aux contradictions entre législations parfois inconciliables des divers peuples, à l'influence dangereuse des intérêts et des préjugés nationaux, et aux incertitudes de la jurisprudence et de la science elle-même.

IV. — Dans l'état actuel de la science du droit international, ce serait pousser jusqu'à l'exagération le principe de l'indépendance et de la souveraineté territoriale des nations, que de leur attribuer un droit rigoureux de refuser absolument aux étrangers la reconnaissance de leurs droits civils, et de méconnaître leur capacité juridique naturelle de les exercer partout. Cette capacité existe indépendamment de toute stipulation des traités et de toute condition de réciprocité. L'admission des étrangers à la jouissance de ces droits, et l'application des lois étrangères aux rapports de droit qui en dépendent, ne pourraient être la conséquence d'une simple courtoisie et bienséance (*comitas gentium*), mais la reconnaissance et le respect de ces droits de la part de tous les États doivent être considérés comme un devoir de justice internationale. Ce devoir ne cesse d'exister que si les droits de l'étranger et l'application des lois étrangères sont incompatibles avec les institutions politiques du territoire régi par l'autre souveraineté, ou avec l'ordre public tel qu'il y est reconnu.

B

Principes généraux en matière de nationalité, de capacité, de successions et de force obligatoire des lois. — Règles d'Oxford.

En suite du vote des *Conclusions* reproduites ci-dessus, le Bureau, par circulaire du 6 juin 1877, soumit à l'Institut un certain nombre de conclusions nouvelles, spécialement relatives aux conflits de lois en matière de droit civil (*Ann.*, t. II, p. 34). Ces conclusions, qui se fondaient en grande partie sur des travaux de MM. BLUNTSCHLI, MANCINI et NORSA, et qui avaient fait l'objet d'importantes observations de la part de M. WESTLAKE, ne purent être examinées, en séance plénière, pendant la session de Zurich, et furent renvoyées à la session suivante (*ib.*, p. 44).

A Paris, en 1878, M. LAURENT, qui avait fait espérer un rapport, ne le présenta point; la question fut itérativement renvoyée (*Ann.*, t. IV, p. 49).

A Bruxelles, en 1879, MM. ARNTZ et WESTLAKE, rapporteurs de la première Commission, formulèrent un projet en huit articles (*ib.*, p. 190), avec un rapport à l'appui; mais, l'abondance des matières à traiter pendant cette session n'ayant permis d'aborder la discussion de ce projet qu'à la dernière séance, l'ajournement à la session suivante en fut voté, sur la proposition de M. Charles BROCHER (*ib.*, p. 201).

L'Institut put, enfin, soumettre les propositions de MM. Arntz et Westlake à une délibération approfondie pendant sa session d'Oxford, et, le 7 septembre 1880, il adopta les *Règles* dont le texte suit (*Ann.*, t. V, p. 56):

Règles adoptées par l'Institut à Oxford, en 1880.

L'Institut émet le vœu que les règles suivantes soient adoptées d'une manière uniforme dans les lois civiles de toutes les nations et que leur maintien soit garanti par des traités internationaux, qui devraient contenir en même temps la clause ci-après, comme complément à l'article Ier :

« Les puissances contractantes s'engagent réciproquement à n'introduire à cette règle aucune exception nouvelle, sans le consentement de toutes les parties contractantes.

« Les nations chez lesquelles il existe encore des exceptions, s'engagent à mettre leur législation intérieure le plus tôt possible en harmonie avec cette règle. »

I. — L'étranger, quelle que soit sa nationalité ou sa religion, jouit des mêmes droits civils que le régnicole, sauf les exceptions formellement établies par la législation actuelle.

II. — L'enfant légitime suit la nationalité de son père.

III. — L'enfant illégitime suit la nationalité de son père lorsque la paternité est légalement constatée; sinon, il suit la nationalité de sa mère lorsque la maternité est légalement constatée.

IV. — L'enfant né de parents inconnus, ou de parents dont la nationalité est inconnue, est citoyen de l'État sur le territoire duquel il est né, ou trouvé lorsque le lieu de sa naissance est inconnu.

V. — La femme acquiert par le mariage la nationalité de son mari.

VI. — L'état et la capacité d'une personne sont régis par les lois de l'État auquel elle appartient par sa nationalité.

Lorsqu'une personne n'a pas de nationalité connue, son état et sa capacité sont régis par les lois de son domicile.

Dans le cas où différentes lois civiles coexistent dans un même État, les questions relatives à l'état et à la capacité de l'étranger seront décidées selon le droit intérieur de l'État auquel il appartient.

VII. — Les successions à l'universalité d'un patrimoine sont, quant à la détermination des personnes successibles, à l'étendue de leurs droits, à la mesure ou quotité de la portion disponible ou de la réserve, et à la validité intrinsèque des dispositions de dernière volonté, régis par les lois de l'État auquel appartenait le défunt, ou subsidiairement, dans les cas prévus ci-dessus à l'article VI, par les lois de son domicile, quels que soient la nature des biens et le lieu de leur situation.

VIII. — En aucun cas les lois d'un État ne pourront obtenir

reconnaissance et effet dans le territoire d'un autre État, si elles y sont en opposition avec le droit public ou avec l'ordre public.

Extrait du procès-verbal de la cinquième séance plénière tenue par l'Institut à Oxford, le jeudi 9 septembre 1880.

Sir Travers Twiss, auquel se joignent MM. Hall, Holland et Lorimer, demande en ces termes que certaines réserves soient inscrites au procès-verbal:

« Je voudrais faire insérer au procès-verbal la mention des réserves que je fais touchant la résolution VII, relative au droit de succession quant aux immeubles.

« Je suis d'avis que cette résolution, en ce qui concerne la détermination des personnes successibles etc. dans les biens immeubles, constitue une dérogation à la souveraineté territoriale et est en contradiction avec le principe universellement reconnu suivant lequel la *lex loci rei sitæ* détermine la succession dans les immeubles, tandis que les meubles suivent la personne et n'ont pas de *situs*. Je suis aussi d'avis que ladite résolution tend à appliquer une uniformité d'idées, dans la procédure, à des faits qui par leur nature sont essentiellement divers. »

Signé : Travers Twiss.

Adhérent à cette réserve : J. Lorimer,

T. E. Holland,

W. E. Hall.

C

Mariage et divorce.

Après avoir arrêté les principes qu'il estime être à la base du droit international privé, l'Institut aborda l'examen successif des diverses institutions du droit privé sur lesquelles peuvent se produire des conflits de lois, et il commença par inscrire à son ordre du jour la matière du mariage et du divorce.

Dès 1883, à Munich, un projet de conclusions sur cet objet, élaboré par MM. ARNTZ et WESTLAKE, fut soumis à l'Institut. Une discussion s'engagea (*Annuaire*, t. VII, p. 42-49), mais la suite en fut ajournée, sur l'annonce d'un contre-projet de MM. BRUSA et DE BAR.

A Bruxelles, en 1885, l'Institut se trouva en présence non seulement de ce contre-projet, mais encore de conclusions nouvelles proposées par M. KŒNIG, lequel, à Munich, avait été adjoint à MM. Arntz et Westlake comme corapporteur (*Ann.*, t. VIII, p. 70-79). La discussion qui suivit n'amena d'autre résultat que l'adoption *provisoire* des quatre premiers articles du projet de M. Kœnig.

Pour faciliter la discussion, le Bureau fit imprimer, pour la session de Heidelberg, une table de concordance des trois projets en présence (*Ann.*, t. IX, p. 64 et suiv.), et l'Institut consacra à leur examen les deux séances du 6 septembre 1887 et celle du 7 septembre (après midi). Renonçant à voter d'emblée un règlement proprement dit sur le conflit des lois en matière de mariage et de divorce, l'assemblée émit seulement un certain nombre de votes de principe fixant les points essentiels d'un projet nouveau, qu'elle se réservait d'examiner ultérieurement et que la Commission de rédaction (composée de MM. RIVIER et ROLIN-JAEQUEMYNS) fut chargée d'élaborer (*ib.*, p. 90).

Les règles de principe votées à Heidelberg sont ainsi conçues (*ib.*, p. 126) :

Règles essentielles sur les conflits des lois en matière de mariage et de divorce.

(Votées en séances des 6 et 7 septembre 1887.)

1. — *De la loi qui régit la forme de la célébration du mariage.*

1° Il *suffit*, pour qu'un mariage soit valable partout, que les formes prescrites par la loi du lieu de la célébration aient été observées ;

2° Il est *nécessaire*, pour qu'un mariage soit valable partout, que les formes prescrites par la loi du lieu de la célébration aient été observées (sauf les exceptions à admettre pour les mariages consulaires ou diplomatiques);

3° Il est *désirable* d'admettre, à titre d'exception et même entre pays chrétiens, — la question des capitulations étant réservée, — la validité des mariages diplomatiques et consulaires, dans le cas où les deux parties contractantes appartiennent au pays de qui relève la légation ou le consulat.

II. — *De la loi qui régit les conditions nécessaires pour que le mariage puisse être célébré.*

a) En ce qui concerne l'*âge*,
il est nécessaire de se conformer à la loi du statut personnel :
1° du futur,
2° de la future;
il n'est pas nécessaire de se conformer à la loi du lieu de la célébration.

Par la loi du statut personnel, il faut entendre, conformément à une résolution de l'Institut à Oxford, la loi nationale.

b) En ce qui concerne les *degrés prohibés de parenté ou d'alliance*,
il est nécessaire de se conformer à la loi du statut personnel :
1° du futur,
2° de la future;
il est également nécessaire de se conformer à la loi du lieu de la célébration.

La question de savoir s'il y a lieu de reconnaître au gouvernement du lieu de la célébration le droit d'accorder des dispenses, en ce qui concerne les obstacles provenant des degrés prohibés de parenté ou d'alliance, a été ajournée.

c) En ce qui concerne le *consentement des parents ou tuteur*,
il est nécessaire de se conformer à la loi du statut personnel :

1° du futur,

2° de la future,

alors même qu'ils sont majeurs;

il n'est pas nécessaire de se conformer à la loi du lieu de la célébration.

Même réserve qu'au littéra *b* en ce qui concerne le droit, pour le gouvernement du lieu de la célébration, d'accorder des dispenses.

d) En ce qui concerne la *publication des bans*,

il est nécessaire de se conformer à la loi du statut personnel :

1° du futur,

2° de la future;

il est également nécessaire de se conformer à la loi du lieu de la célébration.

L'Institut a, de plus, voté une résolution tendant à ce que les autorités diplomatiques et consulaires soient admises à délivrer des certificats constatant que leurs nationaux qui se proposent de contracter mariage se trouvent dans les conditions voulues.

III. — *De la loi qui régit les conditions de validité à défaut desquelles le mariage célébré pourra être annulé.*

a) En ce qui concerne l'*âge*,

est nécessaire, au point de vue de la validité, l'observation de la loi du statut personnel :

1° du futur,

2° de la future ;

n'entraîne pas nullité l'inobservation de la loi du lieu de la célébration.

b) En ce qui concerne les *degrés prohibés de parenté ou d'alliance*, est nécessaire, au point de vue de la validité, l'observation de la loi du statut personnel :

1° du futur,

2° de la future;

n'entraîne pas nullité l'inobservation de la loi du lieu de la célébration.

c) En ce qui concerne le *consentement des parents ou tuteur*, est nécessaire, au point de vue de la validité, l'observation de la loi du statut personnel du *futur*.

L'inobservation de la loi du statut personnel *de la future* et celle de la loi du lieu de la célébration n'entraînent pas nullité.

d) En ce qui concerne la *publication des bans*, est nécessaire, au point de vue de la validité, l'observation de la loi du statut personnel :

1° du futur,

2° de la future.

L'inobservation de la loi du lieu de la célébration n'entraîne pas nullité.

IV. — *De la loi qui régit les effets du mariage quant à l'état civil de la femme ou des enfants nés avant le mariage.*

L'effet du mariage sur l'état de la femme et sur celui des enfants nés avant le mariage se règle d'après la loi nationale du mari, au moment du mariage.

V. — *Des effets de la nullité du mariage prononcée dans le pays de l'un des conjoints.*

Lorsqu'un mariage valable d'après les lois du pays de l'un des contractants aura été déclaré nul dans le pays de l'autre, le mariage devra être considéré comme nul partout (sauf les effets civils d'un mariage putatif).

VI. — *Du divorce.*

La question de savoir si un divorce est légalement admissible ou non dépend de la législation nationale des époux.

Mais, une fois le divorce admis en principe par la loi nationale, les causes qui le motivent doivent être celles de la loi du lieu où l'action est intentée.

Le divorce ainsi prononcé par le tribunal compétent sera reconnu partout.

A la session de Lausanne, la Commission de rédaction présenta un *Projet de règlement international des conflits de lois en matière de mariage et de divorce* (*Ann.*, t. X, p. 61), qui, après une discussion approfondie et un certain nombre d'amendements, fut adopté, le 5 septembre 1888, en la teneur suivante (*Ann.*, t. X, p. 75) :

RÈGLEMENT INTERNATIONAL DES CONFLITS DE LOIS EN MATIÈRE DE MARIAGE ET DE DIVORCE

Conclusions adoptées par l'Institut en séance plénière du 5 septembre 1888.

I. — *De la loi qui régit la forme de la célébration du mariage.*

ARTICLE PREMIER. — La loi qui régit la forme de la célébration du mariage est celle du pays où le mariage est célébré.

ART. 2. — Seront toutefois reconnus partout comme valables quant à la forme :

1° Les mariages célébrés en pays non chrétiens conformément aux capitulations en vigueur ;

2° Les mariages diplomatiques ou consulaires célébrés dans les formes prescrites par la loi du pays de qui relève la légation ou le consulat, si les deux parties contractantes appartiennent à ce pays.

ART. 3. — Si, dans un pays, la forme de la célébration est

purement religieuse, les étrangers[1] doivent être autorisés à célébrer leur mariage selon les formes légales de leur pays d'origine, ou devant les autorités diplomatiques ou consulaires du mari, même si, dans le pays où ils sont accrédités, leur qualité d'officier d'état civil n'est pas reconnue.

Art. 4. — Chaque mariage contracté à l'étranger doit être constaté par un document officiel et communiqué aux autorités du pays d'origine du mari.

II. — *De la loi qui régit les conditions nécessaires pour que le mariage puisse être célébré.*

Art. 5. — Pour que le mariage puisse être célébré dans un pays autre que celui des époux ou de l'un d'eux, il faut que le futur et la future se trouvent dans les conditions prévues par leur loi nationale respective en ce qui concerne :

1° L'âge ;

2° Les degrés prohibés de parenté ;

3° Le consentement des parents ou tuteurs ;

4° La publication des bans.

Il faut, en outre, que le futur et la future se trouvent dans les conditions prévues par la loi du lieu de la célébration en ce qui concerne :

1° Les degrés prohibés de parenté ;

2° La publication des bans.

Art. 6. — Les autorités du pays où le mariage est célébré pourront accorder dispense des empêchements résultant de la parenté ou de l'alliance entre les futurs époux, ou du défaut de consentement de leurs parents ou tuteurs, dans les cas et dans la mesure où cette faculté appartiendrait, en vertu

[1] Les mots « appartenant à un autre culte » étaient ici intercalés dans le *projet de la commission*. Ils ont été supprimés. (*Procès-verbal de la séance, Ann.*, t. X., p. 60 et 70.)

de la loi nationale des futurs époux, aux autorités de leurs patries respectives.

Art. 7. — Les autorités diplomatiques ou consulaires seront admises à délivrer des certificats constatant que leurs nationaux qui se proposent de contracter mariage se trouvent dans les conditions voulues par leur loi nationale.

III. — *De la loi qui régit les conditions de validité à défaut desquelles le mariage célébré pourra être annulé.*

Art. 8. — Pourra être annulé, le mariage contracté en dehors des conditions exigées par la loi nationale de l'un des époux, en ce qui concerne :

1° L'âge;

2° Les degrés prohibés de parenté ou d'alliance;

3° La publication des bans.

Art. 9. — Pourra également être annulé le mariage contracté en dehors des conditions prescrites par la loi nationale du futur, en ce qui concerne le consentement des parents ou tuteurs.

IV. — *De la loi qui régit les effets du mariage et les contrats matrimoniaux.*

Art. 10. — Les effets du mariage, sur l'état de la femme et sur l'état des enfants nés avant le mariage, se règlent d'après la loi de la nationalité à laquelle appartenait le mari lorsque le mariage a été contracté.

Art. 11. — Les droits et devoirs du mari envers la femme et de la femme envers le mari sont reconnus et protégés selon la loi nationale du mari, sauf les restrictions du droit public du lieu de la résidence des époux.

Art. 12. — Le régime des biens des époux embrasse tous

les biens des époux, tant mobiliers qu'immobiliers, sauf les immeubles qui sont régis par une loi spéciale.

ART. 13. — Les contrats matrimoniaux relatifs aux biens des époux sont régis, quant à la forme, par la loi du lieu où ces contrats ont été conclus. Doivent toutefois être également considérés comme valables partout, les contrats matrimoniaux faits dans les formes exigées par la loi nationale des deux parties.

ART. 14. — A défaut d'un contrat de mariage, la loi du domicile matrimonial — c'est-à-dire du premier établissement des époux — régit les droits matrimoniaux des époux, s'il n'appert pas des circonstances ou des faits l'intention contraire des parties.

ART. 15. — Un changement du domicile ou de la nationalité des époux ou du mari n'a aucune influence sur le régime une fois établi entre les époux, sauf les droits des tiers.

V. — *De la loi qui régit les effets de la nullité du mariage prononcée dans le pays de l'un des conjoints.*

ART. 16. — Lorsqu'un mariage valable d'après la loi du pays de l'un des contractants aura été déclaré nul dans le pays de l'autre, le mariage devra être considéré comme nul partout, sauf les effets civils d'un mariage putatif.

VI. — *De la loi qui régit le divorce.*

ART. 17. — La question de savoir si un divorce est légalement admissible ou non dépend de la législation nationale des époux.

ART. 18. — Si le divorce est admis en principe par la loi nationale, les causes qui le motivent doivent être celles de la loi du lieu où l'action est intentée.

Le divorce ainsi prononcé par le tribunal compétent sera reconnu valable partout.

D

Tutelle des mineurs.

Après avoir adopté, à Lausanne, un *Règlement international des conflits de lois en matière de divorce et de mariage*, l'Institut, continuant l'étude de ces conflits dans le droit de famille, mit à l'ordre du jour de sa prochaine session la question de la *tutelle des mineurs* et nomma M. Lehr, rapporteur de la Commission (*Annuaire*, t. X, p. 202).

A la session de Hambourg, M. Lehr présenta, au nom de la Commission, un projet de *Règlement international pour la tutelle des mineurs étrangers*, comprenant, d'une part, les *Principes* de la matière, d'autre part, les *Règles d'exécution* en vue de l'application pratique de ces principes. Les *Principes* furent adoptés, après une discussion approfondie, en séance plénière du 8 septembre 1891, et les *Règles d'exécution* furent ensuite votées en bloc, comme spécimen de ce qui pourrait être fait (*Ann.*, t. XI, p. 104):

Voici le texte de ce *Règlement* (*loc. cit.*):

RÈGLEMENT INTERNATIONAL POUR LA TUTELLE DES MINEURS ÉTRANGERS

1. — *Principes.*

I. La tutelle des mineurs est régie par leur loi nationale.

Cette loi détermine l'ouverture et la fin de la tutelle, son mode de délation, d'organisation et de contrôle, les attributions et la compétence du tuteur.

II. Lorsque, le mineur n'ayant conservé dans son pays d'origine aucun domicile et n'étant plus rattaché à lui par aucun lien de droit attributif de compétence, il est impossible de constituer la tutelle dans ledit pays, l'agent diplomatique ou consulaire de sa nation dans la circonscription duquel la tutelle s'est ouverte de fait exerce les attributions conférées par la loi nationale aux autorités tutélaires de la métropole et pourvoit à l'organisation de la tutelle conformément à ladite loi.

Toutefois, si le mineur qui n'a plus personnellement aucun domicile attributif de compétence dans son pays, y possède des parents ou alliés jusqu'au quatrième degré inclusivement, la tutelle est réputée s'ouvrir au domicile du parent ou de l'allié le plus proche, le parent ayant le pas sur l'allié à égalité de degré.

Le deuxième alinéa du présent article ne s'applique pas aux pays dans lesquels la famille demeure étrangère à la constitution de la tutelle, et où la juridiction des tribunaux est formellement subordonnée au fait que le mineur se trouve personnellement domicilié dans leur ressort.

III. A défaut d'agent diplomatique ou consulaire du pays auquel ressortit le mineur ou si, vu les circonstances, cet agent est hors d'état d'organiser la tutelle conformément à la loi de son pays, la tutelle est organisée conformément à la loi du domicile par les soins des autorités tutélaires du lieu.

Elle s'ouvre alors d'après les dispositions de ladite loi, nonobstant celles de la loi nationale.

Mais elle prend fin à l'époque et pour les causes prévues par la loi naturelle.

Dans les pays où il existe une tutelle légale, les personnes à qui la loi nationale confère la tutelle légale sont admises à l'exercer, encore que la *lex loci* ne reconnaisse pas ce droit aux indigènes. Dans les pays où la tutelle est conférée par l'autorité, les personnes à qui la loi nationale confère la tutelle légale seront investies de la tutelle, dans la mesure où le juge le trouvera possible.

IV. La tutelle organisée conformément aux dispositions qui

précédent est réputée, dans les deux pays, régulièrement organisée, à l'exclusion de toute autre.

Toutefois, si les raisons de droit ou de fait qui ont empêché de constituer la tutelle dans le pays du mineur viennent à disparaître par la suite, et qu'il devienne possible de l'y constituer, les autorités nationales auront en tout temps le droit de le faire ou de le permettre, à condition d'en avertir préalablement les autorités étrangères qui y avaient pourvu conformément au présent règlement. Les tuteurs qui avaient été nommés par celles-ci seront relevés de leurs fonctions conformément à la *lex loci;* la validité des actes desdits tuteurs sera appréciée d'après la même loi.

V. En attendant l'organisation régulière de la tutelle et pour les actes d'administration urgents, les pouvoirs de tuteur sont dévolus à l'agent diplomatique ou consulaire et, à son défaut, aux autorités tutélaires locales.

2. — *Règles d'exécution.*

1. Lorsqu'un étranger ayant sa résidence habituelle dans un pays décède, laissant des enfants qui, d'après leur loi nationale, sont encore mineurs, la personne chargée de la tenue du registre des décès doit informer de cette circonstance, dans un délai de . . . . . jours, les autorités de ladite résidence.

2. Ces autorités inscrivent, à sa date, l'avis transmis par le préposé sur le registre tenu à cet effet, et dans le délai de . . . . . jours, en adressant un extrait au ministère des Affaires étrangères de leur pays, pour être transmis, par ses soins, à la mission diplomatique ou au poste consulaire de l'État dont relevait le défunt et, à défaut de mission diplomatique et de consulat, au gouvernement dudit État.

3. Si la localité où résidait habituellement le défunt est

comprise dans une circonscription consulaire de l'État auquel il ressortissait ou auquel ressortissent ses enfants, l'avis émané des autorités locales doit toujours, en dernière analyse, être adressé au consul soit par lesdites autorités, soit par son propre gouvernement ou la légation, saisis en vertu de l'article II.

4. Le consul inscrit, à son tour, cet avis sur un registre spécial et met la famille des mineurs en demeure de lui faire connaître dans un délai de . . . . . jours, si elle a gardé avec son pays d'origine des liens suffisants pour y faire constituer la tutelle des mineurs, ou s'il y a lieu de la faire constituer soit sous les auspices du consulat, soit par les autorités locales, à titre de tutelle unique ou de protutelle. La réponse de la famille est inscrite dans une colonne spéciale du même registre.

5. Si, de la réponse de la famille, il appert que la tutelle peut être constituée dans le pays d'origine, le consul met la famille en demeure de se pourvoir, dans un délai de . . . . jours, devant les autorités compétentes dudit pays et prévient immédiatement celles-ci par une lettre directe, contenant les renseignements qu'il a été à même de recueillir. Mention sommaire est faite de cette lettre sur le registre spécial indiqué à l'article précédent. Aussitôt que la tutelle est constituée, le consul en est informé, à son tour, par lesdites autorités; il inscrit le fait sur le registre, en mentionnant les nom, prénoms, profession et domicile du tuteur nommé, et prévient les autorités locales. Sa propre inscription le décharge de tout devoir ultérieur quant à la tutelle des mineurs dont il s'agit, et son avis aux autorités locales produit le même effet, en ce qui les concerne, aussitôt qu'il a été transcrit sur le registre mentionné à l'article II.

En cas de changement ultérieur dans la personne du tuteur, le consul et les autorités locales doivent en être informés en la même forme que de la nomination primitive.

6. Lors, au contraire, qu'il appert de la réponse de la famille que la tutelle ne peut pas être constituée dans le pays d'origine, le consul procède au lieu et place des autorités tutélaires de son pays, et surveille ou dirige l'organisation de la tutelle, en se conformant, autant que les circonstances le permettent, aux diverses dispositions et recommandations de sa loi nationale et en s'inspirant, avant tout, de l'intérêt bien entendu des mineurs à assister. Aussitôt que la tutelle a été constituée, le consul inscrit sur son registre spécial tous les actes relatifs à l'organisation et avise les autorités locales, ainsi qu'il est dit à la fin de l'article précédent.

7. Si le consul n'est pas en mesure de constituer la tutelle, faute de nationaux, de parents ou d'alliés des mineurs, aptes à en assumer la charge et disposés à l'accepter, dans la mesure où ils seraient libres de la décliner, il en donne immédiatement avis aux autorités tutélaires locales, en mentionnant le fait et les motifs sur son registre. Ces autorités procèdent alors comme pour leurs nationaux, sous les réserves indiquées à l'article III des *Principes*, et font connaître au consul, pour être inscrit sur un registre, le nom du tuteur désigné par elles et éventuellement celui du remplaçant de ce tuteur.

8. Si, dans les quatre mois à compter du décès, le consul ou les autorités tutélaires locales n'ont pas reçu notification de la constitution de la tutelle, un rappel est adressé par leurs soins aux autorités nationales qui, en vertu de l'article 5 ci-dessus, avaient été saisies de l'affaire en première ligne.

9. Au bout de six mois, sauf prolongation motivée du délai, les autorités locales, prévenues conformément à l'article Ier, adressent une dernière mise en demeure aux autorités nationales. Si elle reste sans effet pendant trente jours à partir de

sa date, celles-ci sont définitivement dessaisies, et la tutelle est organisée par les soins des premières, conformément à l'article III des *Principes*.

10. Dans les cas prévus aux articles 6, 7 et 9, communication de la constitution de la tutelle est donnée au gouvernement de l'État auquel ressortissent les mineurs; et ce gouvernement en informe son propre consul dans le cas de l'article 9.

11. Lorsque, en vertu de l'article V des *Principes*, un consul ou les autorités tutélaires locales sont appelées, vu l'urgence, à faire un acte de tutelle, elles l'inscrivent sur leur registre spécial, en indiquant les motifs de leur intervention.

E

Tutelle des majeurs.

L'Institut, après avoir posé des règles relativement à la tutelle des mineurs, continua l'étude des conflits de lois dans le droit de famille en chargeant sa même Commission d'élaborer un projet d *Règlement sur la tutelle des majeurs* (ou *l'interdiction*).

Ce projet, rédigé par MM. GLASSON et LEHR, fit, à Genève, dans les deux séances du 6 septembre 1892, l'objet d'une longue délibération. Les huit articles qui le composent furent successivement adoptés: l'ensemble du Projet fut rejeté à la majorité de 15 voix contre 11, un certain nombre de membres, qui avaient combattu des articles différents, s'étant trouvés d'accord pour repousser le Projet en bloc. Ce double vote contradictoire ne donnant à la Commission aucune indication précise sur le sens des modifications à apporter à ses conclusions, il fut décidé que les huit articles adoptés seraient représentés à l'Institut en sa prochaine session, en vue d'une nouvelle délibération et d'un vote définitif plus explicite (*Annuaire*, t. XII, p. 101).

Texte des VIII articles adoptés en séance du 6 septembre 1892.

I

L'interdiction des majeurs est régie, dans ses conditions et dans ses effets, par leur loi nationale.

II

Sauf les cas prévus aux articles suivants, l'interdiction ne peut être prononcée que par les autorités compétentes du pays auquel la personne à interdire appartient par sa nationalité.

Les autorités du pays où elle réside peuvent toutefois ordonner toutes mesures conservatoires ou provisoires, soit quant à la personne, soit quant aux biens.

III

Sauf les dispositions d'ordre public, l'interdiction prononcée par les autorités qui sont compétentes suivant la loi nationale produit son effet dans tout autre pays sans homologation préalable.

L'effet de l'interdiction sur le territoire étranger peut être subordonné vis-à-vis des tiers à des mesures de publicité analogues à celles que prescrit la loi locale pour l'interdiction des nationaux.

IV

Toutes les fois que les autorités du pays auquel appartient un étranger ne peuvent pas, pour une cause quelconque, statuer sur la demande d'interdiction ou se déclarent incompétentes, celles du pays où cet étranger réside deviennent compétentes pour prononcer l'interdiction.

V

Toutes les fois que, d'après l'article IV, les autorités de la résidence sont saisies d'une demande en interdiction d'un étranger, elles doivent, avant de statuer, exiger qu'il soit justifié qu'elle a été portée à la connaissance de la légation ou du consulat intéressé et qu'un délai lui a été indiqué pour présenter contre la demande les observations ou exceptions qu'il jugerait opportunes.

VI

La légation ou le consulat, avant de répondre, prend l'avis des autorités compétentes du pays de la personne qu'il s'agit d'interdire.

VII

Lorsque des autorités étrangères sont compétentes pour statuer sur une demande d'interdiction, elles suivent pour l'instruction de l'affaire la même procédure que s'il s'agissait d'une personne du pays; mais elles ne peuvent prononcer l'interdiction que pour les causes admises par la loi nationale du défendeur, et l'interdiction produit les effets que lui attribue cette loi.

VIII

Les dispositions qui précèdent s'appliquent à toutes les mesures restrictives de la capacité des majeurs (tutelle, curatelle, conseil judiciaire).

La protection de l'incapable est organisée par les autorités étrangères d'après le mode qui se rapproche le plus de celui qu'auraient adopté les autorités de son pays ; et la surveillance de l'incapable est confiée, autant que possible, aux personnes qu'y appelle la loi dudit incapable, encore qu'elles n'y aient pas un droit absolu d'après la loi locale.

III

Conflit des lois en matière commerciale.

A

Principes généraux.

Avant la session d'Oxford, M. ASSER, remplaçant M. Goldschmidt empêché par sa santé, rédigea sur la matière une série de conclusions générales et spéciales, dont l'Institut ne put aborder la discussion (*Annuaire*, t. V, p. 18 et 50). En 1882, à Turin, le même rapporteur déposa un rapport très bref sur la partie générale desdites conclusions (*Annuaire*, t. VI, p. 76).

L'Institut adopta cette partie générale, en séance du 12 septembre 1882, sous la forme suivante (*ib.*, p. 92) :

Conclusions générales et préliminaires.

1. — Plusieurs parties du droit commercial devraient être réglées par une législation uniforme, le moyen le plus radical et le plus efficace de faire disparaître les conflits de droit.

2. — Les matières à l'égard desquelles l'uniformité est surtout désirable sont : les lettres de change et autres papiers négociables, le contrat de transport et les principales parties du droit maritime.

3. — Pour toutes les autres parties du droit commercial, l'intérêt des relations commerciales exige que les principaux conflits soient décidés au moyen de traités, à défaut de dispositions uniformes dans les législations nationales.

Dans la même séance, l'Institut, sur la proposition de M. SACERDOTI, chargea le Bureau de constituer trois commissions spéciales, à l'effet de préparer des projets pour l'unification du droit en matière de lettres de change et autres papiers négociables, du contrat de transport et des principales parties du droit maritime *(ib.*, p. 93).

B

Principes spéciaux au droit commercial. — Capacité.

L'Institut a eu, pendant plusieurs sessions, à son ordre du jour, l'étude des *Principes communs au droit civil et au droit commercial*. Comme l'a fait observer avec raison M. Rolin-Jaequemyns dans son rapport général de 1888 *(Annuaire*, t. X, p. 43), cet intitulé était peu exact; car, en réalité, ce que l'Institut a étudié et arrêté sous cette rubrique, ce sont les *Principes spéciaux au droit commercial en matière de conflit des lois*, notamment en ce qui concerne la capacité des personnes.

A Munich, en 1883, M. de Bar, nommé rapporteur l'année précédente, avait déposé des conclusions sur « le conflit des lois commerciales et leur rapport avec les lois civiles » *(Ann.*, t. VII, p. 49); en l'absence de M. Goldschmidt, qui avait présenté un amendement assez radical, dans le sens de l'application de la loi du domicile, la question fut renvoyée à une autre session (*ibid.*, p. 53). Elle ne put être abordée ni à Bruxelles, ni à Heidelberg. A Lausanne, l'Institut fut saisi d'un rapport supplémentaire de M. de Bar et d'une note de M. Goldschmidt à l'appui de leurs propositions respectives (*Ann.*, t. X, p. 70 et suiv.).

En séance plénière du 4 septembre 1888, et après une longue délibération, il adopta les deux conclusions suivantes *(ib.*, p. 103):

1. — Conformément aux principes adoptés à Oxford, la capacité d'une personne, en matière commerciale comme en matière civile, se détermine d'après sa loi nationale.

2. — Toutefois, en matière commerciale, la demande en nullité fondée sur l'incapacité de l'une des parties peut être repoussée et l'acte reconnu valable par application de la loi du lieu où il a été passé, si l'autre partie établit qu'elle a été

induite en erreur par le fait de l'incapable ou par un concours de circonstances graves abandonnées à l'appréciation des magistrats.

C

Lettres de change et autres papiers négociables.

En suite de la décision prise à Turin le 12 septembre 1882 (*Annuaire*, t. VI, p. 93), une Commission spéciale fut chargée d'étudier la question des conflits de lois en matière de lettres de change et autres papiers négociables. A Munich, M. Norsa, rapporteur, formula une série de principes sur lesquels il paraissait possible que les législateurs se missent d'accord, et déposa un projet de loi accompagné d'un rapport; d'autre part, M. Renault, second rapporteur, présenta quelques propositions distinctes (*Annuaire*, t. VII, p. 22, 58 et suiv.). L'Institut, sans aborder encore le fond même de la question, décida, le 7 septembre 1883, après une courte discussion, que la Commission devait, pour la session suivante, étudier, d'une part, l'unification internationale du droit de change, d'autre part, le conflit des lois en cette matière (*ib.*, p. 99).

A la session de Bruxelles de 1885, M. Norsa présenta tout à la fois le projet d'une *Loi uniforme sur les lettres de change et les billets à ordre* et un projet de *Règlement international des conflits de lois en matière de lettres de change et de billets à ordre* (*Annuaire*, t. VIII, p. 79 et suiv.).

A la suite d'une délibération approfondie, l'Institut vota, sur la proposition de M. Rolin-Jaequemyns, la résolution suivante, en séance du 10 septembre 1885 (*ib.*, p. 96):

Résolution du 10 septembre 1885.

L'Institut de droit international, réuni en séance plénière à Bruxelles, le 10 septembre 1885.

Vu ses résolutions et ses travaux antérieurs, notamment:

1° Les conclusions présentées par M. Asser, durant la session d'Oxford en 1880, sur le conflit des lois commerciales, le rapport présenté par M. Asser à la session de Turin en

1882, les observations présentées par M. Sacerdoti sur ce rapport, les délibérations et les résolutions de l'assemblée plénière de l'Institut siégeant à Turin le 12 septembre 1882 (*Annuaire*, t. VI, p. 58 à 60, et t. VII, p. 75-93);

2° Le rapport présenté par M. Norsa à la session de Munich, en 1883, sur le « conflit des lois et l'unification internationale en matière de lettres de change et autres papiers transmissibles par endossement » et les annexes de ce rapport, comprenant un exposé des « principes et règles en vue de la rédaction d'une loi uniforme en matière de lettres de change et autres papiers négociables », ainsi que « un questionnaire pour servir à la préparation d'un projet de loi uniforme pour les différents États, sur les lettres de change et autres titres négociables » (*Annuaire*, t. VII, p. 53-99);

3° La discussion dont le rapport a été l'objet à Munich, en séance plénière du 7 septembre 1883;

Vu le projet de loi uniforme et le projet de règlement international des conflits de lois en matière de lettres de change et de billets à ordre, lesdits documents rédigés également par M. Norsa et communiqués à tous les membres de l'Institut avant la présente session;

Après avoir examiné, discuté et amendé ces projets en séances plénières tenues à Bruxelles les 8 et 9 septembre 1885, remercie M. Norsa, auteur de ce travail, du service qu'il a rendu à l'unification du droit et au droit international en cette matière importante, décide que les projets amendés, comme il a été dit, seront imprimés par les soins du Bureau, et les recommande à l'attention spéciale des gouvernements, ainsi que des assemblées scientifiques qui s'occuperont des mêmes objets et plus particulièrement du Congrès de droit commercial et maritime qui se réunira prochainement à Anvers.

La résolution de l'Institut sert d'introduction au Projet de loi internationale, suivi du Projet de règlement de conflits, que nous donnons ci-dessous, dans la forme où ils ont reçu son approbation définitive à Bruxelles (*Ann.*, t. VIII, p. 97 et suiv.).

PROJET D'UNE LOI UNIFORME SUR LES LETTRES DE CHANGE ET LES BILLETS A ORDRE

TITRE PREMIER

Règles générales.

ART. 1er. Est capable de s'obliger par lettre de change ou par billet à ordre quiconque est capable de s'obliger par contrat.

ART. 2. L'étranger incapable de s'obliger par lettre de change ou par billet à ordre, en vertu de la loi de son pays, mais capable d'après la loi du pays où il appose sa signature sur la lettre de change ou sur le billet à ordre, ne peut pas invoquer son incapacité pour se soustraire à ses obligations.

ART. 3. Les obligations résultant de la lettre de change ou du billet à ordre sont indépendantes les unes des autres. En conséquence, un débiteur par lettre de change ou par billet à ordre ne peut invoquer les vices des obligations d'autres signataires du titre pour se soustraire à ses propres obligations.

TITRE II

Des lettres de change.

SECTION PREMIÈRE

De la forme de la lettre de change.

ART. 4. La lettre de change doit nécessairement contenir les énonciations suivantes:

1o La dénomination de lettre de change (*Wechsel — cam-*

biale, lettera di cambio — Bill of exchange), ou une expression équivalente dans la langue dans laquelle elle est écrite;

2° La somme à payer;

3° Le lieu, les jours, mois et an où la lettre est émise;

4° Le nom de la personne à laquelle le payement doit être fait;

5° L'époque du payement;

6° La signature du tireur;

7° Le nom de celui qui doit faire le payement;

8° Le lieu du payement.

Art. 5. Si la somme à payer est écrite en toutes lettres et en chiffres, en cas de différence, on doit s'en tenir à la somme écrite en toutes lettres.

Si la somme est écrite plusieurs fois en toutes lettres, ou plusieurs fois en chiffres, en cas de différence, on doit s'en tenir à la somme la plus faible.

Art. 6. La stipulation d'intérêts insérée dans une lettre de change est réputée non écrite.

Art. 7. La lettre de change peut être à l'ordre ou en faveur du tireur lui-même.

Elle peut être émise aussi par ordre d'un tiers.

Art. 8. La clause *à ordre* n'est pas essentielle à la lettre de change.

L'insertion de la clause *non à ordre* a pour effet d'interdire l'endossement.

Art. 9. La lettre de change ne peut pas être payable par fractions et à plusieurs époques successives.

Elle ne peut être payable que:

A un jour déterminé;

A vue, ou à un certain délai de vue;

A un certain délai de date à partir de la création;

En foire ou dans un marché.

Art. 10. Une croix ou toute marque autre que la signature apposée par le tireur ou par un endosseur sur la lettre de change n'est valable en droit de change (*wechselmässig*) qu'autant que l'engagement en résultant est certifié par un juge ou par un notaire.

Art. 11. La lettre de change peut être tirée sur une personne et être payable chez une autre. En l'absence de désignation spéciale relative au lieu du payement, le lieu indiqué avec le nom du tiré est considéré comme lieu du payement et en même temps comme domicile du tiré.

Art. 12. L'écrit dans lequel manque une des énonciations prescrites pour la lettre de change ne produit pas d'effets en vertu du droit de change, sauf les effets attachés aux obligations d'après le droit commun, s'il y a lieu.

De même, les déclarations ajoutées à un tel titre (endossement, acceptation, aval) ne peuvent valoir comme obligations de change.

Art. 13. Le défaut ou l'insuffisance des timbres n'a pas pour effet d'enlever au titre la valeur d'une lettre de change.

SECTION II

Des obligations du tireur.

Art. 14. Le tireur d'une lettre de change est garant, par droit de change, de l'acceptation et du payement.

SECTION III

De l'endossement.

Art. 15. Le preneur peut transmettre la lettre de change à un tiers par endossement. L'endossement porte la date, l'énonciation du nom de celui à qui il est passé et la signature de l'endosseur.

Art. 16. L'endossement transmet à celui au profit de qui il est fait, tous les droits résultant de la lettre de change, notamment la faculté de la transmettre par endossement.

Avec la propriété de la lettre de change sont transmises par l'endossement les garanties qui sont attachées à la lettre, c'est-à-dire les gages, privilèges et hypothèques, sauf, pour l'acquisition de ces droits, l'observation des conditions prescrites par la loi de la situation des biens.

Art. 17. L'endosseur est garant envers tout porteur ultérieur de l'acceptation et du payement de la lettre.

Mais, si l'endosseur a ajouté à son endossement la mention « *sans garantie* », ou toute autre restriction équivalente, il n'est pas tenu en vertu du droit de change.

Art. 18. L'endosseur peut interdire la transmission ultérieure de la lettre de change par les mots *non à ordre*, ou par une autre expression équivalente.

Dans ce cas, l'endossement de la lettre ne peut pas valoir comme tel ; il n'est qu'une cession valable en vertu du droit civil, s'il y a lieu, ou sinon ses effets sont seulement ceux d'une simple procuration.

Art. 19. L'endossement peut avoir lieu valablement même au profit du tireur, du tiré, de l'accepteur ou d'un endosseur antérieur.

Art. 20. L'endossement doit être écrit soit sur la lettre, soit sur une copie, soit sur une *allonge* attachée à la lettre ou à la copie.

Art. 21. L'endossement est valable alors même que l'endosseur s'est borné à écrire son nom sur le dos de la lettre ou de la copie, ou sur l'allonge (endossement en blanc).

Art. 22. Tout porteur de la lettre de change a le droit de

remplir les endossements en blanc qui s'y trouvent. Il peut aussi, sans les remplir, endosser lui-même la lettre.

Art. 23. Quand à l'endossement est ajoutée la mention *pour procuration*, ou *pour encaissement*, ou *pour garantie*, ou toute formule exprimant le mandat, l'endossement ne transfère pas la propriété de la lettre de change; mais il autorise celui au profit de qui il est fait, à toucher le montant de la lettre, à faire dresser un protêt et à signifier le refus de payement au prédécesseur de son endosseur, à exercer les poursuites judiciaires pour le recouvrement de la dette, et à en toucher le montant. — Le porteur est également autorisé à transmettre son droit à un tiers par un nouvel endossement de procuration, mais il ne peut consentir d'endossement translatif de propriété.

Art. 24. Quand une lettre de change est endossée après l'expiration du délai fixé pour le protêt faute de payement, celui au profit de qui elle est endossée acquiert contre le tiré les droits résultant de l'acceptation, et le droit de recours contre ceux qui ont endossé la lettre après l'expiration du délai.

Mais si, avant l'endossement, la lettre a déjà été protestée faute de payement, le bénéficiaire de l'endossement n'a que les droits de son endosseur contre l'accepteur, contre le tireur et contre les endosseurs antérieurs au protêt. L'endossement a, dans ce cas, à l'égard de l'endosseur, les effets d'une cession.

SECTION IV

De l'aval.

Art. 25. Le payement d'une lettre de change peut être garanti par un aval.

Art. 26. L'aval est donné par un tiers, et doit être écrit sur la lettre de change.

L'aval est signé par le donneur d'aval avec son nom ou sa raison de commerce.

Cependant la simple signature apposée sur le recto de la lettre de change est suffisante pour produire l'engagement du donneur d'aval.

ART. 27. L'obligation du donneur d'aval s'étend à tout ce que le porteur peut réclamer contre la personne pour laquelle la garantie est fournie.

Le donneur d'aval est obligé même en cas de nullité de l'engagement de celui pour lequel l'aval est donné.

Si la personne pour laquelle l'aval est donné n'est pas déclarée, il est censé donné pour l'accepteur, ou pour le tireur si la lettre de change n'est pas encore acceptée.

Le porteur de la lettre de change doit accomplir, à l'égard du donneur d'aval, tous les actes nécessaires à la conservation de son recours par droit de change contre la personne pour laquelle l'aval est donné.

ART. 28. Le donneur d'aval qui paye la lettre de change échue, est subrogé dans les droits du porteur envers la personne pour laquelle l'aval a été donné, et envers les obligés antérieurs.

SECTION V

De la présentation à l'acceptation, et de l'acceptation.

ART. 29. Le porteur d'une lettre de change a le droit de la présenter immédiatement à l'acceptation du tiré, et, faute d'acceptation, de la faire protester. Toute clause contraire à ce droit est nulle.

Les lettres de change payables *en foire* ou *dans un marché* ne peuvent être présentées à l'acceptation et protestées faute d'acceptation qu'aux époques fixées par les lois ou par les usages qui sont en vigueur au lieu de la foire ou du marché.

La simple détention de la lettre de change confère le droit de la présenter à l'acceptation et de la faire protester à défaut d'acceptation.

Art. 30. La présentation à l'acceptation n'est pas obligatoire pour le porteur.

Néanmoins, si la lettre est payable à un certain délai de vue ou si elle désigne un lieu de payement autre que le domicile du tiré, le porteur doit, à peine de perdre son recours fondé sur le droit de change contre les endosseurs et le tireur, présenter la lettre à l'acceptation dans le délai fixé par celle-ci, ou, à défaut de fixation, dans le délai d'un an à partir de l'émission.

L'endosseur qui, sur une lettre de ce genre, a indiqué dans son endossement un délai pour la présentation, cesse d'être obligé par droit de change, si la présentation n'a pas eu lieu dans le délai fixé.

Art. 31. Si la lettre payable à un certain délai de vue n'est point acceptée, ou si le tiré refuse de dater son acceptation, le porteur doit, sous peine de perdre son recours contre les endosseurs et contre le tireur, faire constater sa présentation en temps opportun, au moyen d'un protêt fait dans le délai de la présentation.

Le jour du protêt est alors considéré comme jour de la présentation.

Art. 32. Le porteur est tenu de laisser au tiré un délai de 24 heures pour délibérer sur l'acceptation de la lettre de change.

Art. 33. L'acceptation doit être écrite sur la lettre de change ; elle ne peut pas être faite par acte séparé.

Art. 34. Toute déclaration écrite sur la lettre de change et signée par le tiré vaut acceptation pure et simple, à moins qu'il ne soit dit expressément que le tiré n'accepte pas, ou qu'il n'accepte que sous certaines restrictions.

La simple signature du tiré apposée sur le recto de la lettre de change vaut acceptation pure et simple.

Art. 35. L'acceptation une fois donnée ne peut plus être retirée.

Art. 36. Le tiré peut restreindre son acceptation à une partie du montant de la lettre de change. Il peut aussi, en acceptant, indiquer un autre domicile que le sien dans le lieu du payement. Toute autre restriction équivaut à un refus d'acceptation; mais l'accepteur est tenu par droit de change dans les termes de son acceptation.

Art. 37. Si la lettre de change désigne un lieu de payement autre que le domicile du tiré, l'accepteur doit indiquer sur la lettre par qui le payement sera fait au lieu désigné, à moins que la lettre ne l'indique déjà elle-même. A défaut de cette mention, le tiré est censé seul s'engager à payer lui-même au lieu désigné.

SECTION VI

Du recours.

I. — *A défaut d'acceptation.*

Art. 38. Si la lettre de change est protestée faute d'acceptation, le porteur a le droit d'exercer immédiatement son recours contre le tireur et contre les endosseurs, conformément aux articles 71 et suivants, et de réclamer le payement du montant de la lettre sous la déduction d'un escompte.

II. — *A raison de la solvabilité insuffisante de l'accepteur.*

Art. 39. Quand une lettre de change a été acceptée pour le tout ou pour partie, le porteur ne peut exercer son recours contre le tireur et contre les endosseurs que dans les cas suivants :

1° Lorsque l'accepteur a été déclaré en faillite ;

2° Lorsque, postérieurement à la création de la lettre, l'accepteur a été inutilement exécuté sur ses biens.

SECTION VII

Des reproductions d'une lettre de change.

I. — *Des duplicatas.*

Art. 40. Le tireur d'une lettre de change est tenu de délivrer au preneur, sur sa demande, plusieurs exemplaires conformes de la lettre. Ces exemplaires doivent être désignés dans leur texte comme : première, seconde, troisième, etc., faute de quoi, chaque exemplaire est considéré comme une lettre *indépendante*.

Tout porteur peut aussi demander un duplicata de la lettre. Il doit, à cet effet, s'adresser à son prédécesseur immédiat, lequel, à son tour, s'adresse à son prédécesseur, jusqu'à ce que la demande arrive au tireur. Chaque endosseur peut demander à son prédécesseur que les endossements antérieurs soient reproduits sur le duplicata.

Art. 41. Si l'un des exemplaires est payé, les autres perdent leur valeur. Toutefois :

1° L'endosseur qui a transmis à des personnes différentes plusieurs exemplaires de la même lettre, reste tenu de ses endossements inscrits sur les exemplaires non restitués au moment du payement. Restent également tenus tous les endosseurs subséquents, dont les endossements se trouvent sur ces mêmes exemplaires ;

2° L'accepteur qui a accepté plusieurs exemplaires de la

même lettre reste tenu des acceptations qui se trouvent sur les exemplaires non restitués lors du payement.

Art. 12. Celui qui a envoyé à l'acceptation un des exemplaires d'une lettre de change doit indiquer, sur les autres exemplaires, la personne entre les mains de laquelle se trouve l'exemplaire envoyé. Néanmoins, l'omission de cette mention n'annule pas la lettre de change. Le dépositaire de l'exemplaire envoyé à l'acceptation est tenu de le remettre à la personne qui prouve son droit à le recevoir.

Art. 13. Le porteur d'un duplicata indiquant la personne entre les mains de laquelle se trouve l'exemplaire envoyé à l'acceptation, ne peut exercer le recours pour défaut d'acceptation, ni le recours pour défaut de payement, qu'après avoir fait constater par protêt :

1° Que l'exemplaire envoyé à l'acceptation ne lui a pas été rendu par le dépositaire ;

2° Que l'acceptation ou le payement n'ont pu être obtenus sur le duplicata.

II. — *Des copies.*

Art. 14. Les copies des lettres de change doivent être conformes à l'original, et reproduire les endossements et les énonciations qu'ils contiennent, avec les mots : *jusqu'ici copie*, ou autre indication analogue.

La copie doit indiquer aussi chez qui se trouve l'original envoyé à l'acceptation. Néanmoins, l'omission de cette mention n'annule pas la copie endossée.

Art. 15. Tout endossement original fait sur une copie oblige l'endosseur comme s'il était fait sur la lettre de change elle-même.

Art. 16. Le dépositaire de l'exemplaire original est tenu de le remettre au porteur de la copie revêtue d'un ou de plusieurs endossements originaux, dès que celui-ci justifie de son droit à recevoir l'original, soit en vertu d'un endossement, soit à tout autre titre. Si le dépositaire ne restitue pas l'original, le porteur ne peut exercer soit le recours en garantie pour défaut d'acceptation, soit, après l'échéance indiquée sur la copie, le recours faute de payement contre les endosseurs dont les endossements originaux se trouvent sur la copie, qu'après avoir fait dresser acte de protêt.

SECTION VIII

De l'échéance.

Art. 47. Si la lettre de change indique comme époque de payement un jour déterminé, l'échéance a lieu au jour ainsi fixé.

Si l'époque indiquée est le commencement ou la fin d'un mois, l'échéance a lieu le premier ou le dernier jour du mois.

Si l'époque indiquée est le milieu d'un mois, l'échéance a lieu le 15 de ce mois.

Art. 48. L'échéance d'une lettre à vue a lieu lors de la présentation. Le porteur d'une lettre à vue doit, sous peine de perdre son recours par droit de change contre les endosseurs et le tireur, la présenter au payement suivant les conditions spéciales indiquées par la lettre, et, à défaut de cette indication, dans le délai d'un an à compter de la création de la lettre.

L'endosseur d'une lettre à vue, qui a indiqué dans son endossement un délai spécial pour la présentation, cesse d'être obligé par droit de change, si la présentation n'a pas eu lieu dans ce délai.

Art. 49. Pour les lettres qui sont payables à un certain délai de vue, ou à un certain délai de date, l'échéance a lieu ainsi qu'il suit :

1° Si le délai est indiqué en jours, l'échéance est au dernier jour du délai : dans le calcul de ce délai, on ne compte ni le jour de la création pour les lettres payables à un certain délai de date, ni le jour de la présentation pour les lettres payables à un certain délai de vue ;

2° Si le délai est indiqué en semaines, en mois ou en périodes comprenant plusieurs mois (année, semestre, trimestre), l'échéance est au jour de la semaine ou du mois qui, par sa dénomination ou par son quantième, correspond au jour de la création ou de la présentation : si ce jour manque dans le mois du payement, l'échéance est au dernier jour de ce mois.

L'expression « *un demi-mois* » est réputée équivalente à un délai de quinze jours.

Si la lettre est payable à un ou plusieurs mois entiers plus un demi-mois, les quinze jours se comptent en dernier lieu.

Art. 50. Si la lettre de change à un certain délai de vue a été acceptée, mais si l'accepteur a omis de dater son acceptation, à défaut de protêt, le délai de l'échéance se calcule à compter du dernier jour du délai de la présentation.

Art. 51. Il n'est point admis de jours de grâce.

Il n'y a pas lieu aux délais de faveur, d'usage ou d'habitude locale, pour le payement des lettres de change.

Art. 52. Pour les lettres payables en foire ou dans un marché, l'échéance a lieu au jour fixé pour les payements par les lois ou par les usages du lieu où se tient la foire ou le marché et, à défaut d'une pareille fixation, au jour qui précède la clôture légale de la foire ou du marché.

Si la foire ou le marché ne dure qu'un jour, l'échéance a lieu ce jour-là.

SECTION IX

Du payement.

Art. 53. Si une lettre de change échoit un dimanche ou un autre jour férié légal, le paiement doit être fait le premier jour ouvrable qui suit.

Art. 54. Le porteur d'une lettre de change justifie de la propriété par une série continue d'endossements descendant jusqu'à lui.

Ainsi le premier endossement doit être signé par le preneur, et chaque endossement suivant par la personne indiquée dans l'endossement immédiatement antérieur.

S'il y a un endossement en blanc, suivi d'un autre endossement, le signataire de l'endossement qui suit est présumé avoir acquis la lettre par l'endossement en blanc.

Les endossements biffés sont réputés non écrits quant à la preuve de la propriété. Le payeur n'est pas tenu à rechercher l'authenticité des endossements.

Art. 55. Le porteur de la lettre de change ne peut pas refuser un paiement partiel, quoique la lettre de change ait été acceptée pour la somme entière; mais, pour conserver l'action en recours pour la somme non payée, il doit constater le défaut partiel de paiement.

Art. 56. — Lorsqu'une lettre de change est stipulée payable en une monnaie qui n'a pas cours au lieu du payement (monnaie étrangère), le payement ne peut pas être fait en la monnaie du pays, d'après la valeur lors de l'échéance, si le tireur a formellement exprimé par le mot *effectif*, ou par toute autre adjonction équivalente, que le payement doit se faire en la monnaie même indiquée par la lettre.

Art. 57. Le débiteur, payant tout le montant de la lettre de change, a le droit d'exiger que le porteur lui remette la lettre acquittée.

Si le débiteur fait un payement partiel, il peut seulement exiger que ce payement soit mentionné sur la lettre de change, et qu'on lui en donne quittance sur une copie de la lettre.

Art. 58. Le porteur d'une lettre de change ne peut pas être contraint d'en recevoir le payement avant l'échéance. Celui qui paye une lettre de change avant son échéance, paye à ses risques et périls.

Art. 59. Si le payement de la lettre n'est pas demandé à l'échéance, l'accepteur peut, après l'expiration du délai pour le protêt faute de payement, déposer la somme aux risques et frais du porteur, soit au tribunal, soit auprès de tout autre établissement ou autorité ayant qualité pour recevoir des dépôts. Une sommation adressée au porteur n'est pas nécessaire.

SECTION X.

De l'intervention.

I. — *De l'acceptation par intervention.*

Art. 60. Si la lettre de change indique plusieurs personnes pour la payer *au besoin*, la préférence entre elles appartient à celle dont le paiement libérera le plus grand nombre d'obligés : si cette règle n'est pas observée, le porteur perd l'action en recours contre ceux qui auraient été libérés.

Art. 61. L'accepteur par intervention doit se faire remettre le protêt faute d'acceptation contre remboursement des frais, et faire constater l'acceptation par intervention dans le protêt ou dans une annexe audit protêt.

Il doit aviser celui pour le compte de qui il est intervenu, par l'envoi du protêt, de l'intervention qui a eu lieu : cet avis et le protêt doivent être mis à la poste dans le délai de deux jours après le jour du protêt. En cas d'omission, il est responsable de tous dommages résultant de sa négligence.

Art. 62. Si l'accepteur par intervention a omis, dans son acceptation, d'indiquer pour le compte de qui il acepte, il est réputé être intervenu pour le tireur.

Art. 63. L'acceptation par intervention emporte obligation par droit de change envers tous les successeurs de celui pour qui l'intervention a eu lieu. Cette obligation s'éteint si la lettre n'est pas présentée pour le payement à l'accepteur par intervention au plus tard le second jour ouvrable après le jour de l'échéance.

Art. 64. Le recours en garantie peut être exercé par celui pour qui l'intervention a eu lieu et par ses prédécesseurs.

Art. 65. Le tiré qui a refusé d'accepter en cette qualité peut accepter par intervention.

II. — *Du payement par intervention.*

Art. 66. Si, sur une lettre de change non payée par le tiré, le tireur a indiqué, comme devant la payer *au besoin* ou comme accepteurs par intervention, des personnes domiciliées dans le lieu où la lettre est payable, le porteur doit, au plus tard le second jour ouvrable après l'échéance, présenter la lettre pour le payement à toutes ces personnes et faire constater le résultat de la présentation dans le protêt faute de payement ou dans une annexe dudit protêt. En cas d'omission, il perd son recours contre le tireur, contre celui pour lequel une intervention a eu lieu, et contre ses successeurs.

Art. 67. Le payeur par intervention peut se faire remettre la lettre et le protêt faute de payement contre remboursement des frais.

Il est subrogé aux droits du porteur contre celui pour qui le paiement a été fait, contre les garants de celui-ci et contre l'accepteur.

Art. 68. Le porteur d'une lettre de change ne peut pas refuser le payement par intervention, offert par un tiers intervenant, lors même que la lettre n'est payée ni par le tiré, ni par les accepteurs par intervention, ni par les recommandataires.

Le payement par intervention doit être déclaré dans l'acte de protêt.

Si le porteur refuse le payement offert par un tiers intervenant, il perd son recours contre les endosseurs qui suivent celui pour le compte duquel le payement était offert.

Art. 69. Entre plusieurs personnes qui se présentent pour payer par intervention, la préférence appartient à celle dont le payement libérera le plus grand nombre d'obligés.

Un intervenant qui paye, quoiqu'il résulte de la lettre ou du protêt que le payement était offert par un autre intervenant préférable aux termes de la disposition qui précède, n'a aucun recours contre les endosseurs qu'aurait libérés le payement effectué par cet autre intervenant.

Art. 70. Le tiré qui, en cette qualité, se présente pour payer une lettre de change protestée, quoiqu'il ne l'ait pas acceptée, doit être préféré à tout autre.

L'accepteur par intervention, qui ne paye pas la lettre parce qu'elle a été payée par le tiré ou par un autre intervenant, a le droit d'exiger du payeur une commission selon l'usage du lieu.

SECTION XI

Du recours pour défaut de payement.

Art. 71. Pour que le recours faute de payement puisse être exercé contre le tireur et les endosseurs, il faut :

1° Que la lettre ait été présentée pour le payement ;

2° Que cette présentation et le défaut de payement soient constatés par un protêt fait dans le délai légal.

Il n'est besoin ni de présentation de la lettre à l'échéance, ni de protêt, pour la conservation des droits contre l'accepteur, sauf dans le cas où la lettre a été domiciliée par le tireur.

ART. 72. La clause *sans protêt* ou *sans frais* implique interdiction de faire dresser le protêt, et décharge en conséquence le tireur et les endosseurs de l'obligation de rembourser les frais du protêt, s'il a été dressé.

Ladite clause a effet seulement à l'égard de celui qui l'a apposée.

ART. 73. Si la lettre est payable ailleurs qu'au domicile du tiré, c'est au domiciliataire ou, s'il n'est pas désigné, au tiré lui-même, au domicile indiqué dans la lettre, que doit être faite la présentation, et c'est au même lieu que doit être fait le protêt faute de payement. A défaut de protêt fait dans le délai légal chez le domiciliataire, le porteur perd son recours par droit de change contre tous les obligés, sauf contre l'accepteur.

ART. 74. Le porteur d'une lettre de change protestée à défaut de payement, est tenu d'en avertir par écrit, dans les deux jours qui suivent celui du protêt, son prédécesseur immédiat. Il suffit que, dans ce délai, la lettre d'avis ait été mise à la poste.

Tout endosseur ainsi averti doit, dans le même délai, à compter du jour où il a reçu l'avis, aviser de la même manière son prédécesseur immédiat.

ART. 75. Lorsqu'un endosseur a transmis la lettre de change sans indiquer son domicile, l'avertissement du défaut de payement doit être donné à l'endosseur qui le précède.

ART. 76. Le porteur ou l'endosseur qui ne donne pas l'avertissement ou qui, le donnant, ne l'adresse pas à son prédécesseur immédiat, est tenu, envers tous les signataires non avertis, de réparer le dommage résultant du défaut d'avertissement.

ART. 77. Pour prouver que l'avis a été donné dans le délai légal, il suffit de produire une copie de la lettre d'avis et un certificat de la poste constatant que l'intéressé a expédié une lettre au domicile du prédécesseur au jour indiqué, à moins toutefois qu'il ne soit établi que la lettre reçue avait un autre objet.

Il suffit aussi d'un certificat de la poste pour prouver la date de la réception de l'avertissement écrit.

ART. 78. Toute personne obligée par lettre de change a le droit d'exiger du porteur, moyennant le payement du capital, des intérêts et des frais, la remise de la lettre acquittée et du protêt faute de payement.

ART. 79. Le porteur d'une lettre de change protestée faute de payement peut intenter son recours contre toutes les personnes obligées par la lettre, ou contre quelques-unes, ou contre l'une d'entre elles seulement, sans perdre son action contre celles qu'il n'aurait pas actionnées. Il n'est pas tenu de suivre l'ordre des endossements.

ART. 80. Si plusieurs des obligés sont en faillite, le créancier peut produire dans chaque faillite pour la totalité de sa créance, et toucher dans chacune la totalité du dividende, jusqu'à concurrence de son payement intégral.

ART. 81. Le porteur qui a fait protester faute de payement ne peut réclamer à ses garants que :

1° Le montant impayé de la lettre, avec intérêts selon l'usage du lieu, à compter du jour de l'échéance ;

2° Les frais du protêt et autres déboursés ;

3° Une commission selon l'usage de la place.

Si celui contre lequel s'exerce le recours est domicilié dans un autre lieu que celui où la lettre était payable, les sommes ci-dessus seront calculées d'après le cours de change d'une lettre à vue tirée du lieu où la lettre était payable sur le lieu de son domicile.

S'il n'y a pas de cours de change du premier de ces endroits sur le second, on prend le cours sur la place la plus voisine du domicile de celui sur lequel s'exerce le recours.

Le cours est constaté à la requête de celui sur qui s'exerce le recours, par un bulletin de cours publié sous la direction de l'autorité, ou par le certificat d'un courtier assermenté, ou, à défaut de ces modes de preuve, par une attestation signée de deux banquiers.

Art. 82. Pour l'exercice de l'action en recours du porteur de la lettre de change contre les obligés domiciliés dans l'État où elle était payable, on doit observer les délais déterminés par les lois nationales de l'État même où le payement était fixé.

Art. 83. Si le porteur intente l'action en recours collectivement contre les endosseurs et le tireur, les délais déterminés ci-dessus s'appliquent à chacun d'eux.

Les mêmes délais s'appliquent pour l'exercice de l'action en recours qui compète aux endosseurs.

Si l'endosseur a payé la lettre de change, les délais courent du jour où il l'a payée ; s'il a été poursuivi en justice, les délais courent de la date de la citation.

Art. 84. L'endosseur qui a remboursé une lettre de change ou qui l'a reçue à titre de remise, peut exiger de tout endosseur précédent ou du tireur :

1° La somme par lui payée, ou dont il a été débité en retour, avec les intérêts selon l'usage du lieu, à compter du jour du payement;

2° Les frais par lui déboursés;

3° Une commission selon l'usage de la place.

Si celui contre lequel s'exerce le recours est domicilié dans un autre lieu que celui qui exerce le recours, les sommes ci-dessus seront calculées d'après le cours de change d'une lettre à vue, tirée du domicile de ce dernier sur le domicile de celui contre lequel s'exerce le recours. S'il n'y a pas de cours de change sur cette place, on prend le cours sur la place la plus voisine.

Pour la preuve du cours, on applique la disposition de l'article 80.

SECTION XII

Du protêt.

Art. 85. L'acte de protêt est nécessaire pour la conservation des droits contre tous les signataires de la lettre, à l'exception des droits contre l'accepteur, sous la réserve du cas mentionné dans l'article 71.

Art. 86. Le protêt doit être fait le premier jour ou au plus tard le second jour ouvrable après celui de l'échéance.

Art. 87. Le délai pour dresser le protêt peut être prolongé en cas de force majeure, pourvu que cette force majeure résulte de causes générales, telles que : interruption des communications, inondations, guerres civiles ou étrangères, etc. La constatation des cas de force majeure faite par la loi d'un des pays dans lesquels la présente loi est en vigueur, aura ses effets même dans les autres États.

Art. 88. La loi de chaque pays détermine les formalités à remplir pour l'acte de protêt.

SECTION XIII

De la retraite.

ART. 89. Le porteur d'une lettre de change non payée peut se rembourser de son montant au moyen d'une retraite tirée sur l'un des signataires du titre.

ART. 90. Celui contre lequel la retraite est tirée n'est tenu de payer que contre remise de la lettre, du protêt et d'un compte de retour acquitté.

Le compte de retour doit comprendre :

1° Le montant de la lettre de change, avec l'intérêt à partir du jour de l'échéance ;

2° Les frais de protêt et autres frais légitimes, tels que commission de banque, courtage, timbres et ports de lettres ;

3° L'indication de la personne sur qui la retraite est faite ;

4° Le rechange.

Tout endosseur qui a payé la lettre de change peut biffer son endossement et ceux de ses successeurs.

SECTION XIV

De l'action du créancier par lettre de change.

ART. 91. Tous les signataires de la lettre de change, le tireur, l'accepteur et les endosseurs, ainsi que le donneur d'aval, sont solidairement obligés envers le porteur au payement de la lettre de change.

Leur obligation s'étend à tout ce que le porteur peut réclamer par suite du défaut de payement.

ART. 92. Le porteur d'une lettre de change protestée faute de payement peut intenter son recours contre toutes les personnes obligées par la lettre, ou contre quelques-unes, ou contre l'une d'entre elles seulement, sans perdre son action contre celles qu'il n'aurait pas actionnées. Il peut agir contre chacun des obligés pour la totalité de la créance; il peut choisir celui des obligés qu'il veut poursuivre en premier lieu et il n'est pas tenu de suivre l'ordre des endossements.

Art. 93. Le débiteur par lettre de change ne peut opposer que les exceptions fondées soit sur le droit de change, soit sur ses rapports personnels avec le porteur qui le poursuit.

En tout cas, le litige ne suspend pas l'action du porteur de la lettre de change, qui a le droit d'obtenir le dépôt judiciaire de la valeur de la lettre et de tous les frais.

Art. 94. Quand le tireur ou l'accepteur a cessé d'être obligé en vertu du droit de change, soit par prescription, soit par suite de l'omission des formalités exigées par la loi pour la conservation de la créance, le porteur peut agir contre le tireur ou l'accepteur dans la mesure où ils s'enrichiraient à ses dépens.

Ladite action n'est pas donnée contre les endosseurs qui ont cessé d'être tenus en vertu de la lettre de change.

SECTION XV

Du lieu et du temps où doivent se faire la présentation et les autres actes relatifs à la lettre de change.

Art. 95. La présentation de la lettre de change, le protêt, la demande d'un duplicata et tous autres actes à faire chez une personne déterminée doivent se faire au bureau de cette personne, et, à défaut, à son domicile. Le bureau ou le domicile ne sont considérés comme inconnus que si les recherches faites par le notaire ou par l'officier de justice auprès de la police locale sont demeurées sans résultat; cette circonstance doit être mentionnée dans l'acte de protêt.

Art. 96. La demande d'un duplicata, la présentation à l'acceptation et tous les autres actes ne peuvent être faits qu'aux jours ouvrables.

Si le dernier jour du délai fixé pour l'accomplissement de ces actes se trouve être un dimanche ou un jour férié légal, l'acte doit être fait le premier jour ouvrable qui suit.

ART. 97. Les formes des actes à faire pour l'exercice ou la conservation des droits découlant d'une lettre de change, doivent se déterminer d'après la législation en vigueur dans le lieu où les formalités doivent être remplies.

SECTION XVI

Des lettres de change perdues.

ART. 98. Le propriétaire d'une lettre de change perdue peut demander, par devant le tribunal du lieu où la lettre est payable, l'annulation de la lettre, exiger le payement en fournissant caution, ou bien demander le dépôt judiciaire du montant de la lettre de change.

Les formes et voies d'action sont déterminées par la loi du lieu du payement de la lettre de change.

SECTION XVII

De la prescription en matière de lettres de change.

ART. 99. L'action résultant de la lettre de change se prescrit contre l'accepteur par trois ans, et contre le tireur et les endosseurs par un an.

ART. 100. La prescription doit courir contre le porteur à compter du jour du protêt, et, dans les cas où le protêt n'est pas nécessaire à l'égard de l'accepteur (art. 84), à compter du jour de l'échéance.

Le recours d'un endosseur contre le tireur et les autres endosseurs doit courir du jour où il a payé, ou, en cas de poursuite judiciaire, du jour de la signification qui lui a été faite de la citation en justice.

ART. 101. La prescription n'est interrompue que par une citation en justice, et seulement à l'encontre de la partie citée.

Néanmoins, il y a lieu d'assimiler à la citation la dénonciation faite par le défendeur des poursuites intentées contre lui.

TITRE III

Des billets à ordre.

ART. 102. Le billet à ordre doit contenir les énonciations suivantes :

1° La dénomination de : *Billet à ordre (eigener Wechsel — promissory note — biglietto all'ordine — vaglia cambiario)*, ou une expression équivalente dans la langue dans laquelle il est écrit ;

2° La somme à payer ;

3° Le nom de la personne à qui ou à l'ordre de qui le souscripteur doit payer ;

4° L'époque du payement ;

5° La signature du souscripteur ;

6° Les lieu, jour, mois et an où le billet est souscrit.

A défaut d'indication de l'époque, le billet doit être considéré comme payable à vue.

ART. 103. Le billet à ordre doit, en outre, contenir l'énonciation du lieu du payement.

Si le lieu du payement n'est pas spécialement indiqué, le lieu où le billet est souscrit est considéré comme lieu du payement, et en même temps comme domicile du souscripteur.

ART. 104. Les dispositions suivantes de la présente loi sur les lettres de change s'appliquent aussi aux billets à ordre :

1° Les articles 5, 6, 9, 10, 12 et 13, sur les conditions de la lettre de change ;

2° Les articles 14 et 37, sur l'obligation du tireur ;

3° Les articles 15 à 24, sur l'endossement;

4° Les articles 25 à 28, sur l'aval;

5° Les articles 30 et 31, sur la présentation des lettres de change à un délai de vue, avec la différence que cette présentation doit être faite au souscripteur;

6° L'article 39, sur le recours en garantie, avec cette différence que ce recours aura lieu en cas de solvabilité insuffisante du souscripteur;

7° Les articles 40 à 46, sur les reproductions des lettres de change;

8° Les articles 47 à 59, sur l'échéance, sur le payement et le droit de déposer le montant de la lettre échue, avec la différence que ce droit appartient ici au souscripteur;

9° Les articles 66 à 70, sur le payement par intervention;

10° Les articles 71 à 84, sur le recours par défaut de payement;

11° Les articles 85 à 90, sur le protêt et la retraite;

12° Les articles 91 à 94, sur l'action du créancier par lettre de change;

13° L'article 98, sur les lettres de change perdues;

14° Les articles 95 à 97 et 99 à 101, sur le lieu et le temps où se doivent faire la présentation et les autres actes relatifs à la lettre de change, et sur la prescription.

Art. 105. Si le billet à ordre est payable ailleurs qu'au domicile du souscripteur, il doit être présenté pour le payement au domiciliataire, ou, si aucun domiciliataire n'est désigné, au souscripteur lui-même au domicile indiqué par le billet; à défaut de payement, c'est là que le protêt doit être fait; et, à défaut de protêt fait dans le délai légal chez le domiciliataire, le porteur est déchu de son action de change contre le souscripteur et les endosseurs.

Nonobstant la déchéance de l'action de change, le souscripteur reste obligé envers le porteur du billet pour la somme dont il tirerait autrement un profit indu au préjudice du porteur même.

Si le billet à ordre n'est pas payable ailleurs qu'au domicile du souscripteur, le porteur n'a pas besoin, pour conserver ses droits contre le souscripteur, de présenter la lettre à l'échéance ni de faire dresser le protêt.

Art. 106. L'action par droit de change contre le souscripteur d'un billet à ordre se prescrit par trois ans à compter de l'échéance du billet, ou à compter du jour du protêt dans le cas où le protêt est nécessaire en vertu de l'article précédent.

PROJET DE RÈGLEMENT INTERNATIONAL DES CONFLITS DE LOIS
EN MATIÈRE DE LETTRES DE CHANGE ET DE BILLETS A ORDRE

I. — La forme de la lettre de change et du billet à ordre est déterminée par la loi du lieu de son émission.

La forme des endossements, de l'acceptation et de l'aval est fixée par la loi de chacun des pays où ces actes sont faits.

II. — Les effets et la validité de la lettre de change et du billet à ordre, des endossements, de l'acceptation, de l'aval, se jugent d'après les lois de chacun des pays où ces différents actes sont faits, sans préjudice des règles relatives à la capacité des signataires des titres. Toutefois, les effets des actes postérieurs à la création du titre ne peuvent jamais être plus étendus que ceux qui dérivent de l'émission du titre lui-même.

III. — Le délai accordé pour la présentation des lettres de change et des billets à ordre à vue ou à un certain délai de vue, se détermine d'après la loi du pays dans lequel le titre a été créé.

IV. — Les obligations du porteur au point de vue de la présentation pour l'acceptation et pour le payement sont fixées par la loi du pays où a été émis la lettre de change ou le billet à ordre.

V. — La loi du lieu où le payement doit se faire détermine le mode de constatation du défaut d'acceptation ou de payement et les formes du protêt, ainsi que les délais fixés pour le dresser.

Les avis à donner aux garants pour la conservation des droits de recours dans les cas de défaut d'acceptation ou de payement, et les délais pour les notifier, sont régis par la loi du pays d'où ces avis doivent être envoyés.

VI. — L'excuse tirée des cas fortuits ou de force majeure n'est admise que si elle est reconnue par la loi du lieu d'émission du titre.

VII. — Les délais pour l'exercice du droit de recours contre les endosseurs ou les autres garants et contre le tireur, ou pour l'action directe contre l'accepteur, sont fixés par la loi du pays où a été fait l'acte d'où résulte l'action exercée.

Toutefois, à l'égard des endosseurs et des autres garants, ces délais ne peuvent jamais dépasser celui qui est établi pour l'exercice de l'action en recours contre le tireur.

VIII. — Le juge du lieu fixé pour le payement de la lettre de change est compétent pour connaître de l'action collective du porteur contre tous les signataires.

Les juges des lieux où a été émis le titre, où ont été faits les endossements, où ont été donnés l'acceptation ou l'aval, ne sont compétents que pour connaître des actions exercées individuellement contre chacun des obligés.

IX. — La faculté pour le porteur de pratiquer des saisies

et les formes de ces voies d'exécution sont réglées par la loi du pays dans lequel il y est procédé.

X. — Dans le cas où plusieurs signataires du titre feraient faillite, le porteur pourrait participer aux distributions dans toutes les masses et y figurer pour le montant nominal de son titre, y compris les intérêts et frais, jusqu'à parfait payement.

D

Sociétés par actions.

En 1887, à Heidelberg, l'Institut, sur la proposition de M. Lyon-Caen, constitua une Commission pour l'étude du conflit des lois relatives aux sociétés par actions et le nomma rapporteur de la Commission (*Annuaire*, t. IX, p. 376). A la session de Lausanne, M. Lyon-Caen présenta un rapport préliminaire, suivi d'un questionnaire, qui fut approuvé et renvoyé à la Commission (*Ann.*, t. X, p. 153 et suiv.). A Hambourg, il soumit à l'Institut au nom de la Commission, des *Résolutions* avec un *Exposé des motifs* (*Ann.*, t. XI, p. 152); en séance du 7 septembre 1891, la Commission fut invitée à se mettre d'accord sur le texte définitif des résolutions à soumettre aux délibérations de l'Institut (*ib.*, 163). Ce texte fut adopté, en séance plénière du 9 septembre 1891, avec de légers amendements, sous la forme suivante (*ib.*, p. 171) :

Règles en matière de conflits de lois concernant les sociétés par actions.

L'Institut de droit international recommande à l'adoption de tous les États les règles suivantes pour résoudre les conflits de lois concernant les sociétés par actions :

Article Ier. Les sociétés par actions constituées conformément aux lois de leur pays d'origine, ont, sans qu'une autorisation générale ou spéciale leur soit nécessaire, le droit d'ester en justice dans les autres pays.

Elles ont le droit d'y faire des opérations en observant les lois et règlements d'ordre public, d'y établir des agences ou sièges quelconques d'opérations.

Art. II. Le fonctionnement des sociétés par actions, les pouvoirs, les obligations et la responsabilité de leurs représentants sont régis, même dans les autres États, par les lois du pays d'origine de ces sociétés.

Art. III. Les sociétés par actions qui établissent des succursales ou sièges d'opérations dans un pays étranger doivent y remplir les formalités de publicité prescrites par les lois de ces pays.

Le défaut d'accomplissement de ces formalités ne rend pas nulles les opérations faites par les succursales. Mais les administrateurs et représentants des sociétés peuvent être déclarés responsables, d'après la loi du pays où la contravention a été commise, de toutes les opérations faites dans ce pays.

Art. IV. Les conditions légales, soit des émissions, soit des négociations d'actions ou obligations des sociétés étrangères, sont celles qu'exige la loi du pays dans lequel ces émissions ou négociations ont lieu.

Art. V. On doit considérer comme pays d'origine d'une société par actions le pays dans lequel a été établi sans fraude son siége social légal.

IV

Droit maritime en temps de paix.

A

Protection internationale du canal de Suez.

A l'occasion de la guerre entre la Russie et la Turquie, l'Institut jugea utile, en séance du 13 septembre 1877, à Zurich, de charger une Commission d'étudier les moyens de soustraire régulièrement et définitivement le canal de Suez au droit commun de la guerre (*Annuaire*, t. II, p. 117). Sir Travers Twiss, qui en fut nommé rapporteur, présenta un mémoire sur la question, à la session de Paris de 1878 (*Ann.*, t. III, p. 111). Ce mémoire ne renfermant aucun projet de résolutions, l'Institut chargea la Commission de lui en présenter un pour la session suivante (*ib.*, p. 128).

A la session de Bruxelles, sir Travers Twiss déposa, de concert avec M. de Martens, un second rapport, en suite duquel la Commission rédigea un projet de *Résolutions* qui fut adopté par l'Institut en séance plénière du 4 septembre 1879, avec la recommandation qui le termine (*ib.*, p. 349) :

Résolutions.

I. — Il est de l'intérêt général de toutes les nations que le maintien et l'usage du canal de Suez pour les communications de toute espèce soient autant que possible protégés par le droit des gens conventionnel.

II. — Dans ce but, il est à désirer que les États se concertent, à l'effet d'éviter autant que possible toute mesure par laquelle le canal et ses dépendances pourraient être endommagés ou mis en danger, même en cas de guerre.

III. — Si une puissance vient à endommager les travaux de la Compagnie universelle du canal de Suez, elle sera obligée de plein droit à réparer, aussi promptement que possible, le dommage causé et à rétablir la pleine liberté de la navigation du canal.

La commission recommande que ces résolutions soient communiquées à M. Ferdinand de Lesseps personnellement et à la Compagnie universelle du canal de Suez.

B

Câbles sous-marins.

A la session de Paris, en 1878, M. RENAULT proposa de former une Commission chargée d'étudier les moyens de protéger contre les destructions, en temps de paix et en temps de guerre, les câbles télégraphiques sous-marins qui ont une importance internationale (*Annuaire*, t. III, p. 155).

Cette proposition fut agréée par l'Institut, et son auteur fut nommé rapporteur de la Commission. A la session de Bruxelles de 1879, M. Renault présenta un long rapport (*ib.*, p. 351 et suiv.), que la Commission compléta par un ensemble de conclusions (*ib.*, p. 383).

L'Institut délibéra sur la question, en séance plénière du 5 septembre 1879, et adopta les résolutions suivantes (*ib.*, p. 394):

Résolutions.

I. — Il serait très utile que les divers États s'entendissent pour déclarer que la destruction ou la détérioration des câbles sous-marins en pleine mer est un délit du droit des gens, et pour déterminer d'une manière précise le caractère délictueux des faits et les peines applicables; sur ce dernier point, on atteindrait le degré d'uniformité compatible avec la diversité des législations criminelles.

Le droit de saisir les individus coupables, ou présumés tels, pourrait être donné aux navires d'État de toutes les nations, dans les conditions réglées par les traités; mais le droit de les juger devrait être réservé aux tribunaux nationaux du navire capturé.

II. — Le câble télégraphique sous-marin qui unit deux territoires neutres est inviolable.

Il est à désirer, quand les communications télégraphiques doivent cesser par suite de l'état de guerre, que l'on se borne aux mesures strictement nécessaires pour empêcher l'usage du câble, et qu'il soit mis fin à ces mesures, ou que l'on en répare les conséquences, aussitôt que le permettra la cessation des hostilités.

C

Assurances maritimes.

En suite de la décision prise par l'Institut à Turin d'étudier successivement les matières du droit commercial à l'égard desquelles l'uniformité est surtout désirable et notamment les principales parties du droit maritime, M. SACERDOTI fut chargé de s'occuper spécialement des assurances maritimes. A la session de Munich (1883), il déposa un rapport et des conclusions détaillés ; mais l'Institut, sur la demande même du rapporteur, se borna, le 7 septembre 1883, à voter trois résolutions de principe destinées à guider la Commission dans ses études ultérieures. Ces résolutions étaient ainsi conçues (*Annuaire*, t. VII, p. 100-123) :

Résolutions du 7 septembre 1883.

1° Il ne convient pas de former un modèle complet de police dans tous ses détails.

2° Dans le projet à faire et qui sera présenté dans la prochaine session, on ne choisira, parmi les points des conclusions susdites et aussi parmi d'autres, que des dispositions qui aient le caractère soit prohibitif, soit impératif, ou qui, étant simplement interprétatives, présentent une importance telle, que l'unification en est désirable.

3° La commission s'occupera aussi des conflits des lois en matière de droit commercial maritime.

A la session de Bruxelles de 1885, M. SACERDOTI présenta un nouveau rapport sur les *Assurances maritimes*, et M. LYON-CAEN en déposa un sur les *Conflits de lois en matière de droit maritime*. L'Institut prit à cet égard, en séance du 11 septembre 1885, une résolution collective, et vota les deux projets qui accompagnaient les rapports (*Annuaire*, t. VIII, p. 123). Voici le texte de ces trois documents :

I. — *Résolution du 11 septembre 1885.*

L'Institut de droit international, réuni en séance plénière à Bruxelles, le 11 septembre 1885,

Vu ses résolutions et ses travaux antérieurs et notamment :

1° Les travaux préparatoires à la session de Munich, en 1883, le questionnaire et le premier rapport rédigés par M. Sacerdoti (*Annuaire*, t. VII, p. 100) ;

2° Le vote émis et les principes adoptés dans la session de Munich (*Annuaire*, t. VII, p. 122) ;

3° Le deuxième rapport sur les *Assurances maritimes*, présenté par M. Sacerdoti ;

4° Le rapport sur les *Conflits de lois en matière de droit maritime*, présenté par M. Lyon-Caen ;

Après avoir examiné, discuté et amendé les conclusions de MM. Sacerdoti et Lyon-Caen en séances plénières des 10 et 11 septembre 1885, remercie les honorables auteurs de ces travaux des services qu'ils ont rendus respectivement à l'unification du droit et au droit international en ces matières importantes, décide que les projets amendés, comme il a été dit, seront imprimés par les soins du Bureau et recommandés à l'attention spéciale des gouvernements, ainsi que des assemblées scientifiques qui s'occuperont des mêmes objets, et plus particulièrement du Congrès de droit commercial qui se réunira prochainement à Anvers.

II. — *Projet de règlement international des conflits de lois en matière de droit maritime.*

La *loi du pavillon* du navire doit servir à déterminer :

1° Quelles sont les formalités de publicité à remplir pour la transmission de la propriété ;

2° Quels sont les créanciers du propriétaire du bâtiment qui ont ou n'ont pas le droit de suite, dans le cas où il est aliéné ;

3° Si le navire est susceptible ou non d'être hypothéqué ;

4° Quelles sont les formalités à remplir pour la publicité des hypothèques maritimes ;

5° Quelles sont les créances garanties par un privilège maritime ;

3° Quels sont les rangs des privilèges sur le navire ;

7° Quelles sont les formalités à remplir par le capitaine qui emprunte à la grosse en cours de voyage ;

8° Quelle est l'étendue de la responsabilité du propriétaire du navire, à raison des faits du capitaine et des gens de l'équipage, spécialement s'il peut se libérer par l'abandon du navire et du fret ;

9° Quels caractères doit réunir une avarie pour constituer une avarie commune donnant lieu à la contribution entre les intéressés ;

10° Comment doit être composée la masse contribuable, en cas d'avarie commune, particulièrement au point de vue de la contribution du propriétaire du navire.

III. — *Projet de loi uniforme sur les assurances maritimes.*

Art. 1er. Tout intérêt évaluable en argent qu'a une personne à ce qu'un navire ou une cargaison surmonte les dangers de la navigation maritime, peut être l'objet d'une assurance maritime. En particulier, l'assurance peut avoir pour objet le fret des marchandises et des passagers, le profit maritime dans le prêt à la grosse, le profit espéré des marchandises et le droit de commission à gagner. Sont réservées les prohibitions qu'édicteraient éventuellement les lois particulières de chaque État pour les loyers des gens de mer.

ART. 2. L'assurance ne comprend pas de plein droit les risques de guerre. Elle s'applique, à moins de clause contraire, aux prévarications et fautes du capitaine et de l'équipage. Elle ne s'applique pas cependant aux prévarications du capitaine qui est au service de l'assuré, à moins qu'une clause expresse de la police ne l'étende également à ce cas.

ART. 3. L'assurance ne comprend pas de plein droit les risques provenant du recours des tiers.

ART. 4. Si la valeur assurée a été préalablement estimée par experts convenus entre les parties, l'assureur ne peut contester cette estimation, hors le cas de fraude.

ART. 5. Le délaissement des objets assurés peut être fait seulement en cas de naufrage, de prise, d'arrêt par ordre d'une puissance, d'innavigabilité par fortune de mer, lorsque la perte ou la détérioration des choses assurées absorbe les trois quarts de leur valeur, et lorsqu'il y a manque de nouvelles dans les délais fixés par l'article 866 du Code de commerce allemand. Il est réservé aux lois particulières de chaque État de restreindre encore plus les cas de délaissement.

ART. 6. En cas de vente de la chose assurée, l'assurance profite, sauf clause contraire de la police, au nouveau propriétaire, lorsqu'il a été subrogé aux droits et obligations du précédent propriétaire envers les assureurs.

D

Abordages maritimes.

La question du conflit des lois et de l'unification de la législation en matière d'abordages maritimes fut portée à l'ordre du jour des travaux de l'Institut en vertu d'une décision prise à Heidelberg en séance du 7 septembre 1887. Les auteurs de la proposition, MM. LYON-CAEN et SACERDOTI, furent en même temps nommés rapporteurs, le premier pour les conflits, le second pour la législation uniforme.

Un premier rapport de M. Lyon-Caen, expliquant et justifiant cette proposition, fut lu à Heidelberg (*Annuaire*, t. IX, p. 136 et suiv.). Un second *rapport* de M. Lyon-Caen, suivi d'un *projet de règlement* international des conflits de lois en matière d'abordages maritimes, et, d'autre part, un *rapport* et un *projet de loi uniforme* pour les abordages maritimes présentés par M. Sacerdoti furent communiqués à l'Institut en vue de la session de Lausanne (*Ann.*, t. X, p. 105 et suiv.). Une discussion approfondie des deux projets eut lieu dans les deux séances plénières du 4 septembre 1888, et l'Institut les adopta sous la forme suivante (*ib.*, p. 150 et suiv.):

PROJET DE LOI UNIFORME POUR LES ABORDAGES MARITIMES ADOPTÉ PAR L'INSTITUT A LAUSANNE

ART. 1er. — Si l'abordage a été causé par une faute, tous les dommages sont supportés par le navire à bord duquel la faute a été commise.

ART. 2. — S'il y a eu faute commise à bord des deux navires, aucune indemnité ne peut être réclamée pour le dommage causé à l'un des deux navires ou à tous les deux, à moins qu'il ne soit justifié par les intéressés que la cause principale du sinistre doit être attribuée plus spécialement à l'un des navires; et, dans ce cas, il appartient aux tribunaux d'apprécier dans quelle mesure une indemnité pourra être mise à la charge de l'un en faveur de l'autre.

Dans tous les cas de faute commune, les deux navires répondent solidairement du dommage éprouvé par le chargement et par les personnes. Le navire qui aura payé le montant intégral du dommage aura droit de recourir contre l'autre pour le remboursement de la moitié de la somme avancée. Lorsque les tribunaux, d'après les justifications faites, auront fixé d'autres bases pour la contribution à l'indemnité, le recours s'exercera en se conformant aux règles par eux posées.

Art. 3. — Lorsque le navire a été sous la conduite obligatoire d'un pilote lamaneur et que les gens composant l'équipage ont rempli les obligations qui leur incombent, le navire ne supporte pas le dommage qui résulte d'un abordage causé par la faute du pilote.

Art. 4. — Si l'abordage a entraîné mort d'hommes ou blessures, les indemnités allouées de ce chef sont prélevées de préférence sur le produit du recours.

Art. 5. — Sont non recevables toutes actions en indemnité pour faits d'abordage, si la demande n'est pas faite en justice dans l'année du jour où l'abordage a eu lieu et dans le mois de la connaissance acquise de l'événement par les intéressés.

Art. 6. — La demande en justice peut être faite par le capitaine pour le compte de tous les intéressés.

Art. 7. — Le navire abordeur peut être saisi dans tout port, même de relâche, pendant toute la durée de l'instance et jusqu'à ce que le jugement rendu contre lui soit susceptible d'exécution, à moins qu'il n'ait fourni caution suffisante fixée par le juge.

Art. 8. — Sont compétents pour statuer sur la demande en indemnité : le juge du domicile du défendeur, le juge du port le plus voisin du lieu du sinistre, le juge du port de destination du navire abordeur, le juge du port où le navire abordeur sera entré premièrement en relâche, le juge du lieu où le navire aura été saisi.

PROJET DE RÈGLEMENT INTERNATIONAL DES CONFLITS DE LOI EN MATIÈRE D'ABORDAGES MARITIMES

Art. 1er. — En cas d'abordage dans les eaux intérieures d'un pays entre navires soit de la même nationalité, soit de nationalités différentes, la loi de ce pays doit être appliquée pour déterminer qui supporte le dommage causé aux navires, aux personnes ou aux cargaisons, dans quels délais les réclamations doivent être formées, quelles formalités doivent remplir les intéressés pour la conservation de leurs droits et quels sont les tribunaux compétents pour en connaître.

Il en est de même si l'abordage a eu lieu dans les eaux territoriales.

Art. 2. — En cas d'abordage en *pleine mer entre navires de la même nationalité*, la loi du pavillon des navires doit être appliquée à toutes les questions nées de l'abordage.

Si l'abordage a lieu en *pleine mer entre navires de nationalités différentes*, la loi du pavillon de chaque navire sert à déterminer qui doit supporter le dommage. Toutefois, le demandeur ne peut faire une réclamation qui ne serait pas justifiée d'après la loi de son pavillon.

Les réclamations doivent être formées dans les délais prescrits par la loi du pavillon du demandeur et après accomplissement des formalités qu'elle exige. Elles peuvent être portées indifféremment devant un tribunal compétent d'après cette loi ou d'après celle du pavillon du défendeur.

E

Traite maritime.

En 1885, à la session de Bruxelles, l'Institut avait porté à son ordre du jour, sur la proposition de M. de Martitz, une question tendant à examiner la théorie de la Conférence de

Berlin sur l'occupation des territoires. La suite donnée à cette question générale sera indiquée plus bas, sous la rubrique *Occupation des territoires*. Mais M. Éd. ENGELHARDT, en étudiant la question générale concurremment avec le rapporteur, avait inséré, dans son projet de conclusions, des dispositions relatives à la répression de la traite et à la réglementation des navires négriers. L'Institut, dans sa session de Lausanne (1888), jugea que ces dispositions méritaient un examen distinct et constitua, pour les étudier, une nouvelle commission, ayant M. Engelhardt pour rapporteur. (*Annuaire*, t. X, p. 174).

Sur les entrefaites, la Conférence internationale réunie à Bruxelles en 1889 et en 1890 adopta un Acte général, en 100 articles, qui forme un code complet de répression de la traite tant sur terre que sur mer. Aussitôt après la signature de cet Acte (2 juillet 1890), M. Engelhardt, dans un rapport adressé à l'Institut sur les articles relatifs à la traite maritime, constata que la surveillance qu'ils organisent n'est point uniforme de sa nature, et qu'il peut y avoir lieu de la régler d'une façon plus complète, notamment d'organiser des tribunaux mixtes des prises (*Annuaire*, t. XI, p. 241-262); il formula, en conséquence, en vue de la session de Hambourg, un avant-projet de *Résolutions sur la surveillance de la traite maritime* (*ib.*, 262). Des raisons de famille ayant empêché le rapporteur de se rendre à Hambourg, la discussions de ces Résolutions fut ajournée à une autre session. Mais, comme l'une des grandes puissances représentées à la Conférence de Bruxelles avait refusé de ratifier l'Acte signé par ses plénipotentiaires en 1890, et paralysé ainsi dans une certaine mesure les résultats de la Conférence internationale, l'Institut, tout en décidant que la commission saisie du projet de M. Engelhardt continuerait à subsister, vota, dans sa séance plénière du 12 septembre 1891, sur la proposition de M. ROLIN-JAEQUEMYNS, le *Vœu motivé* suivant (*ib.*, p. 268 et 269):

Vœu motivé de l'Institut tendant à la ratification intégrale de l'Acte général de Bruxelles (Hambourg, 1891).

L'Institut de droit international, vu les travaux préparatoires de la sixième Commission, instituée à Lausanne en

1888 et ayant pour objet l'étude de la *Traite maritime et de la police des navires négriers;*

Vu le mémoire et les conclusions de M. Engelhardt, rapporteur de cette commission;

Vu l'Acte général de la conférence de Bruxelles, du 2 juillet 1890, et spécialement les articles XX à LXI ayant pour objet la répression de la traite sur mer;

Considérant que cet Acte, sur lequel se sont entendus, après de longues et mûres délibérations, les représentants de dix-sept puissances, parmi lesquelles figurent toutes les puissances maritimes de l'Europe et les États-Unis d'Amérique, réalise un progrès considérable dans le droit international public, en donnant la sanction du consentement commun des hautes parties contractantes à un ensemble de mesures destinées à la répression, tant sur terre que sur mer, du plus infâme des trafics et à la civilisation de tout un continent;

Considérant que la partie de cet Acte qui concerne la répression de la traite sur mer tient compte, dans une juste mesure, du but humanitaire à atteindre et des précautions à prendre pour que le droit de police des navires négriers, respectivement attribué aux croiseurs des puissances signataires, ne puisse s'exercer d'une manière inutilement vexatoire et contraire soit à la souveraineté, soit à la dignité de quelqu'une des hautes parties contractantes;

Que, dans ce but, la Conférence a d'abord nettement distingué entre les puissances déjà liées par des conventions particulières faites pour la suppression de la traite et celles qui sont libres de tout engagement à ce sujet;

Qu'il en résulte que les dispositions de ces conditions particulières relatives au droit réciproque de visite des navires en mer, demeurent strictement limitées aux puissances qui y ont formellement adhéré;

Que, bien loin d'étendre ces dispositions particulières aux puissances qui n'y ont pas été parties, l'Acte général de Bruxelles limite, d'une manière générale, tout exercice international de la police maritime de la traite à une zone qui s'étend le long de la côte orientale de l'Afrique, et aux navires d'un tonnage inférieur à 500 tonneaux; que le but de ces restrictions est de rendre pratiquement impossible toute gêne apportée par la poursuite de la traite aux relations commerciales entre les ports de l'Europe ou de l'Amérique et ceux du reste du monde;

Considérant, en ce qui concerne les puissances libres de tout engagement conventionnel, que les dispositions de l'Acte général de Bruxelles mettent fin de la manière la plus heureuse et la plus conciliante à une divergence de vues existant jusqu'ici entre la France et l'Angleterre au sujet du droit de visite des navires suspects; que, tenant compte des traditions de la première de ces puissances, l'Acte de Bruxelles n'a aucunement rétabli le droit de visite à son préjudice. En effet, cet Acte implique simplement l'accord de toutes les puissances:

1° sur certaines règles uniformes que chacune d'elles appliquera souverainement dans son propre ressort, en ce qui concerne la concession du pavillon aux bâtiments indigènes, le rôle d'équipage et le manifeste des passagers noirs;

2° sur un droit de contrôle international restreint, quant à la zone et au tonnage, dans les limites prérappelées et consistant en fait dans une vérification du pavillon;

Considérant que ce contrôle, se bornant à une vérification matérielle par des officiers de marine de certains papiers de bord strictement déterminés, a pour but d'empêcher que des bâtiments indigènes, c'est-à-dire les seuls qui maintenant s'occupent de la traite, arborent frauduleusement le pavillon d'une des puissances signataires;

Considérant que l'arrêt, l'enquête et le jugement des bâtiments saisis ne peuvent avoir lieu que si, par suite de l'accomplissement de ces actes de contrôle, « le croiseur est convaincu qu'un fait de traite a été commis à bord durant la traversée, ou qu'il existe des preuves irrécusables contre le capitaine ou l'armateur pour l'accuser d'usurpation de pavillon, de fraude ou de participation à la traite » (Art. 69 de l'Acte);

Considérant que, dans ces conditions, il est hautement désirable que l'Acte de la conférence de Bruxelles puisse être mis à exécution, de manière à permettre non seulement la répression plus efficace de la traite sur mer, mais à ne pas retarder plus longtemps l'organisation de tout un ensemble d'institutions et de mesures destinées à empêcher, directement ou indirectement, la traite sur terre; que, d'ailleurs, par l'article 97 de l'Acte, les puissances se réservent « d'introduire ultérieurement et d'un commun accord les modifications ou améliorations dont l'utilité serait démontrée par l'expérience »;

Par ces motifs, tout en se réservant d'examiner ultérieurement, en temps opportun, ces modifications ou ces améliorations éventuelles, l'Institut exprime le vœu que l'Acte général de Bruxelles obtienne le plus tôt possible la ratification de toutes les puissances dont les plénipotentiaires l'ont signé.

V

Conflit des lois pénales.

La matière du *Conflit des lois pénales* fut introduite dans les délibérations de l'Institut par la circulaire du 6 juin 1877, préparant la session de Zurich. Cette matière comprend deux

parties distinctes : les principes de la *compétence* et ceux de l'*extradition*.

Des conclusions sur ces deux sujets étaient proposées par la circulaire susmentionnée (*Annuaire*, t. II, p. 51). On ne les discuta pas à Zurich, à cause de l'absence de plusieurs membres qui auraient pu concourir utilement aux délibérations (*ib.*, p. 53).

A

Compétence.

Un rapport étendu, rédigé par M. Ch. BROCHER, sur les principes généraux de la *compétence*, fut présenté à Paris; mais cette matière ne put être abordée dans cette session, pour la même raison qui avait empêché de délibérer à Zurich (*Annuaire*, t. III, p. 50-86). Elle fut, en revanche, longuement discutée à Bruxelles; on ne put s'y entendre que sur un petit nombre de points (*ib.*, p. 276); et, malgré un rapport supplémentaire de M. Ch. Brocher (*Ann.*, t. V, p. 60), présenté à Oxford, cette question de la compétence ne fut reprise qu'à Turin (*Annuaire*, t. VI, p. 99).

MM. DE BAR et BRUSA, rapporteurs, rédigèrent, en vue de la session de Munich, une série de propositions (*Ann.*, t. VII, p. 123), qui y firent l'objet d'une délibération approfondie, en séance plénière du 7 septembre 1883, et y furent adoptées sous la forme suivante (*ib.*, p. 156) :

Résolutions relatives au conflit des lois pénales en matière de compétence.

ART. 1er. — La compétence territoriale de la loi pénale est celle du pays où se trouve le coupable lors de son activité criminelle.

ART. 2. — La justice pénale d'un pays dans le territoire duquel se réalisent ou devaient se réaliser, selon l'intention du coupable, les effets de son activité, n'est pas compétente à raison de ces effets seuls.

ART. 3. — Par contre, si la réalisation desdits effets devait, selon l'intention de l'agent, avoir lieu seulement dans un pays dont la législation pénale ne regarde comme criminels ni l'action destinée à produire ces effets, ni ces effets mêmes, l'État dans le territoire duquel l'*action* est commise ne pourra déclarer punissable cette action comme tentative ou acte préparatoire.

Il pourra déclarer punissable cette action expressément comme délit spécial, en faisant abstraction des effets que l'agent voulait atteindre.

ART. 4. — Par le mot « coupable », on comprend toutes sortes de « coupables » — principaux, secondaires ou accessoires — participant d'une façon quelconque à l'infraction (auteurs, provocateurs, aides et complices en général, continuateurs, recéleurs et tous ceux qui favorisent l'impunité).

ART. 5. — Toutefois, des États limitrophes ou voisins pourraient, en vertu d'un traité et après consentement préalable du gouvernement, s'accorder réciproquement une prorogation de leur compétence territoriale en vue de réunir, dans le même procès, le jugement du coupable accessoire ou secondaire avec celui du coupable principal, ou d'un autre coupable accessoire ou secondaire, pourvu qu'il ne s'agisse pas d'infractions ou attentats à la sûreté politique d'un État, et que le tribunal décrète la peine encourue selon la loi de l'activité criminelle (articles 1-3).

ART. 6. — Lorsque la loi pénale d'un pays, compétente d'après le principe de la territorialité (articles 1-3), considère comme infraction une et indivisible dans le sens juridique. des actes commis en partie au dedans des frontières et en partie au dehors, la justice pénale de ce pays pourrait juger et punir même les actes commis à l'étranger.

Il y aurait donc une compétence pénale double ou même multiple, dont l'une, dûment exercée par prévention, exclurait l'autre et serait respectée partout, sauf les cas des délits contre la sûreté de l'État et des infractions mentionnées à l'article 8.

ART. 7. — Chaque État conserve le droit d'étendre sa loi pénale nationale à des faits commis par ses nationaux à l'étranger.

ART. 8. — Tout État a le droit de punir les faits commis même hors de son territoire et par des étrangers en violation de ses lois pénales, alors que ces faits constituent une atteinte à l'existence sociale de l'État en cause et compromettent sa sécurité, et qu'ils ne sont point prévus par la loi pénale du pays sur le territoire duquel ils ont eu lieu.

ART. 9. — Les nationaux restent responsables, selon la législation de leur patrie, pour toute infraction dont ils se rendent coupables dans des pays qui ne sont soumis à aucune souveraineté quelconque ou qui sont régis par une justice pénale fondée sur des principes tout à fait différents de ceux qui sont adoptés par les législations des pays chrétiens ou reconnaissant les principes du droit des pays chrétiens.

Dans cette hypothèse, cependant, le juge est tout particulièrement tenu d'avoir égard aux circonstances de fait qui peuvent amoindrir ou exclure la culpabilité.

La législation nationale peut établir des règles spéciales pour ces cas.

ART. 10. — Chaque État chrétien (ou reconnaissant les principes du droit des pays chrétiens), ayant sous sa main le coupable, pourra juger et punir ce dernier, lorsque, nonobstant des preuves certaines de prime abord d'un crime grave et de la culpabilité, le lieu de l'activité ne peut pas être conslaté ou que l'extradition du coupable, même à sa justice nationale, n'est pas admise ou est réputée dangereuse.

Dans ces cas, le tribunal jugera d'après la loi la plus favorable à l'accusé, eu égard à la probabilité du lieu du crime, à la nationalité du coupable et à la loi pénale du tribunal même.

Art. 11. — Le tribunal qui, d'après les règles mentionnées ci-dessus, doit appliquer la loi la plus favorable à l'accusé en cas de divergence des peines sanctionnées dans les législations différentes, apprécie souverainement la gravité des peines. La peine de mort est toujours regardée comme étant la plus sévère.

Art. 12. — Les peines prononcées par jugement régulier des tribunaux d'un État quelconque, même non compétent, mais dûment subies, doivent empêcher toute poursuite dirigée à raison du même fait contre le coupable.

Seraient exceptés, toutefois, les délits contre la sûreté des États et les délits mentionnés, ci-dessus, à l'article 8.

Une peine subie seulement en partie, s'il n'y a pas eu remise du reste, n'entraverait pas la poursuite devant les tribunaux d'un autre pays.

Cependant, dans ce cas, on offrira l'extradition même d'un national, lorsqu'il y a extradition entre les pays respectifs et que le coupable préfère l'extradition ; excepté seulement les cas des crimes et délits contre la sûreté de l'État et ceux mentionnés, ci-dessus, à l'article 8.

Toutes les fois qu'il y a lieu d'exercer de nouvelles poursuites après un jugement prononcé à l'étranger, on tiendra compte de la peine que le coupable a déjà subie du chef du même fait. L'appréciation du tribunal quant à la mitigation de la peine, dans ces cas, sera souveraine.

Art. 13. — Les acquittements prononcés du chef d'insuffisance des preuves produites contre l'accusé seraient valables partout. De même, les grâces accordées par le souverain d'un pays ayant sous sa main le coupable.

Les acquittements motivés par la non-criminalité du fait auraient même force que la loi du pays déclarant non punissable ce même fait.

S'il y avait doute quant à la portée du jugement, la présomption serait en faveur du prévenu.

La prescription est traitée de la même manière que l'acquittement motivé par la non-criminalité.

Ces règles ne s'appliquent pas aux délits contre la sûreté de l'État, ni aux cas exceptionnels mentionnés à l'article 8.

Art. 14. — L'exécution de la peine ne peut jamais avoir lieu hors du pays où le jugement est prononcé, sauf le cas d'une convention internationale ou conclue entre les membres d'un État formant un système fédératif.

Art. 15. — L'aggravation de la peine à raison de récidive, quand la condamnation antérieure est émanée d'un tribunal étranger, ne peut être appliquée qu'après examen préalable de l'infraction antérieure. Cependant, selon l'avis du tribunal, *le dossier* de l'instruction étrangère pourra suffire. Le tribunal, vu les circonstances et les doutes soulevés, pourra écarter souverainement la question d'aggravation à raison de récidive.

B

Extradition.

En suite de la décision prise à Zurich en 1877 (*Annuaire*, t. II, p. 51-54), un rapport sur l'*extradition* fut présenté par M. Ch. Brocher, à Bruxelles (*Ann.*, t. III, p. 202), et un autre par M. Renault, à Oxford (*Ann.*, t. V, p. 70). Les délibérations de 1879 n'aboutirent pas (*Ann.*, t. III, p. 280); celles de l'année suivante eurent pour résultat, le 9 septembre 1880, l'adoption des *Résolutions d'Oxford* (*Ann.*, t. V, p. 106-130, t. VI, p. 30-32). Mais, dès 1885, à Bruxelles, M. Albéric ROLIN soumit à l'Institut des observations critiques tendant à la revision de quelques-unes de ces Résolutions (*Ann.*, t. VIII, p. 128); la discussion de ces observations fut remise à la session suivante (*ib.*, p. 167). A Heidelberg, l'Institut discuta longuement, en séance du 9 septembre 1885, les modifications proposées par M. Albéric Rolin, et, sans se prononcer dans aucun sens, vota à l'unanimité le renvoi de l'ensemble de la question du conflit des lois relatives à l'extradition, à la Commission du conflit des lois pénales (*Ann.*, t. IX, p. 141).

A Lausanne, où M. Rolin n'avait pu se rendre, mais où M. LAMMASCH avait, de son côté, formulé divers amendements, l'Institut, sur la proposition de M. RENAULT, rapporteur de la Commission, adopta un ordre du jour « priant M. Alb. Rolin de faire une enquête sur les questions soulevées par l'extradition pour *faits politiques* (art. XIII et XIV des *Résolutions* d'Oxford), et M. Lammasch, au sujet des *droits de l'extradé dans le pays requérant* (art. XXVI des mêmes *Résolutions*) » (*Annuaire*, t. X, p. 158).

Ces deux membres formulèrent leurs conclusions dans des travaux qui furent soumis à l'Institut dans sa session de Hambourg, en 1891 (*Ann.*, t. XI, p. 172). M. Lammasch n'ayant pu assister ni à ladite session, ni à celle de Genève de 1892, l'examen de ses conclusions concernant l'article XXVI n'a pas encore été abordé en séance plénière de l'Institut. Les conclusions présentées par M. Alb. Rolin, relativement aux articles XIII et XIV, firent, à Hambourg, l'objet d'une première délibération, close, le 10 septembre 1891, par un ordre du jour portant que l'Institut les prenait en considération et en ajournait l'examen à la session suivante (*Ann.*, t. XI, p. 232). A Genève, M. Alb. Rolin présenta un nouveau rapport, accompagné de propositions avec motifs à l'appui (*Ann.*, t. XII, p. 156 et suivantes). A la suite d'une délibération, en séance plénière du 8 septembre 1892, les quatre articles proposés par M. Rolin furent adoptés pour prendre, les trois premiers, la place de l'article XIII des *Résolutions d'Oxford*, le quatrième, celle de l'article XIV (*ib.*, p. 182).

RÉSOLUTIONS D'OXFORD SUR L'EXTRADITION

votées le 9 septembre 1880, avec les nouveaux articles XIII et XIV, votés à Genève, le 8 septembre 1892.

I. — L'extradition est un acte international conforme à la justice et à l'intérêt des États, puisqu'il tend à prévenir et à réprimer efficacement les infractions à la loi pénale.

II. — L'extradition n'est pratiquée d'une manière sûre et régulière que s'il y a des traités, et il est à désirer que ceux-ci deviennent de plus en plus nombreux.

III. — Toutefois, ce ne sont pas les traités seuls qui font de l'extradition un acte conforme au droit, et elle peut s'opérer même en l'absence de tout lien contractuel.

IV. — Il est à désirer que, dans chaque pays, une loi règle la procédure de la matière ainsi que les conditions auxquelles les individus réclamés comme malfaiteurs seront livrés aux gouvernements avec lesquels il n'existe pas de traité.

V. — La condition de réciprocité, en cette matière, peut être commandée par la politique; elle n'est pas exigée par la justice.

VI. — Entre pays dont les législations criminelles reposeraient sur des bases analogues, et qui auraient une mutuelle confiance dans leurs institutions judiciaires, l'extradition des nationaux serait un moyen d'assurer la bonne administration de la justice pénale, parce qu'on doit considérer comme désirable que la juridiction du *forum delicti commissi* soit, autant que possible, appelée à juger.

VII. — En admettant même la pratique actuelle qui soustrait les nationaux à l'extradition, on ne devrait pas tenir compte d'une nationalité acquise seulement depuis la perpétration du fait pour lequel l'extradition est réclamée.

VIII. — La compétence de l'État requérant doit être justifiée par sa propre loi; elle doit n'être pas en contradiction avec la loi du pays de refuge.

IX. — S'il y a plusieurs demandes d'extradition pour le même fait, la préférence devrait être donnée à l'État sur le territoire duquel l'infraction a été commise.

X. — Si le même individu est réclamé par plusieurs États à raison d'infractions différentes, l'État requis aura égard, en général, à la gravité relative de ces infractions.

En cas de doute sur la gravité relative des infractions, l'État requis tiendra compte de la priorité de la demande.

XI. — En règle, on doit exiger que les faits auxquels s'applique l'extradition soient punis par la législation des deux pays, excepté dans les cas où, à cause des institutions particulières ou de la situation géographique du pays de refuge, les circonstances de fait qui constituent le délit ne peuvent se produire.

XII. — L'extradition, étant toujours une mesure grave, ne doit s'appliquer qu'aux infractions de quelque importance. Les traités doivent les énumérer avec précision; leurs dispositions à ce sujet varient naturellement suivant la situation respective des pays contractants.

XIII. — L'extradition ne peut être admise pour crimes ou délits purement politiques.

Elle ne sera pas admise non plus pour infractions mixtes ou connexes à des crimes ou délits politiques, aussi appelées délits politiques relatifs, à moins, toutefois, qu'il ne s'agisse des crimes les plus graves au point de vue de la morale et du droit commun, tels que l'assassinat, le meurtre, l'empoisonnement, les mutilations et les blessures graves volontaires et préméditées, les tentatives des crimes de ce genre et les attentats aux propriétés, par incendie, explosion, inondation, ainsi que les vols graves, notamment ceux qui sont commis à main armée et avec violences.

En ce qui concerne les actes commis dans le cours d'une insurrection ou d'une guerre civile, par l'un ou l'autre des partis engagés dans la lutte et dans l'intérêt de sa cause, ils ne pourront donner lieu à extradition que s'ils constituent des actes de barbarie odieux et de vandalisme défendus suivant les lois de la guerre, et seulement lorsque la guerre civile a pris fin.

XIV. — Ne sont point réputés délits politiques au point de vue de l'application des règles qui précèdent, les faits délictueux qui sont dirigés contre les bases de toute organisation sociale, et non pas seulement contre tel État déterminé ou contre telle forme de gouvernement.

XV. — En tout cas, l'extradition pour crimes ayant tout à la fois le caractère de crime politique et de crime de droit commun ne devra être accordé que si l'État requérant donne l'assurance que l'extradé ne sera pas jugé par des tribunaux d'exception.

XVI. — L'extradition ne doit pas s'appliquer à la désertion des militaires appartenant à l'armée de terre ou de mer, ni aux délits purement militaires.

L'adoption de cette règle ne fait pas obstacle à la livraison des matelots appartenant à la marine d'État ou à la marine marchande.

XVII. — Une loi ou un traité d'extradition peut s'appliquer à des faits commis antérieurement à sa mise en vigueur.

XVIII. — L'extradition doit avoir lieu par la voie diplomatique.

XIX. — Il est à désirer que, dans le pays de refuge, l'autorité judiciaire soit appelée à apprécier la demande d'extradition après un débat contradictoire.

XX. — L'État requis ne doit pas faire l'extradition, si, d'après son droit public, l'autorité judiciaire a décidé que la demande ne doit pas être accueillie.

XXI. — L'examen devrait avoir pour objet les conditions générales de l'extradition et la vraisemblance de l'accusation.

XXII. — Le gouvernement qui a obtenu une extradition pour un fait déterminé est, de plein droit et sauf convention contraire, obligé de ne laisser juger ou punir l'extradé que pour ce fait.

XXIII. — Le gouvernement qui a accordé une extradition, peut ensuite consentir à ce que l'extradé soit jugé pour des faits autres que celui qui avait motivé sa remise, pourvu que ces faits puissent donner lieu à l'extradition.

XXIV. — Le gouvernement qui a un individu en son pouvoir par suite d'une extradition, ne peut le livrer à un autre gouvernement sans le consentement de celui qui le lui a livré.

XXV. — L'acte émané de l'autorité judicaire qui déclare l'extradition admissible, devra constater les circonstances dans lesquelles l'extradition aura lieu, et les faits pour lesquels elle aura été accordée.

XXVI. — L'extradé devrait être admis à opposer comme exception préalable, devant le tribunal appelé à le juger définitivement, l'irrégularité des conditions dans lesquelles l'extradition aurait été accordée.

VI

Procédure.

A

Règles générales sur la juridiction.

Dans sa session de Genève de 1874, l'Institut, sur le rapport de MM. Mancini et Asser, donna « sa sanction à quelques principes généraux, réservant l'examen des points spéciaux pour les sessions suivantes » *(Annuaire*, t. Ier, p. 34). Les conclusions qu'il adopta relativement à la procédure civile sont ainsi conçues *(ib.*, p. 125) :

Conclusions relatives à la procédure civile, adoptées à Genève en 1874.

Il serait utile d'établir, par des *traités internationaux*, des règles uniformes concernant :

1° La base et les limites de la juridiction et de la compétence des tribunaux ;

2° Les formes de la procédure, afin :

a) de décider quelle est la loi qui régit ces formes dans les cas douteux ;

b) de bien préciser les principes du droit international à l'égard des moyens de preuves ;

c) de régler la forme des assignations et autres exploits à signifier aux personnes domiciliées ou résidant à l'étranger ;

d) de régler les *commissions rogatoires.*

3° L'exécution des jugements étrangers, en vertu de traités, dans lesquels on stipulera les garanties et les conditions sous lesquelles le *pareatis* sera accordé.

B

Compétence des tribunaux.

Le 30 août 1875, à la Haye, l'Institut adopta, sur le rapport de M. ASSER, des conclusions plus spéciales sur les règles uniformes à adopter concernant la compétence des tribunaux (*Annuaire*, t. Ier, p. 80 et 90).

Ces conclusions sont ainsi conçues :

Conclusions relatives à la compétence des tribunaux, adoptées à La Haye en 1875.

Les règles uniformes concernant la compétence des tribunaux, règles dont l'utilité a été reconnue par l'Institut dans la session de Genève, devraient avoir pour base les principes suivants :

ART. 1er. — Le *domicile* (et subsidiairement la *résidence) du défendeur,* dans les actions personnelles ou qui concernent des biens meubles, et la *situation des biens*, dans les actions réelles concernant des immeubles, doivent, dans la règle, déterminer la compétence du juge, sauf l'adoption de *fora exceptionnels,* à l'égard d'une certaine catégorie de litiges.

ART. 2. — La règle posée à l'article précédent aura pour effet que le juge compétent pour décider un procès n'appartiendra pas toujours au pays dont les lois régissent le rapport de droit qui fait l'objet de ce procès. Cependant, l'adoption des *fora exceptionnels,* mentionnés à l'article 1er, devra surtout avoir pour but de faire décider, autant que possible, par les juges du pays dont les lois régissent un rapport de droit, les procès qui concernent ce rapport; par exemple, les procès qui ont pour objet principal de faire statuer sur des questions d'état ou de capacité personnelle, par les tribunaux du pays dont les lois régissent le *statut* personnel, etc.

ART. 3. — Dans les procès civils et commerciaux, la *natio-*

nalité des parties doit rester sans influence sur la compétence du juge, — sauf dans les cas où la *nature* même du litige doit faire admettre la compétence exclusive des juges nationaux de l'une des parties.

ART. 4. — Les tribunaux, saisis d'une contestation, doivent, à l'égard de la compétence adoptée par les traités, statuer d'après les mêmes règles qui ont été établies, à l'égard de la compétence, par les lois du pays. Ainsi, dans les pays où ce système est adopté pour l'application des lois nationales concernant la compétence des tribunaux, ils ne se déclareront pas incompétents d'*office*, quand il s'agit de l'incompétence *ratione personæ*.

ART. 5. — Les règles de droit international privé qui entreront dans les lois d'un pays par suite d'un traité international, seront appliquées par les tribunaux, sans qu'il y ait une obligation internationale de la part du gouvernement de veiller à cette application par voie administrative.

O

Capacité de l'étranger d'ester en justice; formes de la procédure.

A Zurich, M. ASSER, rapporteur, soumit à l'Institut des conclusions tendant à prévenir les conflits de lois sur les formes de la procédure (*Annuaire*, t. II, p. 44). L'Institut en délibéra en séances plénières des 10 et 11 septembre 1877 (*ib.*, p. 45 et suiv.), et les adopta sous la forme suivante (*ib.*, p. 150):

Règles internationales proposées pour prévenir les conflits de lois sur les formes de la procédure.

ART. 1er. — L'étranger sera admis à ester en justice aux mêmes conditions que le régnicole.

ART. 2. — Les formes ordinatoires de l'instruction et de la procédure seront régies par la loi du lieu où le procès est instrait. Seront considérées comme telles, les prescriptions relatives aux formes de l'assignation (sauf ce qui est proposé ci-dessous, 2ᵉ al.), aux délais de comparution, à la nature et à la forme de la procuration *ad litem*, au mode de recueillir les preuves, à la rédaction et au prononcé du jugement, à la passation en force de chose jugée, aux délais et aux formalités de l'appel et autres voies de recours, à la péremption de l'instance.

Toutefois, et par exception à la règle qui précède, on pourra statuer dans les traités que les assignations et autres exploits seront signifiés aux personnes établies à l'étranger, dans les formes prescrites par les lois du lieu de destination de l'exploit. Si, d'après les lois de ce pays, la signification doit être faite par l'intermédiaire du juge, le tribunal appelé à connaître du procès requerra l'intervention du tribunal étranger par la voie d'une commission rogatoire.

Art. 3. — L'admissibilité des moyens de preuve (preuve littérale, testimoniale, serment, livre de commerce, etc.) et leur force probante seront déterminées par la loi du lieu où s'est passé le fait ou l'acte qu'il s'agit de prouver.

La même règle sera appliquée à la capacité des témoins, sauf les exceptions que les États contractants jugeraient convenable de sanctionner dans les traités.

Art. 4. — Le juge saisi d'un procès pourra s'adresser par commission rogatoire à un juge étranger, pour le prier de faire dans son ressort soit un acte d'instruction, soit d'autres actes judiciaires pour lesquels l'intervention du juge étranger serait indispensable ou utile.

Art. 5. — Le juge à qui l'on demande de délivrer une commission rogatoire décide: *a)* de sa propre compétence ; *b)* de la légalité de la requête; *c)* de son opportunité lorsqu'il s'agit d'un acte qui légalement peut aussi se faire devant le juge du procès, par exemple, d'entendre des témoins, de faire prêter serment à l'une des parties, etc.

Art. 6. — La commission rogatoire sera adressée directement au tribunal étranger, sauf intervention ultérieure des gouvernements intéressés, s'il y a lieu.

Art. 7. — Le tribunal à qui la commission est adressée sera obligé d'y satisfaire après s'être assuré : 1° de l'authenticité du document, 2° de sa propre compétence *ratione materiæ* d'après les lois du pays où il siège.

Art. 8. — En cas d'incompétence matérielle, le tribunal requis transmettra la commission rogatoire au tribunal compétent, après en avoir informé le requérant.

Art. 9. — Le tribunal qui procède à un acte judiciaire en vertu d'une commission rogatoire applique les lois de son pays en ce qui concerne les formes du procès, y compris les formes des preuves et du serment.

D

Exécution des jugements.

Enfin, à Paris, en 1878, M. Asser, terminant comme rapporteur le cycle de ses travaux sur les principes de la procédure au point de vue international, présenta à l'Institut, au nom de la Commission, un projet de conclusions relatives à *l'exécution des jugements* (*Annuaire*, t. III, p. 86). L'Institut, après en avoir délibéré dans ses séances des 3, 4 et 5 septembre 1878, adopta, en la dernière, les conclusions de la Commission, dans la teneur suivante (*ib.*, p. 96) :

Art. 1er. — Une réforme complète à l'égard de l'exécution des jugements étrangers ne saurait être réalisée par le seul moyen de lois générales, uniformément applicables à tous les jugements étrangers. Il faut en attendre le complément d'un système de conventions diplomatiques à conclure avec les États dont les tribunaux et l'organisation judiciaire paraîtront présenter des garanties suffisantes.

Art. 2. — Ces lois et conventions doivent poser des règles uniformes sur la compétence relative des tribunaux (compétence *ratione personæ* ou *territorii*, par opposition à la compétence *ratione materiæ*, qui résulte de l'organisation judiciaire de chaque pays), et stipuler un minimum de garanties quant aux formalités de procédure (spécialement en ce qui concerne les formes de l'assignation et les délais de comparution).

Art. 3. — Parmi les conditions sous lesquelles l'*exequatur* sera accordé aux jugements étrangers par les tribunaux du pays où l'exécution doit avoir lieu, sans revision du fond, — on doit stipuler que le demandeur aura à prouver que le jugement étranger est exécutoire dans l'État où il a été rendu, ce qui implique la preuve qu'il est passé en force de chose jugée, dans tous les cas où la législation du pays dans lequel le jugement a été rendu ne considère comme exécutoires que les jugements contre lesquels il n'y a plus de recours.

Si le jugement a été rendu par le tribunal d'un État dont la loi nationale n'a pas adopté les règles de compétence mentionnées à l'article 2, d'une manière *générale* et applicable à *tous* les procès, le demandeur aura toujours à prouver que le jugement étranger a été rendu par un juge compétent d'après la convention entre les deux États.

Art. 4. — Même quand les preuves mentionnées à l'article 3 ont été fournies, l'*exequatur* ne serait pas accordé, si l'exécution des jugements impliquait l'accomplissement d'un acte contraire à l'ordre public ou défendu par une loi quelconque de l'État où l'*exequatur* est requis.

Art. 5. — Les voies ou modes d'exécution doivent être déterminés par la loi du pays où l'exécution a lieu. Toutefois la contrainte par corps ne doit être applicable nulle part, si elle n'a pas été prononcée par le tribunal qui a rendu le jugement étranger.

L'hypothèque judiciaire n'aura lieu que quand elle est accordée par les lois des deux pays.

Art. 6. — L'adoption de règles uniformes, pour servir de base à la solution des conflits de législation civile et commerciale, désirable sous plusieurs rapports, servirait aussi à faciliter l'introduction du système de l'exécution internationale des jugements.

M. Moynier avait proposé, après le vote du texte qui précède, d'adjoindre aux conclusions un article 7 ainsi conçu :

« Les conflits auxquels pourrait donner lieu l'application des règles de procédure déterminées par des traités internationaux, doivent être soumis à la décision sans appel d'un tribunal arbitral, dont ces traités ont à indiquer le mode de formation et de fonctionnement. »

La proposition de M. Moynier fut renvoyée à la Commission, avec prière de présenter, à ce sujet, un rapport dans la prochaine session.

L'Institut, après en avoir longuement délibéré à Bruxelles, en sa séance du 1er septembre 1879 (*Annuaire*, t. III, p. 174 et suiv.), décida qu'il n'y avait pas lieu de faire l'adjonction proposée, « le moment ne paraissant pas venu de discuter cette question », et sous réserve du droit de chaque membre « de soutenir en temps et lieu l'utilité ou l'inutilité d'un tribunal international » chargé de vider les conflits (*ib.*, p. 190).

E

Preuve des lois étrangères devant les tribunaux.

En 1883, à Munich, l'Institut avait chargé une même commission d'étudier tout à la fois les moyens d'assurer la connaissance et la preuve des lois étrangères. Nous avons déjà indiqué plus haut (p. 10) les conclusions adoptées en vue du premier de ces deux objets. En ce qui concerne la preuve des lois étrangères devant les tribunaux, M. Pierantoni avait présenté, dès la session de Bruxelles, en 1885, un projet de conclusions qui fut renvoyé à une session ultérieure (*Annuaire*, t. VIII, p. 231-235). L'honorable rapporteur n'ayant pu se rendre ni à la session de Heidelberg (1887), ni à celle de Lausanne (1888) (*Ann.*, t. IX, p. 312 et suiv., t. X, p. 251), ce n'est qu'à Hambourg, dans ses séances plénières des 11 et 12 septembre 1891, que l'Institut put aborder la délibération du projet, et il l'adopta en la teneur suivante (*Ann.*, t. XII, p. 328 et suiv.):

Moyens à proposer aux gouvernements en vue d'assurer la preuve des lois étrangères devant les tribunaux.

CONCLUSIONS ADOPTÉES PAR L'INSTITUT LE 12 SEPTEMBRE 1891.

1. L'Institut déclare :

1° Que, dans l'état actuel de la science du droit et des rapports internationaux, et en présence du plus grand nombre de lois élaborées dans les pays civilisés, la preuve des lois étrangères ne peut être une question de fait abandonnée à l'initiative des parties ;

2° Qu'il est nécessaire de fixer des règles générales et uniformes à substituer aux différents usages qui sont en vigueur.

2. L'Institut émet le vœu que, par des accords internationaux, les États s'obligent à l'application des règles suivantes:

a) Quand, dans un procès civil, il y a nécessité d'appliquer une loi étrangère sur l'existence et la teneur de laquelle les parties ne sont pas d'accord, le juge, le tribunal ou la cour, sur la demande des parties ou d'office, déclarera, dans une décision préparatoire, quels sont les lois ou les points de droit nécessaires pour vider l'affaire.

b) Le juge ou le président délivrera, dans le plus court délai possible, des lettres rogatoires, qui, par l'intermédiaire du ministère de la Justice et du ministère des Affaires étrangères, seront remises au ministère de la Justice de l'État dont on veut connaître les lois ou certains points de droit.

c) Le ministère de la Justice de ce dernier État répondra à la demande faite, en s'abstenant de tout conseil ou avis sur toute question de fait, et en se bornant à attester l'existence et la teneur des lois.

d) Dès que les textes des lois et les certificats auront été remis au tribunal, ils seront déposés au greffe, et, sur requête de la partie la plus diligente, la procédure reprendra son cours.

F

Compétence des tribunaux dans les procès contre les États ou souverains étrangers.

La question fut mise à l'ordre du jour à la fin de la session de Lausanne, sur la proposition de M. DE BAR, qui fut nommé rapporteur de la Commission avec M. WESTLAKE (*Annuaire*, t. X, p. 295). La question donna lieu à des travaux des deux rapporteurs et de MM. GABBA et HARTMANN (*Journal du droit international privé*, t. XVI, p. 180 et 538, t. XVII, p. 28; *Revue de droit international*, t. XXII, p. 425; *Annuaire*, t. XI, p. 410 et suiv.).

L'Institut délibéra, en séances plénières des 8 et 11 septembre 1891, sur le *Projet de règlement international*, présenté par M. de Bar, et l'adopta, en la seconde de ces deux séances[1] (*ib.*, p. 436) :

Projet de règlement international sur la compétence des tribunaux dans les procès contre les États, souverains ou chefs d'État étrangers, adopté en séance plénière du 11 septembre 1891.

Art. 1er. Sont insaisissables les meubles, y compris les chevaux, voitures, wagons et navires, appartenant à un souverain ou chef d'État étranger et affectés, directement ou indirectement, à l'usage actuel de ce souverain ou chef d'État ou des personnes qui l'accompagnent pour son service.

Art. 2. Sont de même exempts de toute saisie les meubles et immeubles appartenant à un État étranger et affectés, avec l'approbation expresse ou tacite de l'État sur le territoire duquel ils se trouvent, au service de l'État étranger.

Art. 3. Néanmoins le créancier au profit duquel une chose appartenant à un État, à un souverain ou à un chef d'État étranger, est *expressément* mise en gage ou donnée en hypothèque par cet État, ce souverain ou ce chef d'État, peut, le cas échéant, la retenir ou la faire saisir.

Art. 4. Les seules actions recevables contre un État étranger sont :

1° Les actions réelles, y compris les actions possessoires, se rapportant à une chose, immeuble ou meuble, qui se trouve sur le territoire ;

2° Les actions fondées sur la qualité de l'État étranger comme héritier ou légataire d'un ressortissant du territoire ou comme ayant droit à une succession ouverte sur le territoire ;

[1] Le texte que nous publions est celui qui a été revisé par la Commission de rédaction après sa reconstitution en septembre 1892.

3° Les actions qui se rapportent à un établissement commercial ou industriel ou à un chemin de fer, exploités par l'État étranger sur le territoire ;

4° Les actions pour lesquelles l'État étranger a expressément reconnu la compétence du tribunal. — L'État étranger qui lui-même forme une demande devant un tribunal, est réputé avoir reconnu la compétence de ce tribunal quant à la condamnation aux frais du procès et quant à une demande reconventionnelle résultant de la même affaire ; de même, l'État étranger qui, en répondant à une action portée contre lui, n'excipe pas de l'incompétence du tribunal, est réputé l'avoir reconnu comme compétent ;

5° Les actions découlant de contrats conclus par l'État étranger sur le territoire, si l'exécution complète sur ce même territoire en peut être demandée d'après une clause expresse ou d'après la nature même de l'action ;

6° Les actions en dommages-intérêts nées d'un délit ou quasi-délit, commis sur le territoire.

Art. 5. Ne sont point recevables les actions intentées pour des actes de souveraineté, ou découlant d'un contrat du demandeur comme fonctionnaire de l'État, ni les actions concernant les dettes de l'État étranger contractées par souscription publique.

Art. 6. Les actions intentées contre des souverains ou chefs d'État étrangers sont soumises aux règles posées aux articles 4 et 5.

Art. 7. Toutefois, les actions qui résultent d'obligations contractées avant l'avènement du souverain ou la nomination du chef d'État sont régies par les règles ordinaires de compétence.

Art. 8. Les ajournements, tant pour les souverains ou

chefs d'État que pour les États eux-mêmes, se font par la voie diplomatique.

Art. 9. Il est désirable que, dans chaque État, les lois de procédure accordent des délais suffisants pour que, dans les cas d'action portée ou de saisie demandée ou pratiquée contre un souverain ou chef d'État ou contre un État étranger, il puisse en être fait rapport au gouvernement du pays dans lequel l'action a été portée, ou la saisie demandée ou pratiquée.

VII

Procédure dans les procès mixtes entre ressortissants d'États ayant le droit de juridiction consulaire dans les pays d'Orient.

L'Institut, dès sa session de Genève, en 1874, avait mis à l'étude, sur la proposition de M. Field, cette question : « *Dans quelles conditions et jusqu'à quel point le droit des gens coutumier de l'Europe est-il applicable aux nations orientales?* » Un questionnaire avait été envoyé à diverses personnes que l'on supposait être à même de donner des renseignements sur l'état précis des faits destinés à servir de base au travail projeté (*Annuaire,* t. Ier, p. 51 et 141; t. III, p. 298). M. Field rédigea un mémoire, qui parut dans la *Revue de droit international* (t. VII, p. 650). L'Institut, soit dans la session de Zurich, soit dans celle de Paris, ne jugea pas l'enquête suffisante (*Ann.*, t. II, p. 130; t. III, p. 110). A Bruxelles, en 1879, un rapport fut présenté par sir Travers Twiss, une note par M. Hornung (*Ann.*, t. III, p. 301). On reconnut que la question, telle qu'elle était posée, était trop vaste. On décida de la spécialiser et de se borner, tout d'abord, à poser des règles pour l'organisation judiciaire et la procédure dans les procès mixtes en Orient.

Sous cette forme restreinte, la question, mise successivement à l'ordre du jour des sessions d'Oxford, de Turin et de Munich, fit l'objet de nouveaux rapports de sir Travers Twiss (*Ann.*, t. III, p. 307; t. V, p. 182; t. VI, p. 244). Une session particulière de la commission eut lieu, en 1881, à Wiesbade. Un avant-projet, rédigé par M. de Martens en suite de cette délibération, et accompagné d'un rapport, fut discuté à Turin, mais n'y fut adopté que provisoirement (*Ann.*, t. VI, p. 260-283). MM. Hornung, Kamarovsky et de Martens continuèrent à échanger des notes sur la matière, dans la *Revue de droit international* (t. XV, p. 279 et suiv.). La commission tint une seconde session préparatoire à Bruxelles, en juillet 1883, et apporta des modifications à l'avant-projet de Turin. La question fut, d'ailleurs, de plus en plus spécialisée, et limitée, suivant le titre qui figure en tête de ces lignes, à la *Procédure dans les procès mixtes entre les ressortissants ou protégés d'États qui ont le droit de juridiction consulaire dans les pays d'Orient (Revue*, t. XV, p. 502).

A Munich, l'Institut aborda itérativement la matière en séance plénière, et, après une discussion approfondie, il adopta, le 6 septembre 1883, le projet qui suit (*Ann.*, t. VII, p. 190, 199):

RÉSOLUTIONS VOTÉES A MUNICH, LE 6 SEPTEMBRE 1892

Projet concernant la procédure dans les procès mixtes entre ressortissants ou protégés d'État qui ont le droit de juridiction consulaire dans les pays d'Orient.

Les gouvernements des États qui ont le droit de juridiction consulaire dans les pays d'Orient reconnaissent la nécessité d'organiser d'un commun accord la procédure dans les procès mixtes entre leurs ressortissants ou protégés respectifs.

Pour les procès mixtes où sont engagés les sujets des pays orientaux, les stipulations des traités conclus avec la Porte ottomane, les pays de l'extrême Orient et le Maroc demeurent en vigueur.

Le présent accord ne s'applique pas aux procès où ne sont engagés que les ressortissants ou protégés d'une seule des puissances contractantes.

I. — Dispositions générales.

Art. Ier. Il y a lieu de prendre en considération, dans l'organisation des tribunaux, d'un côté, les traités internationaux, de l'autre, les usages établis et les nécessités locales.

Art. II. Ces tribunaux ne seront, d'ailleurs, compétents que pour les ressortissants des États qui auront adhéré formellement au présent accord.

II. — Dispositions spéciales.

1. — *De l'organisation des tribunaux.*

Art. III. Le tribunal de première instance compétent est le tribunal consulaire du défendeur. S'il y a deux ou plusieurs défendeurs, le tribunal compétent est le tribunal consulaire de l'un d'eux, au choix du demandeur; dans ce cas, sur l'invitation du tribunal compétent, le consul des autres défendeurs enjoint à ceux-ci de comparaître et a le droit d'assister aux débats.

Le principe ci-dessus souffre exception toutes les fois que les lois de procédure fixent la compétence d'un autre tribunal, à raison de la matière.

Art. IV. Il est établi un tribunal d'appel dans chacun des pays d'Orient où la juridiction consulaire est reconnue. Il porte le nom de cour d'appel.

La cour d'appel est organisée de la manière suivante:

Le gouvernement de chacune des puissances contractantes nomme un membre ayant fait des études juridiques suffisantes ou ayant fonctionné en qualité de consul-juge.

Les consuls généraux fonctionnant dans le pays où la cour d'appel est instituée peuvent également être nommés membres de celle-ci.

Plusieurs gouvernements peuvent s'entendre pour nommer en commun un seul membre de la cour d'appel.

2. — De la procédure devant les tribunaux de première instance.

Art. V. La procédure devant le tribunal de première instance est déterminée par la législation de l'État dont ce tribunal dépend.

Art. VI. Le consul du demandeur a le droit d'assister aux débats.

3. — De la procédure devant les cours d'appel.

Art. VII. Toute décision d'un tribunal de première instance est sujette à appel.

Le délai d'appel est de quarante-cinq jours francs à partir de la signification du jugement, outre les délais de distance.

Art. VIII. L'acte d'appel doit être motivé.

Il est transmis à la partie contre qui l'appel est formé, par les soins du consul de cette partie.

Art. IX. La procédure devant la cour d'appel est déterminée par un accord spécial entre les puissances contractantes.

4. — De l'exécution des jugements.

Art. X. L'exécution du jugement prononcé par le tribunal de première instance est confiée aux autorités consulaires ou autres de l'État auquel appartient, en qualité de ressortissant ou de protégé, la partie contre qui le jugement a été prononcé.

Art. XI. L'exécution de l'arrêt prononcé par la cour d'appel est confiée aux autorités consulaires ou autres de l'État auquel appartient, en qualité de ressortissant ou de protégé, la partie contre qui l'arrêt a été rendu.

Au surplus, après avoir mené à bonne fin cette partie spéciale de la tâche qu'il s'était donnée, l'Institut maintint à la commission qui s'en était occupée son mandat général, datant de la session de Genève, en 1874, et consistant à examiner *dans quelles conditions et jusqu'à quel point le droit des gens coutumier de l'Europe est applicable aux nations orientales.*

Aucune communication scientifique ne fut faite sur ce sujet aux sessions de Bruxelles (1885) et de Heidelberg (1887). Mais, dans cette dernière session, le Bureau fit mettre à l'ordre du jour une nouvelle question qui n'en est que la suite ou le développement : « *Rechercher les réformes désirables dans les institutions judiciaires actuellement en rigueur dans les pays d'Orient, par rapport aux procès dans lesquels est engagée une personne ressortissant à une puissance chrétienne d'Europe ou d'Amérique.* » (*Ann.*, t. IX, p. 377).

M. de Bulmerincq et, après lui, M. Rolin-Jaequemyns furent nommés rapporteurs généraux de la Commission, et l'Institut nomma plusieurs rapporteurs spéciaux pour les divers pays de l'Orient ou les diverses contrées placées sous le protectorat de l'une des puissances européennes (*Ann.*, t. X, p. 258; t. XII, p. 258).

Jusqu'à présent, M. Féraud-Giraud a publié un rapport sur les institutions judiciaires de l'Égypte (*Revue*, t. XXII, p. 70; *Ann.*, t. XI, p. 337), et M. Ferguson, sur les réformes judiciaires en Chine et à Siam (*Revue*, t. XXII, p. 251; *Ann.*, t. XI, p. 339); ce dernier membre a proposé, en outre, en 1891, un projet de règlement pour l'établissement de tribunaux mixtes internationaux en Chine (*Ann.*, t. XI, p. 344). L'Institut n'en a pas encore abordé la discussion.

VIII

Solution pacifique des différends internationaux.

A

Procédure arbitrale.

Dès sa session de Genève de 1874, l'Institut avait longuement délibéré sur un *Projet de règlement pour des tribunaux arbitraux internationaux*, soigneusement motivé de M. Gold-

SCHMIDT. La discussion, très nourrie et véritablement scientifique, avait abouti à l'adoption du projet, avec quelques amendements acceptés par le rapporteur. La rédaction du projet amendé fut confiée à une commission chargée de la préparer pour la session suivante (*Annuaire*, t. Ier, p. 31).

Cette commission avait pour président M. FIELD et pour rapporteur M. RIVIER. Le texte sur lequel elle se mit d'accord fut discuté par l'Institut, à La Haye, en séance plénière du 28 août 1875, et adopté à l'unanimité, sous la forme suivante (*Ann.*, t. I. p. 45, 84 et 126):

Projet de règlement pour la procédure arbitrale internationale adopté par l'Institut le 28 août 1875.

L'Institut, désirant que le recours à l'arbitrage pour la solution des conflits internationaux soit de plus en plus pratiqué par les peuples civilisés, espère concourir utilement à la réalisation de ce progrès en proposant pour les tribunaux arbitraux le règlement éventuel suivant. Il le recommande à l'adoption entière ou partielle des États qui concluraient des compromis.

ART. 1er. — Le compromis est conclu par traité international valable.

Il peut l'être :

a) *D'avance*, soit pour toutes contestations, soit pour les contestations d'une certaine espèce à déterminer, qui pourraient s'élever entre les États contractants.

b) Pour une contestation ou plusieurs contestations *déjà nées* entre les États contractants.

ART. 2. — Le compromis donne à chacune des parties contractantes le droit de s'adresser au tribunal arbitral qu'il désigne pour la décision de la contestation. A défaut de désignation du nombre et des noms des arbitres dans le compromis, le tribunal arbitral se réglera selon les dispositions prescrites par le compromis ou par une autre conve[illegible]n.

A défaut de disposition, chacune des parties contractantes choisit de son côté un arbitre, et les deux arbitres ainsi nommés choisissent un tiers-arbitre ou désignent une personne tierce qui l'indiquera.

Si les deux arbitres nommés par les parties ne peuvent s'accorder sur le choix d'un tiers-arbitre, ou si l'une des parties refuse la coopération qu'elle doit prêter selon le compromis à la formation du tribunal arbitral, ou si la personne désignée refuse de choisir, le compromis est éteint.

Art. 3. — Si, dès le principe, ou parce qu'elles n'ont pu tomber d'accord sur le choix des arbitres, les parties contractantes sont convenues que le tribunal arbitral serait formé par une personne tierce par elles désignée, et si la personne désignée se charge de la formation du tribunal arbitral, la marche à suivre à cet effet se règlera en première ligne d'après les prescriptions du compromis. A défaut de prescriptions, le tiers désigné peut ou nommer lui-même les arbitres, ou proposer un certain nombre de personnes parmi lesquelles chacune des parties choisira.

Art. 4. — Seront capables d'être nommés arbitres internationaux les souverains et chefs de gouvernements sans aucune restriction, et toutes les personnes qui ont la capacité d'exercer les fonctions d'arbitre d'après la loi commune de leur pays.

Art. 5. — Si les parties ont valablement compromis sur des arbitres individuellement déterminés, l'incapacité ou la récusation valable, fût-ce d'un seul de ces arbitres, infirme le compromis entier, pour autant que les parties ne peuvent se mettre d'accord sur un autre arbitre capable.

Si le compromis ne porte pas détermination individuelle de l'arbitre en question, il faut, en cas d'incapacité ou de récusation valable, suivre la marche prescrite pour le choix originaire (art. 2, 3).

Art. 6. — La déclaration d'acceptation de l'office d'arbitre a lieu par écrit.

Art. 7. — Si un arbitre refuse l'office arbitral, ou s'il se départit après l'avoir accepté, ou s'il meurt, ou s'il tombe en état de démence, ou s'il est valablement récusé pour cause d'incapacité aux termes de l'article 4, il y a lieu à l'application des dispositions de l'article 5.

Art. 8. — Si le siège du tribunal arbitral n'est désigné ni par le compromis ni par une convention subséquente des parties, la désignation a lieu par l'arbitre ou la majorité des arbitres.

Le tribunal arbitral n'est autorisé à changer de siège qu'au cas où l'accomplissement de ses fonctions au lieu convenu est impossible ou manifestement périlleux.

Art. 9. — Le tribunal arbitral, s'il est composé de plusieurs membres, nomme un président, pris dans son sein, et s'adjoint un ou plusieurs secrétaires.

Le tribunal arbitral décide en quelle langue ou quelles langues devront avoir lieu ses délibérations et les débats des parties, et devront être présentés les actes et les autres moyens de preuve. Il tient procès-verbal de ses délibérations.

Art. 10. — Le tribunal arbitral délibère tous membres présents. Il lui est loisible toutefois de déléguer un ou plusieurs membres ou même de commettre des tierces personnes pour certains actes d'instruction.

Si l'arbitre est un État ou son chef, une commune ou autre corporation, une autorité, une faculté de droit, une société savante, ou le président actuel de la commune, corporation, autorité, faculté, compagnie, tous les débats peuvent avoir lieu du consentement des parties devant le commissaire nommé *ad hoc* par l'arbitre. Il en est dressé protocole.

Art. 11. — Aucun arbitre n'est autorisé sans le consentement des parties à se nommer un substitut.

Art. 12. — Si le compromis ou une convention subséquente des compromettants prescrit au tribunal arbitral le mode de procédure à suivre, ou l'observation d'une loi de procédure déterminée et positive, le tribunal arbitral doit se conformer à cette prescription. A défaut d'une prescription pareille, la procédure à suivre sera choisie librement par le tribunal arbitral, lequel est seulement tenu de se conformer aux principes qu'il a déclaré aux parties vouloir suivre.

La direction des débats appartient au président du tribunal arbitral.

Art. 13. — Chacune des parties pourra constituer un ou plusieurs représentants auprès du tribunal arbitral.

Art. 14. — Les exceptions tirées de l'incapacité des arbitres, doivent être opposées avant toute autre. Dans le silence des parties, toute contestation ultérieure est exclue, sauf les cas d'incapacité postérieurement survenue.

Les arbitres doivent prononcer sur les exceptions tirées de l'incompétence du tribunal arbitral, sauf le recours dont il est question à l'article 24, 2me alinéa, et conformément aux dispositions du compromis.

Aucune voie de recours ne sera ouverte contre des jugements préliminaires sur la compétence, si ce n'est cumulativement avec le recours contre le jugement arbitral définitif.

Dans le cas où le doute sur la compétence dépend de l'interprétation d'une clause du compromis, les parties sont censées avoir donné aux arbitres la faculté de trancher la question, sauf clause contraire.

Art. 15. — Sauf dispositions contraires du compromis, le tribunal arbitral a le droit :

1° De déterminer les formes et délais dans lesquels chaque partie devra, par ses représentants dûment légitimés, présenter ses conclusions, les fonder en fait et en droit, proposer ses moyens de preuve au tribunal, les communiquer à la partie adverse, produire les documents dont la partie adverse requiert la production ;

2° De tenir pour accordées les prétentions de chaque partie qui ne sont pas nettement contestées par la partie adverse, ainsi que le contenu prétendu des documents dont la partie adverse omet la production sans motifs suffisants ;

3° D'ordonner de nouvelles auditions des parties, d'exiger de chaque partie l'éclaircissement de points douteux ;

4° De rendre des ordonnances de procédure (sur la direction du procès), faire administrer des preuves, et requérir, s'il le faut, du tribunal compétent les actes judiciaires pour lesquels le tribunal arbitral n'est pas qualifié, notamment l'assermentation d'experts et de témoins ;

5° De statuer, selon sa libre appréciation, sur l'interprétation des documents produits et généralement sur le mérite des moyens de preuves présentés par les parties.

Les formes et délais mentionnés sous les numéros 1 et 2 du présent article seront déterminés par les arbitres dans une ordonnance préliminaire.

Art. 16. — Ni les parties, ni les arbitres ne peuvent d'office mettre en cause d'autres États ou des tierces personnes quelconques, sauf autorisation spéciale exprimée dans le compromis et consentement préalable du tiers.

L'intervention spontanée d'un tiers n'est admissible qu'avec le consentement des parties qui ont conclu le compromis.

Art. 17. — Les demandes reconventionnelles ne peuvent être portées devant le tribunal arbitral qu'en tant qu'elles lui sont déférées par le compromis, ou que les deux parties et le tribunal sont d'accord pour les admettre.

Art. 18. — Le tribunal arbitral juge selon les principes du droit international, à moins que le compromis ne lui impose des règles différentes ou ne remette la décision à la libre appréciation des arbitres.

Art. 19. — Le tribunal arbitral ne peut refuser de prononcer sous le prétexte qu'il n'est pas suffisamment éclairé soit sur les faits, soit sur les principes judiriques qu'il doit appliquer.

Il doit décider définitivement chacun des points en litige. Toutefois, si le compromis ne prescrit pas la décision définitive simultanée de *tous* les points, le tribunal peut, en décidant définitivement certains points, réserver les autres pour une procédure ultérieure.

Le tribunal arbitral peut rendre des jugements interlocutoires ou préparatoires.

Art. 20. — Le prononcé de la décision définitive doit avoir lieu dans le délai fixé par le compromis ou par une convention subséquente. A défaut d'autre détermination, on tient pour convenu un délai de deux ans à partir du jour de la conclusion du compromis. Le jour de la conclusion n'y est pas compris ; on n'y comprend pas non plus le temps durant lequel un ou plusieurs arbitres auront été empêchés, par force majeure, de remplir leurs fonctions.

Dans le cas où les arbitres, par des jugements interlocutoires, ordonnent des moyens d'instruction, le délai est augmenté d'une année.

ART. 21. — Toute décision définitive ou provisoire sera prise à la majorité de tous les arbitres nommés, même dans le cas où l'un ou quelques-uns des arbitres refuseraient d'y prendre part.

ART. 22. — Si le tribunal arbitral ne trouve fondées les prétentions d'aucune des parties, il doit le déclarer, et, s'il n'est limité sous ce rapport par le compromis, établir l'état réel du droit relatif aux parties en litige.

ART. 23. — La sentence arbitrale doit être rédigée par écrit, et contenir un exposé des motifs, sauf dispense stipulée par le compromis. Elle doit être signée par chacun des membres du tribunal arbitral. Si une minorité refuse de signer, la signature de la majorité suffit, avec déclaration écrite que la minorité a refusé de signer.

ART. 24. — Le sentence, avec les motifs s'ils sont exposés, est notifiée à chaque partie. La notification a lieu par signification d'une expédition au représentant de chaque partie ou à un fondé de pouvoirs de chaque partie constitué *ad hoc*.

Même si elle n'a été signifiée qu'au représentant ou au fondé de pouvoirs d'une seule partie, la sentence ne peut plus être changée par le tribunal arbitral.

Il a néanmoins le droit, tant que les délais du compromis ne sont pas expirés, de corriger de simples fautes d'écriture ou de calcul, lors même qu'aucune des parties n'en ferait la proposition, et de compléter la sentence sur les points litigieux non décidés, sur la proposition d'une partie et après audition de la partie adverse. Une interprétation de la sentence notifiée n'est admissible que si les deux parties la requièrent.

ART. 25. — La sentence dûment prononcée décide, dans les limites de sa portée, la contestation entre les parties.

Art. 26. — Chaque partie supportera ses propres frais et la moitié des frais du tribunal arbitral, sans préjudice de la décision du tribunal arbitral touchant l'indemnité que l'une ou l'autre des parties pourra être condamnée à payer.

Art. 27. — La sentence arbitrale est nulle en cas de compromis nul, ou d'excès de pouvoir, ou de corruption prouvée d'un des arbitres ou d'erreur essentielle.

B

Clause compromissoire.

Dans une lettre qu'il écrivit le 4 septembre 1877 au président de l'Institut, M. Mancini, alors ministre de la Justice d'Italie, exprimait l'espoir « que, dans le plus grand nombre des traités de commerce et de navigation formant en ce moment l'objet des négociations entre l'Italie et les Gouvernements étrangers, il serait possible d'introduire une *clause compromissoire*, par laquelle les hautes parties contractantes s'engageraient réciproquement à soumettre au moyen paisible de l'arbitrage la solution des controverses qui pourraient s'élever sur l'interprétation et l'application de ces traités » (*Annuaire*, t. II, p. 16.)

L'Institut, en sa session de Zurich, vit, dans cette déclaration importante, l'occasion, non seulement d'émettre un vœu en faveur de la généralisation du système, mais encore de rappeler les études auxquelles il s'était livré au sujet de la procédure à suivre devant les juridictions arbitrales. En conséquence, en sa séance du 12 septembre 1877, il adopta, sur la proposition de M. Bluntschli, la résolution suivante (*Ann.*, t. II, p. 147 et 160) :

Arbitrage international. — Clause compromissoire. — Résolution votée en séance du 12 septembre 1877.

L'Institut de droit international recommande avec instance d'insérer dans les futurs traités internationaux une clause compromissoire, stipulant le recours à la voie de l'arbitrage en cas de contestation sur l'interprétation et l'application de ces traités.

L'Institut propose en même temps, en considération de la difficulté que les parties pourront avoir à s'entendre préalablement sur la procédure à suivre, l'addition, à la clause compromissoire, de la disposition qui suit :

Si les États contractants ne sont pas tombés d'accord préalablement sur d'autres dispositions touchant la procédure à suivre devant le tribunal arbitral, il y a lieu d'appliquer le règlement consacré par l'Institut dans sa session de La Haye, le 28 août 1875.

IX

Mesures de coercition en temps de paix.

A

Blocus en dehors de l'état de guerre. — « Blocus pacifique ».

L'Institut décida, le 11 septembre 1885, à Bruxelles, sur la proposition de M. Perels, la création d'une Commission chargée d'étudier *le droit de blocus en temps de paix* (*Ann.*, t. VII, p. 347).

A la session de Heidelberg, il fut saisi d'un rapport et d'un projet de résolutions de M. Perels (*Ann.*, t. IX, 276), ainsi que d'un contre-rapport de M. Geffcken (*ib.*, p. 286), qui concluait à faire condamner le principe même du blocus pacifique. Il délibéra sur la question le 7 septembre 1887, en présence de S. A. R. le grand-duc de Bade, et adopta la déclaration suivante (*ib.*, p. 300) :

Déclaration votée par l'Institut le 7 septembre 1887, concernant le blocus en dehors de l'état de guerre.

L'établissement d'un blocus en dehors de l'état de guerre ne doit être considéré comme permis par le droit des gens que sous les conditions suivantes :

1° Les navires de pavillon étranger peuvent entrer librement malgré le blocus.

2° Le blocus pacifique doit être déclaré et notifié officiellement, et maintenu par une force suffisante.

3° Les navires de la puissance bloquée qui ne respectent pas un pareil blocus peuvent être séquestrés. Le blocus ayant cessé, ils doivent être restitués avec leurs cargaisons à leurs propriétaires, mais sans dédommagement à aucun titre.

B

Admission et expulsion des étrangers.

En 1885, M. Brusa avait signalé à la Commission de droit pénal l'utilité qu'il y aurait à étudier, en même temps que la question de l'extradition, celle de l'expulsion des étrangers (*Annuaire*, t. VIII, p. 166). L'Institut, partageant cette manière de voir, constitua, dans sa session de Bruxelles, une nouvelle Commission pour l'examen de cette seconde matière (*ib.*, p. 347).

M. de Martitz en fut nommé rapporteur; mais des raisons d'opportunité engagèrent l'Institut à ajourner pendant quelque temps la discussion du sujet (*Ann.*, t. IX, p. 33, 34, 301). A la session de Lausanne (1888), le rapporteur étant empêché par d'autres travaux, le Secrétaire général, M. Rolin-Jaequemyns, présenta à sa place, en vertu de l'article 18 des Statuts, un rapport, suivi de conclusions, qui fut renvoyé pour examen immédiat, avec des observations de M. de Martitz, à une Commission présidée par M. Rivier. Cette commission formula un *Projet de déclaration préliminaire* qui, après délibération en séance plénière du 8 septembre 1888, fut adopté en la teneur suivante (*Ann.*, t. X, p. 227, 244), avec renvoi à une autre session de l'examen des règles spéciales pour les expulsions ordinaires.

Projet de déclaration internationale relative au droit d'expulsion des étrangers, adopté par l'Institut à Lausanne.

(Séance du 8 septembre 1888.)

L'Institut de droit international,

Considérant que l'expulsion comme l'admission des étrangers est une mesure de haute police à laquelle aucun État ne peut renoncer, mais qui, selon les circonstances, tombe parfois dans l'oubli et parfois s'impose subitement ;

Considérant qu'il peut être utile de formuler d'une manière générale quelques principes constants qui, tout en laissant aux gouvernements les moyens de remplir leur tâche difficile, garantissent à la fois, dans la mesure du possible, la sécurité des États, le droit et la liberté des individus ;

Considérant que le vœu de voir reconnaître et consacrer ces principes ne saurait impliquer aucune appréciation d'actes d'expulsion qui auraient eu lieu dans le passé ;

Estime que l'admission et l'expulsion des étrangers devraient être soumises à certaines règles, et propose, en attendant un projet complet qui pourrait être ultérieurement discuté, les dispositions suivantes :

Article premier. — En principe, tout État souverain peut régler l'admission et l'expulsion des étrangers de la manière qu'il juge convenable ; mais il est conforme à la foi publique que les étrangers soient avisés, au préalable, des règles générales que l'État entend suivre dans l'exercice de ce droit.

Art. 2. — En dehors des cas d'urgence, tels que ceux de guerre ou de troubles graves, il y a lieu de distinguer entre l'expulsion ordinaire, s'appliquant à des individus déterminés, et l'expulsion extraordinaire, s'appliquant à des catégories d'individus.

Art. 3. — L'expulsion pour cause d'urgence ne sera que temporaire. Elle n'excédera pas la durée de la guerre ou un délai déterminé d'avance, à l'expiration duquel elle pourra être convertie sans nouveau délai en expulsion ordinaire ou extraordinaire.

Art. 4. — L'expulsion extraordinaire se fera par une loi spéciale ou tout au moins par ordonnance publiée préalablement. L'ordonnance générale devra, avant d'être mise à exécution, être publiée à l'avance dans un délai convenable.

Art. 5. — Pour l'expulsion ordinaire, il faut distinguer, au point de vue des garanties, les individus domiciliés ou ayant un établissement de commerce de ceux qui ne se trouvent dans aucun de ces deux cas.

Art. 6. — La décision prononçant une expulsion ordinaire et indiquant les dispositions sur lesquelles elle se fonde devra être signifiée à l'intéressé avant d'être mise à exécution.

A Hambourg, M. de Bar, rapporteur, présenta, avec un rapport, un *Projet de règlement international sur l'admission et l'expulsion des étrangers* (*Annuaire*, t. XI., p. 282). L'Institut fut saisi en même temps d'un *Projet* distinct de M. Féraud-Giraud, membre de la Commission (*ib.*, p. 275), et d'*Observations* de M. Westlake sur le travail de M. de Bar (*ib.*, p. 313). En séance plénière du 8 septembre 1891, l'Assemblée, tant pour des raisons de principe que par des considérations d'opportunité, manifesta quelque hésitation à entrer, pendant cette session, dans l'examen approfondi du projet de M. de Bar et, le 12 du même mois, après avoir pris l'avis de la Commission, ajourna le débat à une autre session (*ib.*, p. 316, 321).

A la session de Genève, la discussion du Projet de M. de Bar, amendé d'ailleurs d'après les avis de plusieurs membres de la Commission, ne souleva plus aucune objection préjudicielle, et elle aboutit, en séance du 9 septembre 1892, à l'adoption du texte suivant (*Ann.*, t. XII, p. 184 à 226):

Règles internationales sur l'admission et l'expulsion des étrangers proposées par l'Institut de droit international et adoptées par lui à Genève, le 9 septembre 1892[1].

L'Institut de Droit international,

Considérant que, pour chaque État, le droit d'admettre ou de ne pas admettre des étrangers sur son territoire, ou de ne les y admettre que conditionnellement, ou de les en expulser, est une conséquence logique et nécessaire de sa souveraineté et de son indépendance ;

Considérant, toutefois, que l'humanité et la justice obligent les États à n'exercer ce droit qu'en respectant, dans la mesure compatible avec leur propre sécurité, le droit et la liberté des étrangers qui veulent pénétrer sur ledit territoire ou qui s'y trouvent déjà ;

Considérant que, à ce point de vue international, il peut être utile de formuler, d'une manière générale et pour l'avenir, quelques principes constants, dont l'acceptation ne saurait d'ailleurs impliquer aucune appréciation d'actes accomplis dans le passé ;

Propose, pour l'admission et l'expulsion des étrangers, l'observation internationale des règles suivantes :

[1] Ce texte est celui qui a été arrêté et numéroté par la Commission de rédaction, en vertu du mandat spécial qu'elle avait reçu de l'Institut en ladite séance.

CHAPITRE PREMIER.

Dispositions préliminaires

Art. 1er. — Sont étrangers, dans le sens du présent Règlement, tous ceux qui n'ont pas un droit actuel de nationalité dans l'État, sans distinguer ni s'ils sont simplement de passage ou s'ils sont résidants ou domiciliés, ni s'ils sont des réfugiés ou s'ils sont entrés dans le pays de leur plein gré.

Art. 2. — En principe, un État ne doit pas interdire l'accès ou le séjour sur son territoire soit à ses sujets, soit à ceux qui, après avoir perdu leur nationalité dans ledit État, n'en ont point acquis une autre.

Art. 3. — Il est désirable que l'admission et l'expulsion des étrangers soient réglées par des lois.

CHAPITRE II.

Des conditions auxquelles est subordonnée l'admission des étrangers.

Art. 4. — Les cas de représailles et de rétorsion ne sont pas soumis aux règles suivantes. Toutefois, les étrangers domiciliés dans le pays avec l'autorisation expresse du gouvernement, ne peuvent être expulsés à titre de représailles ou de rétorsion.

Art. 5. — Sont également exceptées des règles suivantes les colonies où la civilisation européenne n'est pas encore dominante.

Art. 6. — L'entrée libre des étrangers sur le territoire d'un État civilisé ne peut être prohibée, d'une manière générale et permanente, qu'à raison de l'intérêt public et de motifs extrêmement graves, par exemple, à raison d'une différence fondamentale de mœurs ou de civilisation, ou à raison d'une organisation ou accumulation dangereuse d'étrangers qui se présenteraient en masse.

Art. 7. — La protection du travail national n'est pas, à elle seule, un motif suffisant de non-admission.

Art. 8. — L'État conserve le droit de restreindre ou de prohiber temporairement l'entrée des étrangers, en temps de guerre, de troubles intérieurs ou d'épidémie.

Art. 9. — Chaque État doit fixer par des lois ou par des règlements, publiés dans un délai suffisant avant leur mise en vigueur, les règles de l'admission ou de la circulation des étrangers.

Art. 10. — L'entrée ou le séjour des étrangers ne peut être subordonné à la perception de taxes excessives.

Art. 11. — Tous changements essentiels dans les conditions d'admission et de séjour des étrangers, y compris les modifications aux taxes qui les concernent, doivent être communiqués dans le plus bref délai aux gouvernements des États dont les ressortissants y sont intéressés.

Art. 12. — L'entrée du territoire peut être interdite à tout individu étranger en état de vagabondage ou de mendicité, ou atteint d'une maladie de nature à compromettre la santé publique, ou fortement suspect d'infractions graves commises à l'étranger contre la vie ou la santé des personnes ou contre la propriété ou la foi publique, ainsi qu'aux étrangers condamnés à raison desdites infractions.

Art. 13. — Un État peut, à titre exceptionnel, n'admettre des étrangers que temporairement et sous défense pour eux de se domicilier dans le territoire, pourvu que, autant que faire se pourra, la défense soit notifiée individuellement et par écrit.

L'interdiction cesse d'avoir effet si elle n'est pas répétée périodiquement dans des délais n'excédant pas deux ans.

CHAPITRE III.

Des conditions auxquelles est subordonnée l'expulsion des étrangers.

I. RÈGLES GÉNÉRALES

ART. 14. — L'expulsion ne doit jamais être prononcée dans un intérêt privé, pour empêcher une concurrence légitime ni pour arrêter de justes revendications ou les actions et recours régulièrement portés devant les tribunaux ou autorités compétentes.

ART. 15. — Les mesures d'expulsion et d'extradition sont indépendantes l'une de l'autre ; le refus d'extradition n'implique pas la renonciation au droit d'expulsion.

ART. 16. — L'expulsé réfugié sur un territoire pour se soustraire à des poursuites au pénal, ne peut être livré, par voie détournée, à l'État poursuivant, sans que les conditions posées en matière d'extradition aient été dûment observées.

ART. 17. — L'expulsion, n'étant pas une peine, doit être exécutée avec tous les ménagements possibles, en tenant compte de la situation particulière de la personne.

ART. 18. — Il peut être enjoint à un étranger d'habiter un certain lieu ou de ne pas sortir d'un certain lieu, sous peine d'expulsion s'il contrevient à cet ordre.

ART. 19. — Les expulsions, soit individuelles, soit extraordinaires, doivent être portées, aussitôt que possible, à la connaissance des gouvernements dont elles concernent les ressortissants.

ART. 20. — Il est rendu compte périodiquement, soit à la représentation nationale, soit par le moyen d'une publication officielle, de toutes les expulsions, y compris celles qui ont été infirmées ou révoquées.

ART. 21. — Tout individu expulsé a le droit, s'il se prétend indigène ou soutient que son expulsion est contraire soit à une loi, soit à un traité international qui l'interdit ou l'exclut expressément, de recourir à une haute cour judiciaire ou administrative, jugeant en pleine indépendance du gouvernement.

Mais l'expulsion peut être exécutée provisoirement, nonobstant le recours.

ART. 22. — L'État peut assurer l'effet des arrêtés d'expulsion en soumettant les expulsés qui y contreviennent, à des poursuites devant les tribunaux et à des peines à l'expiration desquelles le condamné est conduit à la frontière par la force publique.

II. DES DIVERSES ESPÈCES D'EXPULSION

ART. 23. — L'expulsion *extraordinaire* (ou *en masse*) *définitive*, s'applique à des catégories d'individus; quand elle a été prononcée, les expulsés ne sont pas libres de revenir dans le pays après un délai déterminé d'avance.

ART. 24. — L'expulsion *extraordinaire* (ou *en masse*) *temporaire*, s'applique à des catégories d'individus, à raison d'une guerre ou de troubles graves survenus sur le territoire; elle ne produit son effet que pour la durée de la guerre ou pour un délai déterminé.

ART. 25. — L'expulsion *ordinaire* est purement individuelle.

ART. 26. — L'expulsion extraordinaire définitive exige une loi spéciale, ou du moins une ordonnance spéciale du pouvoir souverain. La loi ou l'ordonnance, avant d'être mise à exécution, sera publiée d'avance dans un délai convenable.

Art. 27. — L'expulsion extraordinaire temporaire peut, à l'expiration de la guerre ou du délai fixé, être convertie en expulsion ordinaire ou en expulsion extraordinaire définitive.

Le délai fixé primitivement peut être prolongé une fois.

III. DES PERSONNES QUI PEUVENT ÊTRE EXPULSÉES

Art. 28. — Peuvent être expulsés :

1° Les étrangers qui sont entrés sur le territoire frauduleusement, en violation des règlements sur l'admission des étrangers ; mais, s'il n'y a pas d'autre motif d'expulsion, ils ne peuvent plus être expulsés après avoir séjourné six mois dans le pays ;

2° Les étrangers qui ont établi leur domicile ou leur résidence dans les limites du territoire, en violation d'une défense formelle ;

3° Les étrangers qui, au moment où ils ont franchi la frontière, étaient atteints de maladies de nature à compromettre la santé publique ;

4° Les étrangers en état de mendicité et de vagabondage, ou à la charge de l'assistance publique ;

5° Les étrangers condamnés par les tribunaux du pays pour des infractions d'une certaine gravité ;

6° Les étrangers condamnés à l'étranger ou s'y trouvant sous le coup de poursuites pour des infractions graves qui, selon la législation du pays ou d'après les traités d'extradition conclus par l'État avec d'autres États, pourraient donner lieu à leur extradition ;

7° Les étrangers qui se rendent coupables d'excitations à la perpétration d'infractions graves contre la sécurité publique, bien que ces excitations, comme telles, ne soient pas punissables selon la loi territoriale et que les infractions ne doivent se consommer qu'à l'étranger;

8° Les étrangers qui, sur le territoire de l'État, se rendent coupables ou fortement suspects d'attaques, soit par la presse, soit autrement, contre un État ou un souverain étranger, ou contre les institutions d'un État étranger, pourvu que ces faits soient punissables d'après la loi de l'État expulsant, si, commis à l'étranger par des indigènes, ils étaient dirigés contre cet État lui-même;

9° Les étrangers qui, pendant leur séjour sur le territoire de l'État, se rendent coupables d'attaques ou d'outrages publiés par la presse étrangère contre l'État, la nation ou le souverain;

10° Les étrangers qui, en temps de guerre ou au moment où une guerre est imminente, compromettent, par leur conduite, la sécurité de l'État.

Art. 20. — Il peut être interdit aux réfractaires et déserteurs étrangers de séjourner ou de circuler dans une zone limitrophe du pays d'où ils viennent; sans préjudice des dispositions plus sévères des traités internationaux.

IV. DE LA FORME DE L'EXPULSION

Art. 30. — L'acte ordonnant l'expulsion est notifié à l'expulsé. Il doit être motivé en fait et en droit.

Art. 31. — Si l'expulsé a la faculté de recourir à une haute cour judiciaire ou administrative, il doit être informé, par l'acte même, et de cette circonstance et du délai à observer.

Art. 32. — L'acte mentionne de même le délai dans lequel l'étranger devra quitter le pays. Ce délai ne peut être de moins d'un jour franc. Si l'expulsé est en liberté, on ne doit pas user de contrainte envers lui pendant ce délai.

Art. 33. — L'étranger auquel il a été enjoint de sortir du territoire est tenu de désigner la frontière par laquelle il entend sortir; il reçoit une feuille de route, réglant son itinéraire et la durée de son séjour dans chaque localité. En cas de contravention, il est conduit à la frontière par la force publique.

V. DES RECOURS

Art. 34. — Il est désirable que, pour les expulsions ordinaires, même en dehors des cas où, de par la loi, la personne est déclarée exempte d'expulsion, on ouvre à l'expulsé un recours à une haute cour judiciaire ou administrative, indépendante du gouvernement.

Art. 35. — La cour ne se prononce que sur la légalité de l'expulsion; elle n'apprécie ni la conduite de la personne, ni les circonstances qui ont paru au gouvernement rendre l'expulsion nécessaire.

Art. 36. — Dans le cas du nº 10 de l'article 28, il n'y a pas de recours.

Art. 37. — L'expulsion peut être exécutée provisoirement nonobstant le recours.

Art. 38. — En tant qu'une expulsion est conforme aux principes du droit des gens formulés dans le présent Règlement, le gouvernement qui l'a exécutée est à l'abri de toute réclamation diplomatique.

Art. 39. — Le gouvernement pourra toujours révoquer l'expulsion ou en suspendre temporairement les effets.

VI. DE L'EXPULSION DES ÉTRANGERS DOMICILIÉS, EN PARTICULIER

Art. 40. — Les étrangers domiciliés sur le territoire ne peuvent être expulsés qu'en vertu des dispositions nºs 7-10 de l'article 28 et, en vertu du no 6 dudit article, que si les peines auxquelles ils sont condamnés à l'étranger ne sont pas encore accomplies complètement ou remises, ou si la condamnation prononcée par un tribunal étranger est postérieure à leur établissement dans le pays.

ART. 41. — L'expulsion d'étrangers domiciliés, résidants ou ayant un établissement de commerce, ne doit être prononcée que de manière à ne pas trahir la confiance qu'ils ont eue dans les lois de l'État. Elle doit leur laisser la liberté d'user, soit directement, si c'est possible, soit par l'entremise de tiers par eux choisis, de toutes les voies légales pour liquider leur situation et leurs intérêts, tant actifs que passifs, sur le territoire.

X

Occupation de territoires.

En séance du 12 septembre 1885, à Bruxelles, l'Institut mit à son ordre du jour, sur la proposition de M. DE MARTITZ, une question ainsi formulée : « *Examen de la théorie de la conférence de Berlin sur l'occupation des territoires* » (*Annuaire*, t. VIII, p. 346). A Heidelberg, en 1887, il se borna à prendre connaissance d'un rapport suivi de conclusions, déposé par M. de Martitz (*Ann.*, t. IX, p. 244 et suiv.).

Malgré l'absence de M. de Martitz, l'assemblée de Lausanne, en 1888, ne crut pas pouvoir différer l'examen des conclusions proposées par lui. Mais le Bureau avait communiqué, d'autre part, dès la session de Heidelberg, un « Projet de déclaration internationale en vue de déterminer les règles à suivre dans les occupations de territoires », dont l'auteur est M. ENGELHARDT. Après avoir pris connaissance d'observations écrites présentées au nom de M. WESTLAKE, puis discuté et rejeté les articles 1 et 2 des conclusions de M. de Martitz, l'assemblée de Lausanne prit pour base de ses délibérations définitives le projet de M. Engelhardt.

Des conclusions, dont le texte se trouve ci-après, furent votées dans la séance plénière du 7 septembre 1888 (*Ann.*, t. X, p. 176 et 201).

Il y a lieu de noter ici, incidemment, que certains articles du projet de M. Engelhardt, quoique non compris dans le texte adopté, furent formellement réservés pour faire l'objet d'une étude spéciale. Une commission nouvelle (la sixième) fut constituée, pour s'occuper de la question de la traite et de la police des navires négriers, à laquelle se rapportaient ces articles. Nous avons indiqué ci-dessus, p. 93, sous la rubrique *Traite maritime*, la suite qui, jusqu'à ce jour, a été donnée par l'Institut à cette question spéciale.

Projet de déclaration internationale relative aux occupations de territoires, adopté par l'Institut, à Lausanne le 7 septembre 1888.

Article Ier. — L'occupation d'un territoire à titre de souveraineté ne pourra être reconnue comme effective que si elle réunit les conditions suivantes :

1° La prise de possession d'un territoire enfermé dans certaines limites, faite au nom du gouvernement ;

2° La notification officielle de la prise de possession.

La prise de possession s'accomplit par l'établissement d'un pouvoir local responsable, pourvu de moyens suffisants pour maintenir l'ordre et pour assurer l'exercice régulier de son autorité dans les limites du territoire occupé. Ces moyens pourront être empruntés à des institutions existantes dans le pays occupé.

La notification de la prise de possession se fait, soit par la publication dans la forme qui, dans chaque État, est en usage pour la notification des actes officiels, soit par la voie diplomatique. Elle contiendra la détermination approximative des limites du territoire occupé.

Art. II. — Les règles énoncées dans l'article ci-dessus sont applicables au cas où une puissance, sans assumer l'entière souveraineté d'un territoire et tout en maintenant, avec ou sans restrictions, l'autonomie administrative indigène, placerait ce territoire sous son *protectorat*.

Art. III. — Si la prise de possession donnait lieu à des réclamations fondées sur des titres antérieurs, et si la procédure diplomatique ordinaire n'amenait pas une entente entre les parties intéressées, celles-ci feraient appel, soit aux bons offices, soit à la médiation, soit à l'arbitrage d'une ou plusieurs tierces puissances.

Art. IV. — Sont proscrites toute guerre d'extermination des tribus indigènes, toutes rigueurs inutiles, toutes tortures, même à titre de représailles.

Art. V. — Dans les territoires visés par la présente déclaration, l'autorité respectera ou fera respecter tous les droits, notamment la propriété privée, tant indigène qu'étrangère, tant individuelle que collective.

Art. VI. — Ladite autorité a le devoir de veiller à la conservation des populations indigènes, à leur éducation et à l'amélioration de leurs conditions morales et matérielles.

Elle favorisera et protégera, sans distinction de nationalité, toutes les institutions et entreprises particulières créées et organisées à ces fins, sous la réserve que les intérêts politiques de l'État occupant ou protecteur ne seront point compromis ou menacés par l'action ou par les tendances de ces institutions et entreprises.

Art. VII. — La liberté de conscience est garantie aux indigènes comme aux nationaux et aux étrangers.

L'exercice de tous les cultes ne sera soumis à aucune restriction ni entrave.

On proscrira, toutefois, les pratiques contraires aux lois de la morale et de l'humanité.

ART. VIII. — L'autorité préparera l'abolition de l'esclavage.

L'achat ou l'emploi des esclaves pour le service domestique, par d'autres que par des indigènes, seront immédiatement interdits.

ART. IX. — La traite sera interdite dans toute l'étendue des territoires visés par la présente déclaration.

Ces territoires ne pourront servir ni de marchés, ni de voie de transit pour la vente des esclaves, et les mesures les plus rigoureuses seront prises contre ceux qui se livreraient ou qui seraient intéressés à ce trafic.

On empêchera l'introduction et le commerce intérieur des cangues et autres instruments de supplice à l'usage des propriétaires d'esclaves.

ART. X. — Le débit des boissons fortes sera réglementé et contrôlé de façon à préserver les populations indigènes des maux résultant de leur abus.

XI

Fleuves internationaux.

A

Le Congo.

Dès la session de Paris, en 1878, M. MOYNIER avait appelé l'attention de l'Institut sur la navigation du Congo et sur la nécessité de la soumettre à une surveillance internationale (*Annuaire*, t. III, p. 155). A son tour, M. DE LAVELEYE, dans la *Revue de droit international* (t. XV, 1883, p. 251), avait préconisé pour ce fleuve la neutralisation ou un régime international. Cette idée de neutralisation trouva un contradicteur en sir Travers Twiss (même *Revue*, t. XV, p. 437, 547). Dans la session de Munich, M. Moynier donna lecture à l'Institut, le 4 septembre 1883, d'un mémoire approfondi (*Ann.*, t. VII, p. 250), qui fut renvoyé séance tenante à une commission. Le 7 du même mois, cette commission, par l'organe de M. ARNTZ, rapporteur, proposa la *Conclusion* suivante, qui fut adoptée (*ib.*, p. 278) :

Conclusion de 1883, relative au Congo.

L'Institut de droit international exprime le vœu que le principe de la liberté de navigation, pour toutes les nations, soit appliqué au fleuve du Congo et à ses affluents, et que toutes les puissances s'entendent sur des mesures propres à prévenir les conflits entre nations civilisées dans l'Afrique équatoriale.

L'Institut charge son Bureau de transmettre ce vœu aux diverses puissances, en y joignant, mais seulement à titre d'information, le mémoire qui lui a été présenté par l'un de ses membres, M. Moynier, dans la séance du 4 septembre 1883.

B

Navigation des fleuves internationaux.

Cet objet fut porté d'office à l'ordre du jour de l'Institut dans l'intervalle entre les sessions de Munich et de Bruxelles (1883-1885), sur la proposition de M. DE MARTENS.

Dans la session de Bruxelles (séance du 11 septembre 1885), l'auteur de la proposition, devenu le rapporteur de la Commission d'études, déposa un rapport où il exposait ses idées (*Annuaire*, t. VIII, p. 272-289). M. de Martens élabora ensuite un *Projet* complet *de règlement*, qui fut transmis aux membres de l'Institut dans la circulaire du Bureau du mois de mai 1887 (voir *Revue de droit international*, t. XIX, p. 171-174) et donna lieu à d'importantes communications de MM. ENGELHARDT et KAMAROVSKY (*Annuaire*, t. IX, p. 156 et suiv.). Ce projet, discuté dans la séance du 9 septembre 1887, à Heidelberg, y fut voté avec quelques légères modifications, sous la forme suivante (*Ann.*, t. IX, p. 182):

Projet de règlement organique pour la navigation des fleuves internationaux, adopté par l'Institut, à Heidelberg, le 9 septembre 1887.

DISPOSITIONS GÉNÉRALES

ARTICLE PREMIER. — Les États riverains d'un fleuve navigable sont obligés, dans l'intérêt général, de régler d'un commun accord tout ce qui a rapport à la navigation de ce fleuve.

ART. 2. — Les affluents navigables des fleuves internationaux sont, à tous égards, soumis au même régime que les fleuves dont ils sont tributaires, conformément à l'accord établi entre les États riverains et au présent règlement.

ART. 3. — La navigation dans tout le parcours des fleuves internationaux, du point où chacun d'eux devient navigable jusqu'à la mer, est entièrement libre et ne peut, sous le rapport du commerce, être interdite à aucun pavillon.

La frontière des États séparés par le fleuve est marquée par le thalweg, c'est-à-dire par la ligne médiane du chenal.

ART. 4. — Les sujets et les pavillons de toutes les nations sont traités, sous tous les rapports, sur le pied d'une parfaite égalité. Il ne sera fait aucune distinction entre les sujets des États riverains et ceux des États non riverains.

ART. 5. — Les droits de navigation prélevés sur les fleuves internationaux auront pour but exclusif de couvrir les frais des travaux d'amélioration de ces fleuves et ceux de l'entretien de la navigabilité en général.

Art. 6. — En temps de guerre, la navigation sur les fleuves internationaux est libre pour les pavillons des nations neutres, sauf l'observation des restrictions imposées par la force des choses.

Art. 7. — Tous les ouvrages et établissements créés dans l'intérêt de la navigation, notamment les bureaux de perception et leurs caisses, de même que le personnel attaché d'une manière permanente au service de ces établissements, sont placés sous la garantie de la neutralité permanente et, en conséquence, seront protégés et respectés par les États belligérants.

DISPOSITIONS SPÉCIALES

Art. 8. — Tous les bâtiments à voiles ou à vapeur, sans distinction aucune de nationalité, sont autorisés à transporter des passagers et des marchandises, ou à pratiquer le remorquage entre tous les ports situés le long des fleuves internationaux.

Les bâtiments étrangers, soit maritimes, soit fluviaux, ne seront admis à l'exercice régulier du petit cabotage, c'est-à-dire au trafic exclusif et continu entre ports d'un même État riverain, qu'en vertu d'une concession spéciale de cet État.

Art. 9. — Les navires et les marchandises transitant sur les fleuves internationaux, ne sont soumis à aucun droit de transit, quelle que soit leur provenance ou leur destination.

Art. 10. — La navigation des fleuves internationaux est libre des droits d'étape, d'échelle, de dépôt, de rompre-charge ou de relâche forcée; aucun péage maritime ou fluvial ne peut être prélevé.

Art. 11. — Il peut être prélevé des taxes ou droits ayant le caractère de rétribution pour l'usage effectif des établissements des ports, tels que grues, balances, quais et magasins.

ART. 12. — Les droits de douane, d'octroi ou de consommation établis par les États riverains ne pourront en aucune manière entraver la libre navigation.

ART. 13. — Les taxes de port pour l'usage effectif des grues, balances, etc., ainsi que les droits de pilotage et ceux de phare, de fanal et de balisage, destinés à couvrir les dépenses techniques et administratives faites dans l'intérêt de la navigation, seront fixés par des tarifs publiés officiellement dans tous les ports des fleuves internationaux.

ART. 14. — Les tarifs susmentionnés seront élaborés par les commissions mixtes des États riverains.

ART. 15. — Les tarifs ne comporteront aucun traitement différentiel.

ART. 16. — Les tarifs des taxes mentionnées à l'article 13 seront calculés sur les dépenses de construction et d'entretien des établissements locaux et d'après le tonnage des navires indiqué dans les papiers de bord.

ART. 17. — Les États riverains n'ont la faculté de prélever des droits de douane sur les marchandises transportées par les fleuves internationaux que si elles doivent être introduites dans le territoire de ces États.

ART. 18. — Les navires ne peuvent décharger leur cargaison en tout ou en partie que dans les ports et autres lieux riverains pourvus d'un bureau de douane, sauf les cas de force majeure.

ART. 19. — Les navires en cours de voyage et munis de papiers réglementaires ne peuvent être arrêtés sous aucun prétexte par les autorités des douanes des États riverains, si les deux rives appartiennent à des États différents.

ART. 20. — Les navires qui entrent dans la partie d'un fleuve international dont les deux rives appartiennent à un seul État sont obligés d'acquitter les droits de douane imposés par le tarif local aux marchandises importées dans le territoire de cet État.

Les marchandises de transit ne sont soumises qu'au plombage et à la surveillance spéciale des autorités douanières.

Art. 21. — Les États riverains arrêteront entre eux un ensemble de dispositions de police destinées à régler l'usage du fleuve dans l'intérêt spécial de la sécurité et de l'ordre publics.

Art. 22. — Des tribunaux spéciaux de navigation ou ceux de droit commun existant dans les États riverains connaîtront, en appel, des pénalités pour les infractions aux règlements de police établis sur la base d'une parfaite égalité pour tous les navires, sans distinction aucune de nationalité.

Art. 23. — Des établissements quarantenaires sont fondés, par l'initiative des États riverains, aux embouchures des fleuves internationaux ; le contrôle sur les bâtiments est exercé tant à l'entrée qu'à la sortie.

Le contrôle sanitaire sur les navires, dans le cours de la navigation fluviale, est exercé sur la base des dispositions spéciales établies par les commissions riveraines.

Art. 24. — Les travaux nécessaires pour garantir la navigabilité des fleuves internationaux sont entrepris, soit directement par les États, soit par l'initiative des commissions riveraines.

Art. 25. — Chaque État riverain est libre de prendre les mesures qu'il juge utiles pour entretenir et améliorer, à ses propres frais, la navigabilité des parties des fleuves internationaux soumises à sa souveraineté.

Art. 26. — Dans tous les cas, il est interdit d'entreprendre des ouvrages qui peuvent modifier l'économie des eaux communes ou gêner la navigation, et contre lesquels ont protesté les autres États riverains.

Art. 27. — Les autorités préposées à la navigation sur les fleuves internationaux sont :

1° Les autorités des États riverains ;

2° La commission riveraine, composée des délégués des États souverains.

Art. 28. — Chaque État riverain conserve ses droits souverains sur les parties des fleuves internationaux soumises à sa souveraineté, dans les limites établies par les stipulations de ce règlement et les traités ou conventions.

Art. 29. — La commission riveraine prend ses décisions à la majorité des voix. En cas de partage, le président a voix prépondérante.

Toutefois, un vote ne lie pas les États représentés dans la minorité, si d'avance les délégués de ces États se sont formellement opposés à l'exécution de la mesure proposée.

Art. 30. — La commission riveraine est une autorité permanente sur les fleuves internationaux ; elle a les attributions suivantes :

1° Elle désigne et fait exécuter les travaux indispensables pour améliorer et développer la navigabilité des fleuves ;

2° Elle arrête et met en application les tarifs des droits de navigation et autres mentionnés dans les articles 13 à 18 ;

3° Elle élabore les règlements de police fluviale ;

4° Elle veille à l'entretien en bon état des ouvrages et à la stricte observation des dispositions de ce règlement international ;

5° Elle nomme l'inspecteur en chef de la navigation sur le fleuve international.

Art. 31. — L'inspecteur en chef fonctionne comme organe

de la commission riveraine et sous la direction de celle-ci. Son autorité s'exerce indistinctement à l'égard de tous les pavillons.

Art. 32. — L'inspecteur en chef veille à l'application de ce règlement international ainsi que du règlement spécial fluvial, et à la police de la navigation.

Art. 33. — Ce fonctionnaire a le droit de requérir directement, dans l'exercice de ses fonctions, l'assistance des postes militaires ou celle des autorités locales riveraines.

Art. 34. — Les inspecteurs locaux et les employés des bureaux de perception et de la quarantaine sont nommés par chaque État riverain ; mais ils exercent leurs attributions sous les ordres de l'inspecteur en chef et ont, comme lui, un caractère international.

Art. 35. — Deux ou plusieurs États riverains peuvent se concerter pour la nomination d'un même délégué à la commission riveraine et d'un même inspecteur local, ou des employés des bureaux de perception, de la quarantaine, des juges des tribunaux, etc.

Art. 36. — L'inspecteur en chef prononce en première instance l'application des amendes encourues à raison des contraventions aux règlements de navigation et de police.

Art. 37. — Le recours contre ses jugements peut être porté soit devant un tribunal de navigation établi à cet effet, ou une cour locale spécialement désignée par chaque État riverain, soit devant la commission riveraine.

Art. 38. — Chaque État riverain nomme les ingénieurs qui sont chargés de veiller à l'entretien et à l'amélioration de la section du fleuve soumise à sa souveraineté.

Art. 39. — Les puissances fixeront d'un commun accord le système de mesurage et de jaugeage pour l'évaluation de la capacité des bâtiments fluviaux et maritimes, avec force obligatoire pour toutes les nations.

Art. 40. — En cas de guerre entre les États riverains, la propriété flottante sur un fleuve international, sans distinction entre la propriété neutre et la propriété ennemie, sera traitée suivant l'analogie de la protection de la propriété ennemie en cas de guerre sur terre.

XII

Lois et coutumes de la guerre.

A

Examen de la Déclaration de Bruxelles de 1874.

A la suite d'une communication faite par M. Bluntschli, qui avait été l'un des délégués de l'empire allemand au Congrès de Bruxelles pour la réforme des lois et usages de la guerre, l'Institut, en sa session de Genève, de 1874, avait chargé une Commission d'étudier la *Déclaration* faite en ce Congrès par les délégués des États européens, et de lui présenter son avis et ses propositions supplémentaires sur ce sujet (*Annuaire*, t. Ier, p. 35 et 47).

Pour arriver à ce but, M. Rolin-Jaequemyns adressa en février 1875 aux membres de la Commission et communiqua aux autres membres de l'Institut un questionnaire, relatif aux difficultés générales ou spéciales, théoriques ou pratiques, auxquelles l'examen de la Déclaration de Bruxelles pouvait donner lieu (*Revue de droit international*, t. VII, pp. 438-447). Il rédigea ensuite un rapport, en forme d'analyse critique des diverses réponses envoyées au questionnaire. A ces documents se joignirent un projet de texte revisé de la Déclaration de Bruxelles par M. Moynier, des lettres de MM. de Parieu et

BEACH LAWRENCE, un mémoire de M. M. BERNARD, et une note importante et étendue de M. BESOBRASOF (*Revue*, T. VII, pp. 448-552).

Les membres de la Commission, réunis à La Haye, pensèrent qu'il ne serait ni opportun, ni même possible d'entrer dans l'examen de toutes les questions de détail, mais qu'ils avaient à proposer à l'Institut d'émettre une appréciation d'ensemble sur l'utilité en général d'une réglementation internationale du droit de la guerre, et spécialement sur la valeur de la Déclaration de Bruxelles, au point de vue de l'humanité et de la science. Le résultat des délibérations de la commission fut l'adoption par la majorité d'un projet de résolutions à soumettre à l'Institut en séance plénière. L'Institut, à son tour, après délibération en séance du 30 août 1875, s'appropria le projet moyennant quelques légères modifications (*Ann.*, t. Ier, p. 90 et suiv.)

Le texte adopté par lui est ainsi conçu (*ib.*, p. 133) :

Réglementation des lois et coutumes de la guerre.

EXAMEN PAR L'INSTITUT DE LA DÉCLARATION DE BRUXELLES DE 1874 (CONCLUSIONS ADOPTÉES A LA HAYE)

I. — Il est désirable que les lois et coutumes de la guerre soient réglementées par voie de convention, de déclaration ou d'accord quelconque entre les différents États civilisés.

II. — Une semblable réglementation ne saurait sans doute avoir pour effet la suppression complète des maux et des dangers que la guerre entraîne, mais elle peut les atténuer dans une mesure considérable, soit en déterminant les limites que la conscience juridique des peuples civilisés impose à l'emploi de la force, soit en mettant le faible sous la protection d'un droit positif.

III. — Le projet de Déclaration arrêté à Bruxelles, sur l'initiative généreuse de S. M. l'Empereur de Russie, tout en ayant beaucoup d'analogie avec les Instructions américaines du président Lincoln, a sur elles le double avantage d'étendre aux relations internationales un règlement fait pour un seul État, et de contenir des prescriptions nouvelles, conçues dans un esprit à la fois pratique, humain et progessif.

IV. — Mis en regard du droit de la guerre, tel qu'on le trouve exposé dans les ouvrages les plus récents, le projet de Bruxelles est, pour toutes les matières qu'il embrasse et quant au fond, à la hauteur de la science actuelle. — Sans doute, l'élasticité ou le vague de certaines expressions peut donner prise, au point de vue juridique, à une critique rigoureuse; mais cet inconvénient doit être regardé comme une conséquence inévitable de la nécessité d'obtenir, avant tout, une entente entre les divers États, et d'assurer cette entente par des concessions mutuelles. Rien n'empêchera, d'ailleurs, de reviser la déclaration lorsqu'on se trouvera d'accord sur des améliorations à y introduire, lorsqu'une théorie et une pratique nouvelles auront dissipé les doutes, résolu les controverses, rendu possible le développement de principes dont un accord conclu aujourd'hui ne saurait contenir que le germe.

V. — Si l'on examine la manière dont la guerre a été pratiquée jusqu'ici, le projet de Déclaration ouvre la perspective de progrès importants, dont les résultats semblent devoir être d'autant plus durables que l'on s'abstiendra davantage de formuler des vœux utopiques, et d'imposer aux armées, au nom d'une philanthropie mal entendue, des exigences incompatibles avec leur sécurité et avec la poursuite des opérations militaires.

VI. — Les dispositions du projet de Déclaration relatives à l'occupation du territoire ennemi sont l'application de ce principe vrai: que le fait seul de l'occupation ne confère aucun droit de souveraineté, mais que la cessation de la résistance locale et la retraite du gouvernement national, d'une part, la présence de l'armée envahissante, de l'autre, créent pour celle-ci et pour le gouvernement qu'elle représente un ensemble d'obligations et de droits essentiellement provisoires. Le projet tend surtout, dans cet ordre d'idées, à tracer les limites de ces droits et à déterminer ces obligations, dictées par la nécessité de maintenir l'ordre social et de protéger la sécurité individuelle et la propriété privée, en l'absence momentanée de tout gouvernement régulier. Les règles tracées à cet égard sont sans doute susceptibles d'améliorations de détail, mais dès à présent elles sont au fond plus favorables aux citoyens paisibles et aux propriétés publiques et privées du pays occupé, que la pratique suivie jusqu'ici et que la doctrine de la plupart des auteurs.

VII. — Le projet de Déclaration implique une distinction fondée entre trois catégories de personnes, savoir les combattants réguliers, qu'il faut traiter comme tels, — les habitants paisibles, qu'il faut protéger dans leurs personnes et dans leurs propriétés, — et les combattants irréguliers, qui, méconnaissant les lois de la guerre, ne méritent point d'être traités comme des ennemis loyaux. Cette distinction est fondée sur la manière actuelle d'envisager la guerre, qui se fait entre les États et non entre les particuliers. Elle n'entrave en rien la défense nationale la plus énergique par la masse de la population armée. Elle ajoute même à l'efficacité éventuelle de cette défense, en la soumettant à des conditions d'ordre et d'organisation, seules compatibles avec la conduite d'une guerre régulière entre nations civilisées. — Il est nécessaire, dans ce but, d'exiger pour les comb ants réguliers, sauf l'exception prévue par l'article 10, un signe distinctif, fixe, reconnaissable à distance, et d'ailleurs aisé à se procurer, afin que les armées en marche puissent reconnaître si elles ont devant elles des habitants paisibles qu'il faut protéger, ou des ennemis qu'il faut combattre.

VIII. — Les dispositions concernant les contributions et réquisitions sont également en progrès sur la pratique généralement admise dans les guerres antérieures. L'article 42 en particulier, en exigeant que, pour toute réquisition, il soit accordé une indemnité ou délivré un reçu, formule un principe dont l'avenir et une expérience plus humaine développeront les conséquences.

IX. — Les représailles sont une exception douloureuse, mais inévitable dans certains cas, au principe général d'équité d'après lequel un innocent ne doit pas souffrir pour un coupable. Du moment où l'on ne peut les prohiber complètement, il serait à désirer que, conformément au projet russe primitif, on les comprît dans la Déclaration, pour avoir l'occasion de les limiter d'après les principes suivants:

1° Leur mode d'exercice et leur étendue ne devraient pas dépasser le degré de l'infraction commise par l'ennemi;

2° Elles seraient formellement interdites dans le cas où l'infraction dont on a lieu de se plaindre aurait été réparée;

3° Elles ne pourraient s'exercer qu'avec l'autorisation du commandant en chef;

4° Elles respecteraient dans tous les cas les lois de l'humanité et de la morale.

X. — L'Institut, sans vouloir entrer dans l'examen détaillé de tous les articles de la Déclaration, croit pouvoir recommander à l'attention des gouvernements et de leurs délégués, appelés à reviser et à compléter l'œuvre de la Conférence de Bruxelles, les observations et propositions présentées individuellement par divers membres de la Commission, entre autres:

a. Les divers projets de définition de l'occupation guerrière, notamment la définition suivante : « un territoire est « considéré comme occupé du moment, aussi longtemps, et « aussi complètement que l'État dont il relève est empêché, « par la cessation de la résistance locale, d'y exercer publi- « quement son autorité souveraine ; »

b. La proposition de dire qu'il est du devoir de l'autorité militaire de notifier le plus tôt possible, aux habitants d'un territoire occupé, que l'occupation est établie ;

c. La proposition d'appliquer le principe général de la restitution ou des indemnités aux dépôts d'armes et de munitions appartenant à des particuliers du pays occupé, comme à toute autre propriété privée ennemie ;

d. La proposition d'ajouter à l'énumération des moyens de guerre interdits, la destruction ou le ravage, par voie d'inondation, d'incendie, etc., dans un but momentané de guerre, d'une partie considérable du territoire ou des productions durables du sol ennemi ;

e. La proposition de prendre des mesures pour assurer le caractère sérieux et régulier des quittances ou reçus délivrés aux habitants du pays occupé, dont on exige des prestations ou services, des contributions ou des réquisitions ;

f. Le vœu que les différentes Puissances fassent entrer les règles du droit international dans l'instruction de leurs armées.

XI. — L'Institut adhère aux vœux suivants formulés dans le sein de la Conférence de Bruxelles :

1° Par M. le général Arnaudeau, en faveur d'une entente entre les Puissances, pour établir la concordance des modes de répression actuellement prescrits par leurs codes militaires, et pour rechercher les bases d'un accord, en vue d'unifier les pénalités applicables aux crimes, délits et contraventions commis en violation du droit international (*droit pénal de la guerre*);

2° Par MM. le baron Blanc et le colonel comte Lanza, afin que toutes les parties des règlements militaires intéressant les rapports des belligérants entre eux soient, par une entente des gouvernements, soumises à un travail d'unification;

3° Par M. le colonel Brun, de sanctionner la disposition suivante: « Après un combat, les belligérants sont tenus de « communiquer à la partie adverse la liste des morts tombés « en leur pouvoir. Pour rendre cette mesure plus facile, il « serait désirable que chaque soldat fût muni d'une marque « indiquant son numéro (son nom?) et le nom de son régi« ment, ainsi que le numéro de sa compagnie. »

B

Devoirs internationaux des États neutres. — Règles de Washington.

En 1871, à propos de l'affaire de l'*Alabama*, les cabinets de Washington et de Saint-James avaient conclu, à Washington, un traité qui fixait les devoirs des États neutres, spécialement en ce qui concerne l'équipement de corsaires dans leurs ports. Dès sa session de Genève, en 1874, l'Institut mit à son ordre du jour l'examen des trois règles proposées dans ledit traité. Chacun des membres de la Commission, MM. Calvo, Hautefeuille, Lorimer, Rolin et Woolsey, fit sur la matière un travail personnel et indépendant. M. Bluntschli, rapporteur, après avoir résumé ces études, proposa une résolution, qui, amendée et amplifiée par la Commission, servit de base aux délibérations de l'Institut, à la session de La Haye (*Annuaire*, t. Ier, p. 33).

Ces délibérations eurent lieu le 30 août 1875 (*ib.*, p. 108) et aboutirent à l'adoption des conclusions suivantes (*ib.*, p. 139):

Devoirs internationaux des États neutres. — Règles de Washington.

CONCLUSIONS ADOPTÉES A LA HAYE

I. — L'État neutre désireux de demeurer en paix et amitié avec les belligérants et de jouir des droits de la neutralité, a le devoir de s'abstenir de prendre à la guerre une part quelconque, par la prestation de secours militaires à l'un des belligérants ou à tous les deux, et de veiller à ce que son territoire ne serve pas de centre d'organisation ou de point de départ à des expéditions hostiles contre l'un d'eux ou contre tous les deux.

II. — En conséquence, l'État neutre ne peut mettre, d'une manière quelconque, à la disposition d'aucun des États belligérants, ni leur vendre, ses vaisseaux de guerre ou vaisseaux de transport militaire, non plus que le matériel de ses arsenaux ou de ses magasins militaires, en vue de l'aider à poursuivre la guerre. En outre, l'État neutre est tenu de veiller à ce que d'autres personnes ne mettent des vaisseaux de guerre à la disposition d'aucun des États belligérants dans ses ports ou dans les parties de mer qui dépendent de sa juridiction.

III. — Lorsque l'État neutre a connaissance d'entreprises ou d'actes de ce genre, incompatibles avec la neutralité, il est tenu de prendre les mesures nécessaires pour les empêcher, et de poursuivre comme responsables les individus qui violent les devoirs de la neutralité.

IV. — De même, l'État neutre ne doit ni permettre ni souffrir que l'un des belligérants fasse de ses ports ou de ses eaux la base d'opérations navales contre l'autre, ou que les vaisseaux de transport militaire se servent de ses ports ou de ses eaux, pour renouveler ou augmenter leurs approvisionnements militaires ou leurs armes, ou pour recruter des hommes.

V. — Le seul fait matériel d'un acte hostile commis sur le territoire neutre ne suffit pas pour rendre responsable l'État neutre. Pour qu'on puisse admettre qu'il a violé son devoir, il faut la preuve soit d'une intention hostile *(dolus)*, soit d'une négligence manifeste *(culpa)*.

VI. — La puissance lésée par une violation des devoirs de neutralité n'a le droit de considérer la neutralité comme éteinte, et de recourir aux armes pour se défendre contre l'État qui l'a violée, que dans les cas graves et urgents, et seulement pendant la durée de la guerre.

Dans les cas peu graves ou non urgents, ou lorsque la guerre est terminée, des contestations de ce genre appartiennent exclusivement à la procédure arbitrale.

VII. — Le tribunal arbitral prononce *ex bono et æquo* sur les dommages et intérêts que l'État neutre doit, par suite de sa responsabilité, payer à l'État lésé, soit pour lui-même, soit pour ses ressortissants.

C

Réglementation des lois et coutumes de la guerre.

Après avoir adopté à La Haye les *Résolutions* reproduites ci-dessus (p. 156) relativement à l'objet de la Déclaration de Bruxelles de 1874, l'Institut avait chargé la même Commission « de suivre *éventuellement* les progrès de la réglementation des lois et usages de la guerre ». La Commission n'eut pas, dans les années suivantes, l'occasion de faire aucune étude sur la matière (*Annuaire,* t. II, p. 131). Lorsque la guerre éclata, en 1877, entre la Russie et la Turquie, le Bureau, sur l'initiative de M. Moynier, publia un *Appel aux belligérants et à la presse*, rédigé par MM. Bluntschli, Moynier et Rolin-Jaequemyns, à l'effet de rappeler « qu'il existe un droit de la guerre, encore imparfait sans doute, mais obligeant dès à présent les belligérants à l'observation de certaines règles nettement déterminées », et d'indiquer celles de ces règles qui devaient être considérées d'ores et déjà comme faisant partie du droit public européen (*ib.*, p. 132).

L'Institut, dans sa session de Zurich, fut appelé à se prononcer sur la circulaire que le Bureau avait publiée en son nom, et, en séance du 11 septembre 1877, il en ratifia, à l'unanimité, la rédaction et la publication (p. 138). Il examina ensuite s'il n'y aurait pas lieu de la confirmer par une *Déclaration* plus développée, qui serait insérée dans ses procès-verbaux et livrée à la publicité; après s'être prononcé pour l'affirmative, il chargea MM. Moynier et Rolin-Jaequemyns de rédiger le texte de cette Déclaration.

Ce texte fut adopté, en séance du 12 septembre 1877, sous la forme suivante (p. 141, 151):

Application du droit des gens à la guerre de 1877 entre la Russie et la Turquie.

Observations et vœux délibérés par l'Institut de droit international, en séance du 12 septembre 1877.

L'Institut de droit international, réuni en session ordinaire à Zurich, déclare qu'il approuve, et ratifie de la manière la plus complète, l'*Appel aux belligérants et à la presse* publié en son nom par son Bureau, sous la date du 28 mai 1877.

S'inspirant de la pensée qui a dicté cet acte, l'Institut croit ne pas pouvoir clore la présente session sans élever de nouveau la voix en faveur du droit et de l'humanité. Déterminé cependant à se limiter au rôle qui lui revient, l'Institut n'émettra pas d'opinion collective sur les faits qui ont amené la guerre actuelle entre la Russie et la Turquie, ni sur les mesures à prendre pour donner satisfaction, par la voie des traités, aux intérêts légitimes engagés dans la lutte. C'est du droit international positif, obligatoire pour tous, et non des solutions de la politique ou de la diplomatie, — c'est spécialement des lois de la guerre exactement définies par l'acte du 28 mai, de leur reconnaissance et de leur application, que l'Assemblée croit pouvoir s'occuper utilement. Même dans cette sphère limitée, elle s'abstiendra de toute appréciation qui ne serait pas fondée sur des preuves irrécusables.

De part et d'autre, les belligérants s'accusent de méconnaître les lois de la guerre. Chaque jour nous apporte le récit détaillé de nouvelles horreurs. Malheureusement, s'il faut reconnaître que la plupart de ces faits honteux pour notre siècle, alarmants pour l'avenir, ne sont que trop réels, — les moyens de rechercher la vérité au sujet de chaque cas particulier font le plus souvent défaut.

Il ne peut donc s'agir pour l'Institut de se livrer à une enquête impossible, sur un nombre chaque jour croissant d'allégations passionnées. Mais il est une autre question qu'une association de jurisconsultes, fondée pour « favoriser le progrès du droit international », a le devoir de se poser et les moyens de résoudre. C'est celle de savoir jusqu'à quel point des mesures ont été prises par les belligérants pour assurer, autant que possible, la connaissance et l'observation des lois de la guerre par leurs armées respectives.

Voici à cet égard les faits constatés.

Presque au moment où paraissait l'*Appel aux belligérants et à la presse,* un oukase impérial du 12/24 mai 1877 prescrivait à toutes les autorités civiles et militaires de l'Empire russe l'observation, non seulement de la Convention de Genève de 1864 et de la Déclaration de St-Pétersbourg de 1868, mais aussi des principes proclamés par la Conférence de Bruxelles de 1874.

Les mêmes conventions et les mêmes principes ont été portés à la connaissance des troupes russes au moyen d'une sorte de catéchisme militaire. par demandes et réponses, publié le 1/13 juin 1877 dans le *Recueil militaire russe*, organe officiel du ministre de la Guerre. Cette publication a été tirée à plusieurs milliers d'exemplaires et distribuée dans l'armée active.

Le gouvernement russe a enfin publié, le 10/22 juillet 1877, un *Règlement sur les prisonniers de guerre*, qui sanctionne comme prescriptions obligatoires pour ses armées les règles les plus humaines du droit des gens.

En regard de ces actes, qui prouvent tout au moins les efforts faits par la Russie pour enlever à ses soldats tout prétexte d'ignorance, et leur présenter l'observation des lois de la guerre comme faisant partie de leurs devoirs professionnels, l'Institut a le regret de devoir constater qu'aucun acte officiel émané du gouvernement turc n'a eu pour objet de porter d'une manière précise à la connaissance des troupes turques le droit coutumier, notamment les prescriptions de ce droit formulées dans le projet de Déclaration de Bruxelles.

En est-il du moins différemment en ce qui concerne le droit écrit, c'est-à-dire la Convention de Genève? Malheureusement non. Le texte même de ce traité vient seulement d'être traduit en langue turque pour la première fois, à la suite des représentations de plusieurs puissances neutres, signataires du même acte. Il n'est pas téméraire d'affirmer que les troupes turques ignoraient leurs obligations à cet égard, quand on voit le Gouvernement turc lui-même s'y méprendre. On lit, en effet, dans une lettre adressée le 16 novembre 1876 par Safvet Pacha, ministre des Affaires étrangères, au Conseil fédéral suisse, la phrase suivante: « comme signataire de la Convention de Genève, la Turquie a pris l'engagement de respecter et de protéger les ambulances de la Société de la Croix Rouge, en même temps qu'elle a acquis le droit de former elle-même des Sociétes ayant le même objet et régies par les mêmes règles! » On sait que, dans la convention de 1864, il n'est pas même question de sociétés de ce genre.

On peut s'étonner aussi que la Porte, signataire de la Convention de Genève dès le 5 juillet 1865, et l'ayant tacitement ratifiée par le silence de ses représentants à Bruxelles en 1874, ait attendu la fin de 1876, pour s'apercevoir que la *Croix Rouge* « blesse les susceptibilités du soldat musulman ». (Dépêche précitée du 16 novembre.)

Il est vrai que, le 13 juin 1877, le Gouvernement turc, après avoir commencé par substituer de sa propre autorité le Croissant à la Croix Rouge dans ses ambulances, a affirmé par une autre dépêche au Gouvernement fédéral suisse, que des instructions formelles venaient d'être données aux troupes ottomanes pour respecter la Croix Rouge des Russes.

L'Institut, tout en se félicitant de cette reconnaissance d'une obligation internationale, regrette de ne connaître ni la teneur, ni la date des instructions en question. Il ne peut, d'ailleurs, s'empêcher de faire remarquer que, plus de deux mois après la dépêche du 13 juin, l'Allemagne et plusieurs autres puissances signataires de la Convention de Genève se sont vues dans la nécessité de rappeler la Turquie à l'observation de ses engagements contractuels.

L'Institut n'a pas à se demander s'il entre dans la pensée de l'un des belligérants de violer ou de laisser violer par ses troupes les lois de la guerre. Mais, en dehors de la question de bonne foi, il y a une question de responsabilité qui peut résulter soit de la négligence dans l'instruction des troupes, soit de l'emploi de hordes sauvages, non susceptibles de faire une guerre régulière. Il incombe à des États qui se disent civilisés et font partie du concert européen, de repousser entièrement l'emploi de pareils auxiliaires. Un Gouvernement qui leur devrait son triomphe, se mettrait lui-même hors la loi internationale. Il deviendrait responsable de tous ces mauvais instincts qu'il n'aurait pas comprimés, de cette barbarie contre laquelle il n'aurait pas réagi.

L'Institut ne saurait donc considérer comme une excuse valable celle qui consisterait à rejeter sur des troupes irrégulières, Bachi-Bozouks, Tcherkesses, Kurdes ou autres, la responsabilité de cruautés avérées. Si ces troupes sont absolument incapables de se conduire comme des êtres humains et raisonnables, le fait seul de les employer est, comme l'enseigne depuis longtemps l'unanimité des auteurs, une infraction grave aux lois de la guerre. Si cette incapacité absolue n'existe pas, c'est au belligérant qui utilise leurs services à les régulariser.

L'Institut est loin, en signalant ces abus et en protestant contre leur maintien, de vouloir aggraver les divisions et appeler des représailles stériles. Animé d'un ardent amour de paix et de justice, l'Institut entend uniquement user de toute l'influence qu'il peut devoir à son organisation, à ses antécédents, aux études spéciales de ses membres, pour indiquer ce qui, d'après lui, serait de nature à empêcher les guerres modernes de présenter, à côté des plus nobles exemples de courage, de patriotisme et de charité, le spectacle dégradant de la férocité et de la bestialité poussées jusqu'à leurs dernières limites.

C'est dans cet esprit que l'Institut émet les vœux suivants:

1o Que, comme complément à l'œuvre commencée à Bruxelles en 1874 et conformément aux conclusions adoptées par l'Institut à La Haye en 1875, les divers États s'obligent contractuellement à l'observation de certaines lois et coutumes de la guerre;

2o Que les lois et coutumes de la guerre, à formuler par

traité, soient par cela même considérées comme placées sous la sauvegarde de l'ensemble des États européens, et que ceux-ci, en vue d'éclairer l'opinion, développent, s'il se peut, l'institution des attachés militaires chargés de suivre les armées belligérantes, et de renseigner leurs gouvernements sur les infractions graves qu'ils constateraient contre les lois de la guerre; — un excellent exemple est donné dans ce sens par la publication que le gouvernement anglais a faite des rapports du colonel Wellesley;

3° Que les divers gouvernements prennent toutes les mesures nécessaires pour porter ces lois et coutumes à la connaissance individuelle des officiers et des soldats qu'ils emploient à leur service;

4° Que comme mesure d'application garantissant la réalité des informations spéciales données tout au moins aux chefs de corps, chaque officier, avant d'entrer en campagne, signe un procès-verbal constatant que lecture lui a été donnée d'une instruction relative aux lois et coutumes de la guerre, et que, en outre, il a reçu un exemplaire de cette instruction.

A la session de Paris (1878), M. Rolin-Jaequemyns recommanda à l'attention de l'Institut « l'étude des codes et règlements que les gouvernements de divers pays ont fait récemment rédiger pour leurs armées et dans lesquels est prescrite l'observation des lois et coutumes de la guerre » (*Ann.*, t. III, p. 311).

M. Moynier se chargea de cette étude et présenta à l'Institut, à la session de Bruxelles (1879), un rapport (*ib.*, p. 312-320), auquel vint s'ajouter une *Note* de M. Hornung (*ib.*, p. 320). A la suite d'une délibération approfondie, en séances des 2 et 3 septembre 1879, sur les conclusions du rapport de M. Moynier, l'Institut chargea la Commission, qui depuis plusieurs années s'occupait de ces questions, de rédiger un *Manuel des lois et coutumes de la guerre* (*Ann.*, t. III, p. 326 et suiv.).

Ce travail, rédigé par M. MOYNIER, rapporteur, fut d'abord communiqué en épreuves à tous les membres et associés de l'Institut, puis discuté par la Commission dans des séances qu'elle tint à cet effet à Heidelberg, du 18 au 20 juin 1880, et finalement soumis à l'Institut dans sa session d'Oxford, le 9 septembre 1880, avec un second rapport de M. Moynier (*Ann.*, t. V, p. 150). Sur la proposition de M. NEUMANN, le *Manuel*, ainsi élaboré, fut adopté en bloc, dans ladite séance, à l'unanimité des membres présents, et le Bureau reçut mandat de le communiquer aux divers gouvernements de l'Europe et de l'Amérique, en y joignant une lettre d'envoi et le dernier rapport de M. Moynier (*ib.*, p. 156).

LES LOIS DE LA GUERRE SUR TERRE

Manuel publié par l'Institut de droit international

(Texte adopté à Oxford le 9 septembre 1880).

AVANT-PROPOS[1]

La guerre tient une grande place dans l'histoire, et il n'est pas présumable que les hommes parviennent de sitôt à s'y soustraire, — malgré les protestations qu'elle soulève et l'horreur qu'elle inspire, — car elle apparait comme la seule issue possible des conflits qui mettent en péril l'existence des

[1] Le présent *Manuel* a été élaboré par une commission, aux travaux de laquelle ont participé :

MM.	MM.
M. BERNARD (Grande-Bretagne).	CH. LUCAS (France).
J.-C. BLUNTSCHLI (Allemagne).	F. DE MARTENS (Russie).
DEN BEER POORTUGAEL (Pays-Bas).	L. NEUMANN (Autriche).
W.-E. HALL (Grande-Bretagne).	A. PIERANTONI (Italie).
T.-E. HOLLAND (Grande-Bretagne).	A. RIVIER (Suisse).
N. DE LANDA (Espagne).	H. SCHULZE (Allemagne).

G. MOYNIER (Suisse), *rapporteur*.

États, leur liberté, leurs intérêts vitaux. Mais l'adoucissement graduel des mœurs doit se refléter dans la manière de la conduire. Il est digne des nations civilisées de chercher, comme on l'a fort bien dit[1], « à restreindre la force destructive de la guerre, tout en reconnaissant ses inexorables nécessités ».

Ce problème n'est pas facile à résoudre ; cependant on y est déjà parvenu sur quelques points, et, en dernier lieu, le Projet de Déclaration de Bruxelles a été comme une attestation solennelle du bon vouloir de tous les gouvernements à cet égard. On peut dire qu'indépendamment des lois internationales existantes en cette manière, il y a aujourd'hui un certain nombre de principes de justice qui dirigent la conscience publique, qui se manifestent même par des coutumes générales, mais qu'il serait bon de fixer et de rendre obligatoires. C'est ce que la Conférence de Bruxelles a tenté, à l'instigation de S. M. l'Empereur de Russie, et c'est à quoi l'Institut de Droit international, à son tour, essaie aujourd'hui de contribuer. Il le fait, quoique les gouvernements n'aient pas ratifié le Projet issu de la Conférence de Bruxelles, attendu que depuis 1874 les idées ont eu le temps de mûrir, par la réflexion et par l'expérience, et qu'il semble moins difficile qu'alors de tracer des règles acceptables par tous les peuples.

L'Institut, d'ailleurs, ne propose pas un traité international, — qui peut-être serait prématuré ou tout au moins fort difficile à obtenir ; — mais, tenu par ses Statuts de travailler, entre autres choses, à l'observation des Lois de la guerre, il croit remplir un devoir en offrant aux gouvernements un *Manuel*, propre à servir de base, dans chaque État, à une

[1] Baron Jomini.

législation nationale, conforme à la fois aux progrès de la science juridique et aux besoins des armées civilisées.

On n'y trouvera pas, au surplus, de téméraires hardiesses. L'Institut, en le rédigeant, n'a pas cherché à innover; il s'est borné à préciser, dans la mesure de ce qui lui a paru admissible et pratique, les idées reçues de notre temps et à les codifier.

En agissant ainsi, il a pensé rendre service aux militaires eux-mêmes. En effet, tant que les exigences de l'opinion demeurent indéterminées, les belligérants sont exposés à des incertitudes pénibles et à des récriminations sans fin. Une réglementation positive, au contraire, si elle est judicieuse, loin d'entraver les belligérants, sert utilement leurs intérêts, puisque, en prévenant le déchaînement des passions et des instincts sauvages, — que la lutte réveille toujours, en même temps que le courage et les vertus viriles, — elle consolide la discipline qui fait la force des armées; elle ennoblit aussi, aux yeux des soldats, leur mission patriotique, en les maintenant dans les limites du respect dû aux droits de l'humanité.

Mais, pour que ce but soit atteint, il ne suffit pas que les souverains promulguent une législation nouvelle. Il est essentiel en outre qu'ils la vulgarisent, de telle sorte que, lorsqu'une guerre sera déclarée, les hommes appelés à défendre, les armes à la main, la cause des États belligérants, soient bien pénétrés des droits et des devoirs spéciaux attachés à l'exécution d'un semblable mandat.

C'est afin de faciliter aux autorités l'accomplissement de cette partie de leur tâche, que l'Institut a donné à son travail une forme populaire et raisonnée, d'où un texte législatif peut être au besoin facilement détaché.

LES LOIS DE LA GUERRE SUR TERRE

PREMIÈRE PARTIE

Principes généraux.

ART. 1er. — L'état de guerre ne comporte des actes de violence qu'entre les forces armées des États belligérants.

Les personnes qui ne font pas partie d'une force armée belligérante doivent s'abstenir de tels actes.

Cette règle implique une distinction entre les individus dont se compose la « force armée » et les autres ressortissants d'un État. Une définition est donc nécessaire pour bien établir ce qu'il faut entendre par « force armée ».

ART. 2. — La force armée d'un État comprend:

1° L'armée proprement dite, y compris les milices;

2° Les gardes nationales, landsturm, corps francs et autres corps qui réunissent les trois conditions suivantes:

a. Être sous la direction d'un chef responsable;

b. Avoir un uniforme ou un signe distinctif, fixe et reconnaissable à distance, porté par les personnes qui font partie du corps;

c. Porter les armes ouvertement;

3° Les équipages des navires et autres embarcations de guerre;

4° Les habitants du territoire non occupé qui, à l'approche de l'ennemi, prennent les armes spontanément et ouvertement pour combattre les troupes d'invasion, même s'ils n'ont pas eu le temps de s'organiser.

ART. 3. — Toute force armée belligérante est tenue de se conformer aux lois de la guerre.

Le seul but légitime que les États doivent se proposer durant la guerre étant l'affaiblissement des forces militaires de l'ennemi *(Déclaration de Saint-Pétersbourg* du 4/16 novembre 1868),

ART. 4. — Les lois de la guerre ne reconnaissent pas aux belligérants une liberté illimitée quant aux moyens de nuire à l'ennemi.

Ils doivent s'abstenir notamment de toute rigueur inutile, ainsi que de toute action déloyale, injuste ou tyrannique.

ART. 5. — Les conventions militaires faites par les belligérants entre eux pendant la durée de la guerre, telles que les armistices et les capitulations, doivent être scrupuleusement observées et respectées.

ART. 6. — Aucun territoire envahi n'est considéré comme conquis avant la fin de la guerre : jusqu'à ce moment, l'occupant n'y exerce qu'un pouvoir de fait, essentiellement provisoire.

DEUXIÈME PARTIE

Application des principes généraux

I

DES HOSTILITÉS

A. RÈGLES DE CONDUITE A L'ÉGARD DES PERSONNES

a. *Des populations inoffensives.*

La lutte n'ayant lieu qu'entre « forces armées » (art. 1),

ART. 7. — Il est interdit de maltraiter les populations inoffensives.

b. *Des moyens de nuire à l'ennemi.*

La lutte devant être loyale (art. 4),

ART. 8. — Il est interdit :

a. De faire usage du poison, sous quelque forme que ce soit ;

b. D'attenter traîtreusement à la vie d'un ennemi, par exemple en soudoyant des assassins ou en feignant de se rendre ;

c. D'attaquer l'ennemi en dissimulant les signes distinctifs de la force armée ;

d. D'user indûment du pavillon national, des insignes militaires ou de l'uniforme de l'ennemi, du pavillon parlementaire, ainsi que des signes tutélaires prescrits par la *Convention de Genève* (articles 17 et 40 ci-après).

Comme on doit s'abstenir de rigueurs inutiles (art. 4),

ART. 9. — Il est interdit :

a. D'employer des armes, des projectiles ou des matières propres à causer des souffrances superflues ou à aggraver les blessures, — notamment des projectiles d'un poids inférieur à quatre cents grammes, explosibles ou chargés de matières fulminantes ou inflammables *(Déclaration de Saint-Pétersbourg)*;

b. De mutiler ou de tuer un ennemi qui s'est rendu à discrétion ou qui est hors de combat, et de déclarer d'avance qu'on ne fera pas de quartier, même si l'on n'en réclame pas pour soi-même.

c. *Des blessés, des malades et du personnel sanitaire.*

Les blessés, les malades et le personnel sanitaire sont soustraits aux rigueurs qui pourraient les atteindre, par les dispositions suivantes (art. 10 à 18), qui découlent de la *Convention de Genève* :

ART. 10. — Les militaires blessés ou malades doivent être recueillis et soignés à quelque nation qu'ils appartiennent.

ART. 11. — Les commandants en chef ont la faculté de remettre immédiatement aux avant-postes ennemis les militaires ennemis blessés pendant le combat, lorsque les circonstances le permettent et du consentement des deux partis.

Art. 12. — Les évacuations, avec le personnel qui les dirige, sont couvertes par la neutralité.

Art. 13. — Le personnel des hôpitaux et des ambulances, — comprenant l'intendance, les services de santé, d'administration et de transport des blessés, ainsi que les aumôniers, et les membres et agents des sociétés de secours dûment autorisées à seconder le personnel sanitaire officiel, — est considéré comme neutre lorsqu'il fonctionne, et tant qu'il reste des blessés à relever ou à secourir.

Art. 14. — Le personnel désigné dans l'article précédent doit continuer, après l'occupation par l'ennemi, à donner, dans la mesure des besoins, des soins aux malades et aux blessés de l'ambulance ou de l'hôpital qu'il dessert.

Art. 15. — Lorsque ce personnel demande à se retirer, le commandant des troupes occupantes fixe le moment de son départ, qu'il ne peut toutefois différer que pour une courte durée, en cas de nécessités militaires.

Art. 16.— Des dispositions doivent être prises pour assurer, s'il se peut, au personnel neutralisé, tombé entre les mains de l'ennemi, la jouissance d'un traitement convenable.

Art. 17. — Le personnel sanitaire neutralisé doit porter un brassard blanc à croix rouge, dont la délivrance appartient exclusivement à l'autorité militaire.

Art. 18. — Les généraux des puissances belligérantes doivent faire appel à l'humanité des habitants et les engager à secourir les blessés, en leur signalant les avantages qui en résulteront pour eux-mêmes (art. 36 et 59). Ils doivent considérer comme inviolables ceux qui répondent à cet appel.

d. *Des morts.*

Art. 19. — Il est interdit de dépouiller et de mutiler les morts gisant sur les champs de bataille.

Art. 20. — Les morts ne doivent jamais être inhumés avant que l'on ait recueilli, sur leur personne, tous les indices, tels que livrets, numéros, etc., propres à établir leur identité.

Les indications ainsi recueillies sur des morts ennemis sont communiquées à leur armée ou à leur gouvernement.

e. *Qui peut être fait prisonnier de guerre.*

Art. 21. — Les individus qui font partie des forces armées belligérantes, s'ils tombent au pouvoir de l'ennemi, doivent être traités comme prisonniers de guerre, conformément aux articles 61 et suivants.

Il en est de même des messagers porteurs de dépêches officielles, accomplissant ouvertement leur mission, et des aéronautes civils chargés d'observer l'ennemi, ou d'entretenir les communications entre les diverses parties de l'armée ou du territoire.

Art. 22. — Les personnes qui suivent une armée sans en faire partie, telles que les correspondants de journaux, les vivandiers, les fournisseurs, etc., et qui tombent au pouvoir de l'ennemi, ne peuvent être détenues qu'aussi longtemps que les nécessités militaires l'exigent.

f. *Des espions.*

Art. 23. — Les individus capturés comme espions ne peuvent exiger d'être traités comme des prisonniers de guerre.

Mais

Art. 24. — On ne doit pas considérer comme espions les individus, appartenant à l'une des forces armées belligérantes et non déguisés, qui ont pénétré dans la zone d'opérations de l'ennemi, — non plus que les messagers porteurs de dépêches officielles, accomplissant ouvertement leur mission, et les aéronautes (art. 21).

Pour prévenir les abus auxquels donnent lieu trop souvent, en temps de guerre, les accusations d'espionnage, il importe de proclamer bien haut que

ART. 25. — Aucun individu accusé d'espionnage ne doit être puni avant que l'autorité judiciaire ait prononcé sur son sort.

D'ailleurs, il est admis que

ART. 26. — L'espion qui réussit à sortir du territoire occupé par l'ennemi n'encourt, s'il tombe plus tard au pouvoir de cet ennemi, aucune responsabilité pour ses actes antérieurs.

g. *Des parlementaires.*

ART. 27. — Est considéré comme parlementaire et a droit à l'inviolabilité, l'individu autorisé par l'un des belligérants à entrer en pourparlers avec l'autre, et se présentant avec un drapeau blanc.

ART. 28. — Il peut être accompagné d'un clairon ou d'un tambour, d'un porte-drapeau, et même, s'il y a lieu, d'un guide et d'un interprète, qui ont droit aussi à l'inviolabilité.

La nécessité de cette prérogative est évidente. Elle s'exerce d'ailleurs fréquemment dans l'intérêt de l'humanité.

Mais il ne faut pas qu'elle soit dommageable à la partie adverse. C'est pourquoi

ART. 29. — Le chef auquel un parlementaire est expédié, n'est pas obligé de le recevoir en toutes circonstances.

En outre,

ART. 30. — Le chef qui reçoit un parlementaire a le droit de prendre toutes les mesures nécessaires, pour que la présence de cet ennemi dans ses lignes ne lui cause pas de préjudice.

Le parlementaire lui-même et ceux qui l'accompagnent doivent se comporter loyalement envers l'ennemi qui les reçoit (art. 4);

ART. 31. — Si un parlementaire abuse de la confiance qu'on lui accorde, on peut le retenir temporairement, et, s'il est prouvé qu'il a profité de sa position privilégiée pour provoquer une trahison, il perd son droit à l'inviolabilité.

B. RÈGLES DE CONDUITE A L'ÉGARD DES CHOSES

a. *Des moyens de nuire. Du bombardement.*

Des ménagements sont commandés par la règle qui veut que l'on s'abstienne de rigueurs inutiles (art. 4). C'est à ce titre que

Art. 32. — Il est interdit :

a. De piller, même les villes prises d'assaut;

b. De détruire des propriétés publiques ou privées, si cette destruction n'est pas commandée par une impérieuse nécessité de guerre;

c. D'attaquer et de bombarder des localités qui ne sont pas défendues.

Si l'on ne conteste pas aux belligérants le droit de recourir au bombardement contre les forteresses et autres lieux dans lesquels l'ennemi s'est retranché, des considérations d'humanité exigent que ce procédé de coercition soit entouré de quelques tempéraments, qui en restreignent autant que possible les effets à la force armée ennemie et à ses moyens de défense. C'est pourquoi

Art. 33. — Le commandant de troupes assaillantes doit, sauf le cas d'attaque de vive force, faire, avant d'entreprendre un bombardement, tout ce qui dépend de lui pour en avertir les autorités locales.

Art. 34. — En cas de bombardement, toutes les mesures nécessaires doivent être prises pour épargner, si faire se peut, les édifices consacrés aux cultes, aux arts, aux sciences et à la bienfaisance, les hôpitaux et les lieux de rassemblement de malades et de blessés, à la condition qu'ils ne soient pas utilisés en même temps, directement ou indirectement, pour la défense.

Le devoir de l'assiégé est de désigner ces édifices par des signes visibles, indiqués d'avance à l'assiégeant.

b. *Du matériel sanitaire.*

Les dispositions tutélaires des blessés, qui font l'objet des art. 10 et suivants, seraient insuffisantes si une protection spéciale n'était pas également accordée aux établissements sanitaires. Aussi, en vertu de la *Convention de Genève,*

ART. 35. — Les ambulances et les hôpitaux à l'usage des armées sont reconnus neutres et doivent, comme tels, être protégés et respectés par les belligérants, aussi longtemps qu'il s'y trouve des malades ou des blessés.

ART. 36. — Il en est de même des bâtiments ou parties de bâtiments particuliers dans lesquels des malades ou des blessés sont recueillis et soignés.

Toutefois

ART. 37. — La neutralité des ambulances et des hôpitaux cesse s'ils sont gardés par une force militaire, — ce qui n'exclut pas la présence d'un poste de police.

ART. 38. — Le matériel des hôpitaux militaires demeurant soumis aux lois de la guerre, les personnes attachées à ces hôpitaux ne peuvent, en se retirant, emporter que les objets qui sont leur propriété particulière. — Les ambulances, au contraire, conservent tout leur matériel.

ART. 39. — Dans les circonstances prévues par les alinéas ci-dessus, la dénomination d'« ambulance » s'applique aux hôpitaux de campagne et autres établissements temporaires, qui suivent les troupes sur les champs de bataille pour y recevoir des malades et des blessés.

ART. 40. — Un drapeau distinctif et uniforme est adopté pour les hôpitaux, les ambulances et les évacuations. — Il porte croix rouge sur fond blanc. — Il doit toujours être accompagné du drapeau national.

II

DES TERRITOIRES OCCUPÉS

A. DÉFINITION

ART. 41. — Un territoire est considéré comme occupé lorsque, à la suite de son invasion par des forces ennemies, l'État dont il relève a cessé, en fait, d'y exercer une autorité régulière, et que l'État envahisseur se trouve être seul à même d'y maintenir l'ordre. Les limites dans lesquelles ce fait se produit déterminent l'étendue et la durée de l'occupation.

B. RÈGLES DE CONDUITE A L'ÉGARD DES PERSONNES

En considération des nouveaux rapports qui naissent du changement provisoire de gouvernement (art. 6),

ART. 42. — Il est du devoir de l'autorité militaire occupante, d'informer le plus tôt possible les habitants des pouvoirs qu'elle exerce, ainsi que de l'étendue territoriale de l'occupation.

ART. 43. — L'occupant doit prendre toutes les mesures qui dépendent de lui, pour rétablir et assurer l'ordre et la vie publique.

A cet effet,

ART. 44. — L'occupant doit maintenir les lois qui étaient en vigueur dans le pays en temps de paix, et ne les modifier, ne les suspendre ou ne les remplacer que s'il y a nécessité.

ART. 45. — Les fonctionnaires et employés civils de tout ordre, qui consentent à continuer leurs fonctions, jouissent de la protection de l'occupant.

Ils sont toujours révocables et ont toujours le droit de se démettre de leur charge.

Ils ne doivent être punis disciplinairement que s'ils manquent aux obligations librement acceptées par eux, et livrés à la justice que s'ils les trahissent.

Art. 46. — En cas d'urgence, l'occupant peut exiger le concours des habitants, afin de pourvoir aux nécessités de l'administration locale.

L'occupation n'entraînant pas un changement de nationalité pour les habitants,

Art. 47. — La population ne peut être contrainte de prêter serment à la puissance ennemie, mais les habitants qui commettent des actes hostiles contre l'occupant sont punissables (art. 1).

Art. 48. — Les habitants d'un territoire occupé, qui ne se soumettent pas aux ordres de l'occupant, peuvent y être contraints.

L'occupant ne peut toutefois contraindre les habitants à l'aider dans ses travaux d'attaque et de défense, ni à prendre part aux opérations militaires contre leur propre pays (art. 4).

En outre,

Art. 49. — L'honneur et les droits de la famille, la vie des individus, ainsi que leurs convictions religieuses et l'exercice de leur culte, doivent être respectés (art. 4).

C. RÈGLES DE CONDUITE A L'ÉGARD DES CHOSES

a. *Propriétés publiques.*

Si l'occupant est substitué à l'État ennemi pour le gouvernement des territoires envahis, il n'y exerce point cependant un pouvoir absolu. Tant que le sort de ces territoires est en suspens, c'est-à-dire jusqu'à la paix, l'occupant n'est pas libre de disposer de ce qui appartient encore à l'ennemi et ne peut servir aux opérations de la guerre. De là les règles suivantes :

Art. 50. — L'occupant ne peut saisir que le numéraire, les fonds et les valeurs exigibles ou négociables appartenant en propre à l'État, les dépôts d'armes, approvisionnements, et, en général, les propriétés mobilières de l'État de nature à servir aux opérations de la guerre.

Art. 51. — Le matériel de transport (chemins de fer, bateaux, etc.), ainsi que les télégraphes de terre et les cables d'attérissage, peuvent seulement être séquestrés pour l'usage de l'occupant. La destruction en est interdite, à moins qu'elle ne soit commandée par une nécessité de guerre. Ils sont restitués à la paix, dans l'état où ils se trouvent.

Art. 52. — L'occupant ne peut faire que des actes d'administrateur provisoire quant aux immeubles, tels qu'édifices, forêts et exploitations agricoles, appartenant à l'État ennemi (art. 6).

Il doit sauvegarder le fonds de ces propriétés et veiller à leur entretien.

Art. 53. — Les biens des communes et ceux des établissements consacrés aux cultes, à la charité, à l'instruction, aux arts ou aux sciences, sont insaisissables.

Toute destruction ou dégradation intentionnelle de semblables établissements, de monuments historiques, d'archives, d'œuvres d'art ou de science, est formellement interdite, si elle n'est pas impérieusement commandée par les nécessités de la guerre.

b. *Propriétés privées.*

Si les pouvoirs de l'occupant sont limités à l'égard des propriétés de l'État ennemi, à plus forte raison le sont-ils quant aux biens des particuliers.

Art. 54. — La propriété privée, individuelle ou collective, doit être respectée et ne peut être confisquée, sous réserve des dispositions contenues dans les articles suivants.

Art. 55. — Les moyens de transport (chemins de fer, bateaux, etc.), les télégraphes, les dépôts d'armes et de munitions de guerre, quoique appartenant à des sociétés ou à des particuliers, peuvent être saisis par l'occupant, mais ils doivent être restitués, si possible, et les indemnités réglées à la paix.

Art. 56. — Les prestations en nature (réquisitions), réclamées des communes ou des habitants, doivent être en rapport avec les nécessités de guerre généralement reconnues, et en proportion avec les ressources du pays.

Les réquisitions ne peuvent être faites qu'avec l'autorisation du commandant dans la localité occupée.

Art. 57. — L'occupant ne peut prélever, en fait de redevances et d'impôts, que ceux déjà établis au profit de l'État. Il les emploie à pourvoir aux frais de l'administration du pays, dans la mesure où le gouvernement légal y était obligé.

Art. 58. — L'occupant ne peut prélever des contributions extraordinaires en argent, que comme équivalent d'amendes ou d'impôts non payés ou de prestations non livrées en nature.

Les contributions en argent ne peuvent être imposées que sur l'ordre et sous la responsabilité du général en chef ou de l'autorité civile supérieure établie dans le territoire occupé, autant que possible d'après les règles de la répartition et de l'assiette des impôts en vigueur.

Art. 59. — Dans la répartition des charges relatives au logement des troupes et aux contributions de guerre, il est tenu compte aux habitants du zèle charitable déployé par eux envers les blessés.

Art. 60. — Les prestations en nature, quand elles ne sont pas payées comptant, et les contributions de guerre sont constatées par des quittances. — Des mesures doivent être prises pour assurer le caractère sérieux et la régularité de ces quittances.

III

DE LA CONDITION DES PRISONNIERS DE GUERRE

A. RÉGIME DE LA CAPTIVITÉ

La captivité n'est ni une peine qu'on inflige aux prisonniers de guerre (art. 21), ni un acte de vengeance; c'est seulement un séquestre temporaire, qui doit être exempt de tout caractère pénal.

Dans les dispositions suivantes, il est tenu compte à la fois des égards qui sont dus aux prisonniers et de la nécessité de s'assurer de leur personne.

ART. 61. — Les prisonniers de guerre sont au pouvoir du gouvernement ennemi, mais non des individus ou des corps qui les ont capturés.

ART. 62. — Ils sont soumis aux lois et règlements en vigueur dans l'armée ennemie.

ART. 63. — Ils doivent être traités avec humanité.

ART. 64. — Tout ce qui leur appartient personnellement, les armes exceptées, reste leur propriété.

ART. 65. — Chaque prisonnier est tenu de déclarer, s'il est interrogé à ce sujet, ses véritables noms et grade. Dans le cas où il ne le ferait pas, il pourrait être privé de tout ou partie des avantages accordés aux prisonniers de sa catégorie.

ART. 66. — Les prisonniers peuvent être assujettis à l'internement dans une ville, une forteresse, un camp ou une localité quelconque, avec obligation de ne pas s'éloigner au-delà de certaines limites déterminées; mais ils ne peuvent être enfermés que par mesure de sûreté indispensable.

ART. 67. — Tout acte d'insubordination autorise à leur égard les mesures de rigueur nécessaires.

Art. 68. — Contre un prisonnier fugitif on peut, après sommation, faire usage des armes.

S'il est repris avant d'avoir pu rejoindre son armée ou quitter le territoire soumis au capteur, il est passible seulement de peines disciplinaires ou soumis à une surveillance plus sévère.

Mais si, après avoir réussi à s'échapper, il est capturé de nouveau, il n'est passible d'aucune peine pour sa fuite antérieure.

Toutefois, si le fugitif ressaisi ou capturé de nouveau avait donné sa parole de ne pas s'évader, il peut être privé des droits de prisonnier de guerre.

Art. 69. — Le gouvernement au pouvoir duquel se trouvent des prisonniers est chargé de leur entretien.

A défaut d'une entente sur ce point entre les parties belligérantes, les prisonniers sont traités, pour la nourriture et l'habillement, sur le même pied de paix que les troupes du gouvernement qui les a capturés.

Art. 70. — Les prisonniers ne peuvent être astreints d'aucune manière à prendre une part quelconque aux opérations de guerre, ni contraints à des révélations sur leur pays ou sur leur armée.

Art. 71. — Ils peuvent être employés à des travaux publics qui n'aient pas un rapport direct avec les opérations sur le théâtre de la guerre, qui ne soient pas exténuants, et ne soient humiliants ni pour leur grade militaire, s'ils appartiennent à l'armée, ni pour leur position officielle ou sociale, s'ils n'en font pas partie.

Art. 72. — Dans le cas où ils sont autorisés à prendre part aux travaux de l'industrie privée, leur salaire peut être perçu par l'autorité qui les détient, laquelle doit alors l'employer à améliorer leur position, ou le leur remettre au moment de leur libération, sous déduction, s'il y a lieu, des frais de leur entretien.

B. CESSATION DE LA CAPTIVITÉ

Les motifs qui légitiment la détention de l'ennemi capturé n'existent que pendant la durée de la guerre. En conséquence,

Art. 73. — La captivité des prisonniers de guerre cesse de droit par la conclusion de la paix, mais leur libération est alors réglée d'un commun accord entre les belligérants.

Avant cette époque, et en vertu de la *Convention de Genève*,

Art. 74. — Elle cesse aussi de droit pour les prisonniers blessés ou malades qui, après guérison, sont reconnus incapables de servir de nouveau.

Le capteur doit alors les renvoyer dans leur pays.

Pendant la guerre,

Art. 75. — Les prisonniers peuvent encore être relâchés, en vertu d'un cartel d'échange convenu entre les parties belligérantes.

Même sans échange,

Art. 76. — Les prisonniers peuvent être mis en liberté sur parole, si les lois de leur pays ne l'interdisent pas.

Dans ce cas, ils sont obligés, sous la garantie de leur honneur personnel, de remplir scrupuleusement les engagements qu'ils ont librement contractés et qui doivent être clairement spécifiés. — De son côté, leur propre gouvernement ne doit exiger ni accepter d'eux aucun service contraire à la parole donnée.

Art. 77. — Un prisonnier ne peut pas être contraint d'accepter sa liberté sur parole. — De même, le gouvernement ennemi n'est pas obligé d'accéder à la demande d'un prisonnier réclamant sa mise en liberté sur parole.

Art. 78. — Tout prisonnier libéré sur parole et repris portant les armes contre le gouvernement auquel il l'avait donnée, peut être privé des droits de prisonnier de guerre, à moins que, postérieurement à sa libération, il n'ait été compris dans un cartel d'échange sans conditions.

IV

DES INTERNÉS EN PAYS NEUTRE

Il est universellement admis qu'un État neutre ne peut, sans compromettre sa neutralité, prêter assistance aux belligérants et notamment leur permettre d'emprunter son territoire. L'humanité, d'autre part, veut qu'il ne soit pas contraint de repousser ceux qui viennent lui demander asile pour échapper à la mort ou à la captivité. De là les dispositions suivantes destinées à concilier ces exigences contraires.

ART. 79. — L'État neutre sur le territoire duquel se réfugient des troupes ou des individus appartenant aux forces armées des belligérants doit les interner, autant que possible loin du théâtre de la guerre.

Il doit agir de même envers ceux qui empruntent son territoire pour des opérations ou des services militaires.

ART. 80. — Les internés peuvent être gardés dans des camps ou même enfermés dans des forteresses ou autres lieux.

L'État neutre décide si les officiers peuvent être laissés libres sur parole, en prenant l'engagement de ne pas quitter le territoire neutre sans autorisation.

ART. 81. — A défaut de convention spéciale pour ce qui concerne l'entretien des internés, l'État neutre leur fournit les vivres, les vêtements et les secours commandés par l'humanité.

Il veille aussi à la conservation du matériel amené ou apporté par les internés.

A la paix ou plus tôt si faire se peut, les frais occasionnés par l'internement sont remboursés à l'État neutre, par celui des belligérants auquel ressortissaient les internés.

Art. 82. — Les dispositions de la *Convention de Genève* du 22 août 1864 (articles 10 à 18, 35 à 40, 59 et 74 ci-dessus) sont applicables au personnel sanitaire, ainsi qu'aux malades et aux blessés, réfugiés ou transportés en pays neutre.

En particulier,

Art. 83. — Les évacuations de blessés et de malades non prisonniers peuvent transiter par un territoire neutre, pourvu que leur personnel et leur matériel soient exclusivement sanitaires. — L'État neutre, chez lequel passent ces évacuations, est tenu de prendre à leur égard les mesures de sûreté et de contrôle nécessaires, pour que les conditions qu'elles doivent remplir soient rigoureusement observées.

TROISIÈME PARTIE

Sanction pénale.

Si des infractions aux règles qui précèdent ont été commises, les coupables doivent être punis, après jugement contradictoire, par celui des belligérants au pouvoir duquel ils se trouvent. Donc

Art. 84. — Les violateurs des lois de la guerre sont passibles des châtiments spécifiés dans la loi pénale.

Mais ce mode de répression n'est applicable que lorsqu'on peut atteindre le coupable. Dans le cas contraire, la loi pénale est impuissante, et, si la partie lésée juge le méfait assez grave pour qu'il soit urgent de rappeler l'ennemi au respect du droit, il ne lui reste d'autre ressource que d'user de représailles à son égard.

Les représailles sont une exception douloureuse au principe général d'équité d'après lequel un innocent ne doit pas souffrir pour un coupable, et à celui qui veut que chaque belligérant se conforme aux lois de la guerre, même sans réciprocité de la part de l'ennemi. Mais cette dure nécessité est tempérée par les restrictions suivantes :

Art. 85. — Les représailles sont formellement interdites, dans le cas où le dommage dont on a lieu de se plaindre a été réparé.

Art. 86. — Dans les cas graves où des représailles apparaissent comme une nécessité impérieuse, leur mode d'exercice et leur étendue ne doivent jamais dépasser le degré de l'infraction commise par l'ennemi.

Elles ne peuvent s'exercer qu'avec l'autorisation du commandant en chef.

Elles doivent respecter, dans tous les cas, les lois de l'humanité et de la morale.

XIII
Guerres maritimes.

A

Traitement de la propriété privée.

A la session de Genève (1874), l'Institut nomma, sur la proposition de MM. de Laveleye, Mancini et Bluntschli, une Commission chargée d'étudier la question du respect de la propriété privée sur mer. Cette commission se réunit l'année suivante, à La Haye, sous la présidence de M. de Laveleye, rapporteur, qui lui soumit un mémoire sur le sujet (*Revue de droit internat.*, VII, p. 560); en même temps, M. Pierantoni lui présenta un rapport sur *les prises maritimes d'après l'école et la législation italienne,* qui servit de point de départ à l'étude aussi longue qu'approfondie à laquelle l'Institut se livra ensuite sur cette partie spéciale de la question (*Annuaire*, t. Ier, p. 48; t. II, p. 57). Dans sa session de La Haye, l'Institut délibéra, en séance plénière du 31 août 1875, sur les conclusions proposées par la Commission (*ib.*, 115), et adopta le texte suivant :

Traitement de la propriété privée dans la guerre maritime.

CONCLUSIONS ADOPTÉES A LA HAYE

I. — Le principe de l'inviolabilité de la propriété privée ennemie naviguant sous pavillon neutre doit être considéré dès à présent comme entré dans le domaine du droit des gens positif.

II. — Il est à désirer que le principe de l'inviolabilité de la propriété privée ennemie naviguant sous pavillon ennemi soit universellement accepté dans les termes suivants, empruntés aux déclarations de la Prusse, de l'Autriche et de l'Italie en 1866, et sous la réserve ci-après, *sub* III :

« Les navires marchands et leurs cargaisons ne pourront « être capturés que s'ils portent de la contrebande de guerre « ou s'ils essaient de violer un blocus effectif et déclaré. »

III. — Il est entendu que, conformément aux principes généraux qui doivent régler la guerre sur mer aussi bien que sur terre, la disposition précédente n'est pas applicable aux navires marchands qui, directement ou indirectement, prennent part ou sont destinés à prendre part aux hostilités.

L'Institut déféra, dans cette même séance, à la Commission dont M. de Laveleye était le rapporteur, une question soulevée par M. Bluntschli et ainsi conçue : « *Quelles seraient, eu égard aux nécessités de la guerre maritime, les restrictions à apporter au principe de l'inviolabilité de la propriété privée ennemie, en concordance avec ce qui s'est fait, sous ce rapport, dans la guerre terrestre, pour les chemins de fer et autres moyens de transport militaires?* » M. de Laveleye, ayant dû renoncer à son mandat pour motif de santé, fut remplacé comme rapporteur par M. Bulmerincq, qui, à la session de Zurich (1877), soumit à l'Institut un projet de conclusions (*Ann.*, t. II, p. 58).

Ces conclusions furent discutées en séance plénière du 11 septembre 1877 (*ib.*, p. 110) et adoptées sous la forme suivante (*ib.*, p. 152) :

CONCLUSIONS ADOPTÉES A ZURICH

1. — La propriété privée neutre ou ennemie naviguant sous pavillon ennemi ou sous pavillon neutre est inviolable.

2. — Sont toutefois sujets à saisie : les objets destinés à la guerre ou susceptibles d'y être employés immédiatement. Les gouvernements belligérants auront, à l'occasion de chaque guerre, à déterminer d'avance les objets qu'ils tiendront pour tels. Sont également sujets à saisie les navires marchands qui ont pris part ou sont en état de prendre immédiatement part aux hostilités, ou qui ont rompu un blocus effectif et déclaré.

3. — Un blocus est effectif lorsqu'il a pour résultat d'empêcher l'accès du port bloqué au moyen d'un nombre suffisant de vaisseaux de guerre, stationnés ou ne s'écartant que momentanément de leur station. Il y a rupture de blocus lorsqu'un navire marchand, informé de l'existence du blocus, a tenté par force ou par ruse de pénétrer à travers la ligne du blocus.

4. — La course est interdite.

5. — Le droit de visite peut être exercé par les vaisseaux de guerre de puissances belligérantes sur des vaisseaux marchands, en vue de vérifier leur nationalité, de rechercher les objets susceptibles de saisie et de constater une rupture de blocus. Le droit de visite peut être exercé depuis le moment où la déclaration de guerre a été notifiée jusqu'à la conclusion de la paix. Il est suspendu pendant une trêve ou un armistice. Il peut s'exercer dans les eaux des belligérants comme dans la haute mer, mais non sur les vaisseaux de guerre neutres, ni sur ceux qui appartiennent ostensiblement à un État neutre. Le commandant du vaisseau qui opère la visite doit se borner à l'inspection des papiers de bord. Il n'est autorisé à se livrer à une recherche du navire que si les papiers de bord donnent lieu de soupçonner la fraude ou fournissent la preuve de celle-ci, ou s'il y a des motifs

sérieux de présumer la présence à bord d'objets destinés à la guerre.

B

Organisation d'un tribunal international des prises.

A la session de La Haye, l'Institut, sur la proposition de M. Westlake, institua une Commission en vue d'étudier un projet d'organisation d'un tribunal international des prises et en nomma M. Westlake rapporteur (*Annuaire*, t. Ier, p. 121).

A la session de Zurich, M. Westlake présenta un projet, qu'il ne put venir défendre personnellement. En séance plénière du 12 septembre 1877, l'Institut adopta trois résolutions libellées par MM. Bluntschli et Rolin-Jaequemyns (*Ann.*, t. II, p. 124), et chargea M. Bulmerincq de rédiger après la session un rapport sur la question et les résolutions votées. Ce rapport est inséré à l'*Annuaire* (t. II, p. 113 et suiv.).

Les résolutions votées sont ainsi conçues (*ib.*, p. 153) :

Projet d'organisation d'un tribunal international des prises maritimes.

L'Institut déclare que le système actuel des tribunaux et de l'administration de la justice en matière de prises est défectueux, et considère comme urgent de porter remède à cet état de choses par une nouvelle institution internationale. Il est d'avis qu'il y a lieu :

1) De formuler par traité les principes généraux en matière de prises ;

2) De remplacer les tribunaux jusqu'ici exclusivement composés de juges appartenant à l'État belligérant par des tribunaux internationaux qui donnent aux particuliers intéressés de l'État neutre ou ennemi de plus amples garanties d'un jugement impartial ;

3) De s'entendre sur une procédure commune à adopter en matière de prises.

Toutefois l'Institut croit devoir déclarer que dès à présent il considérerait comme un progrès l'institution de tribunaux mixtes soit de première instance, soit d'appel, sur les bases du projet élaboré par M. Westlake.

C

Droit matériel et formel en matière de prises maritimes. Règlement international des prises maritimes.

Après avoir formulé, ainsi qu'on vient de le voir sous les lettres *A* et *B*, son opinion collective sur le *traitement de la propriété privée sur mer* et *sur l'opportunité de créer des tribunaux internationaux des prises maritimes*, l'Institut, dans sa session de Zurich, estima qu'il importait d'étudier dans leur ensemble les réformes que comporte le système actuel des tribunaux et de l'administration de la justice en matière de prises. Il chargea, en conséquence, son Bureau de constituer une Commission à l'effet de s'occuper :

1° Des principes généraux qui pourraient être formulés par traités au sujet du droit à appliquer en matière de prises maritimes ;

2° D'un système d'organisation de tribunaux internationaux de prises, donnant aux particuliers intéressés de l'État neutre ou ennemi de plus amples garanties d'un jugement impartial ;

3° D'une procédure commune à adopter pour le jugement des affaires de prises maritimes.

M. Bulmerincq fut nommé rapporteur de la Commission (*Annuaire*, t. II, p. 121), et se livra à un travail approfondi, constituant un véritable traité sur la matière des prises. Ce travail n'étant terminé qu'en partie lors de la session de Paris, l'Institut, sur la proposition même du rapporteur, en ajourna l'examen à une session ultérieure (*Ann.*, t. III, p. 109); il ne put encore en être saisi à Oxford (*Ann.*, t, V, p. 131).

Le 3 septembre 1881, la Commission se réunit à Wiesbade pour discuter le *Projet de règlement international des prises maritimes*, dont M. Bulmerincq venait d'achever l'élaboration (*Ann.*, t. VI, p. 12, 105, 129, 139, 164, 174).

L'Institut, à son tour, en aborda l'examen en séance plénière à Turin, le 13 septembre 1882, et en adopta, du 13 au 15 dudit mois, les 62 premiers articles (*ib.*, 213-223).

A Munich, dans ses séances plénières des 5 et 6 septembre 1883, il adopta les articles 63 à 84 (*Ann.*, t. VII, p. 185-190).

A Bruxelles, en 1885, le rapporteur ayant été empêché de se rendre à la session, l'Institut ajourna à la session suivante la suite de la discussion du projet (*Ann.*, t. VIII, p. 167).

Cette discussion put être reprise à Heidelberg, en 1887, et menée à bonne fin, le 8 septembre de ladite année, par l'adoption des articles 85 à 122 et dernier du projet (*Ann.*, t. IX, p. 202-217).

Il fut décidé, en outre, que le Règlement adopté serait communiqué à tous les gouvernements avec une lettre exprimant le *vœu* « que, dans l'avenir, la réforme puisse être plus complète encore et que le tribunal international soit un jour le seul compétent en matière de prises » (*ib.*, p. 217).

RÈGLEMENT INTERNATIONAL DES PRISES MARITIMES

Projet adopté par l'Institut dans les sessions de Turin (1882), Munich (1883) et Heidelberg (1887).

I. — Dispositions générales.

§ 1. — Les navires de guerre et les forces militaires d'États belligérants sont seuls autorisés à exercer le droit de prise, c'est-à-dire l'arrêt, la visite, la recherche et la saisie des navires de commerce pendant une guerre maritime.

§ 2. — La course est interdite.

§ 3. — L'armement en course demeure permis à titre de rétorsion contre les belligérants qui ne respectent pas le principe du § 2. En ce cas, il est interdit de délivrer des commissions à des étrangers.

§ 4. — La propriété privée est inviolable sous la condition de réciprocité, et sauf les cas prévus au § 23.

§ 5. — Le droit de prise à l'égard des belligérants ne s'ouvre qu'après le commencement des hostilités. Il cesse durant l'armistice et avec les préliminaires de la paix. A l'égard des neutres, le droit de prise ne peut être exercé qu'après que les belligérants leur ont notifié l'existence de la guerre.

§ 6. — Le droit de prise ne peut être exercé sur les navires et les cargaisons que s'ils ont eu connaissance de l'existence de la guerre. Il n'y a pas lieu d'exercer le droit de prise si le patron du navire ou le propriétaire de la cargaison prouve qu'il n'a pas eu cette connaissance.

§ 7. — Si l'État belligérant qui somme les navires de commerce ennemis de quitter ses ports, leur permet de décharger auparavant les marchandises qu'ils ont à bord et d'en charger de nouvelles, il doit fixer exactement le délai qui leur est accordé à cet effet, et le faire connaître au public. Dans ce cas, le belligérant ne peut laisser exercer un droit de prise contre ces navires avant l'expiration dudit délai.

§ 8. — Le droit de prise ne peut être exercé que dans les eaux des belligérants et en haute mer; il ne peut pas être exercé dans les eaux neutres ni dans les eaux qui sont expressément, par traité, mises à l'abri des faits de guerre. Le belligérant ne peut pas non plus poursuivre dans les eaux des deux dernières espèces une attaque commencée.

§ 9. — Les prises faites dans les eaux neutres, ou dans les eaux qui sont mises par traité à l'abri des faits de guerre, sont nulles. Les navires ou objets capturés doivent être livrés à l'État neutre ou riverain pour être restitués par cet État à leur propriétaire primitif. En outre, l'État du capteur est responsable de tous les dommages et pertes.

II. — Dispositions spéciales.

1. — *De l'arrêt.*

§ 10. — Les navires de guerre d'un État belligérant sont autorisés à arrêter, dans les cas prévus par le règlement, tout navire de commerce ou privé qu'ils rencontrent dans les eaux de leur État, ou en haute mer, et ailleurs qu'en des eaux neutres ou soustraites aux faits de guerre.

§ 11. — Le navire de guerre du belligérant, pour inviter le navire de commerce à s'arrêter, se servira comme signal d'un coup de canon de semonce à boulet perdu ou à poudre. Avant ou en même temps, le navire de guerre hissera son pavillon au-dessus duquel, en temps de nuit, un fanal sera placé. A ce signal, le navire arrêté hissera son pavillon et se mettra en panne pour attendre la visite. Le navire de guerre enverra alors au navire arrêté une chaloupe montée par un officier accompagné d'un nombre d'hommes suffisant, dont deux ou trois seulement monteront avec l'officier à bord du navire arrêté.

§ 12. — Le navire arrêté ne pourra jamais être requis d'envoyer à bord du navire de guerre son patron ou une personne quelconque, pour montrer ses papiers ou pour toute autre cause.

§ 13. — Le navire de commerce est obligé de s'arrêter; il lui est interdit de continuer sa route. S'il le fait néanmoins, le navire de guerre a le droit de le poursuivre et de l'arrêter de force.

2. — *De la visite.*

§ 14. — Le droit de visite s'exerce dans les eaux des belligérants, en tant qu'elles ne sont pas mises par traité à l'abri des faits de guerre, et en haute mer; il s'exerce à l'égard des navires de commerce, mais non à l'égard des navires de guerre d'un État neutre, ni à l'égard d'autres navires appartenant ostensiblement à un tel État, ni à l'égard des navires de commerce neutres qui sont convoyés par un navire de guerre de leur État.

§ 15. — Le droit de visite s'exerce, soit en vue de vérifier la nationalité d'un navire arrêté, soit pour constater s'il fait un transport interdit, soit pour constater une violation de blocus.

§ 16. — Lorsque des navires de commerce neutres sont convoyés, ils ne seront pas visités, si le commandant du convoi remet au navire du belligérant qui l'arrête une liste des navires convoyés, et une déclaration signée par lui et portant qu'il ne se trouve à leur bord aucune contrebande de guerre, et quelles sont la nationalité et la destination des navires convoyés.

§ 17. — Lorsque le navire à visiter est un paquebot-poste, il ne sera pas visité, si le commissaire du gouvernement dont il porte le pavillon, se trouvant à son bord, déclare par écrit que le paquebot ne transporte ni des dépêches ni des troupes pour l'ennemi, ni de la contrebande de guerre pour le compte ou à destination de l'ennemi.

§ 18. — La visite, à laquelle doit se soumettre tout navire qui n'en est pas exempt en vertu des dispositions des articles 16 et 17, commence par l'examen des papiers de bord du navire arrêté. Si ces papiers sont trouvés en règle ou s'il ne se présente rien de suspect, le navire arrêté peut continuer sa route. Pourront de même continuer leur route les navires neutres destinés à des expéditions scientifiques, à condition qu'ils observent les lois de la neutralité.

3. — De la recherche.

§ 19. — Si les papiers de bord ne sont pas en ordre, ou si la visite opérée a fait naître un soupçon fondé, comme il est dit en l'article qui suit, l'officier qui a opéré la visite est autorisé à procéder à la recherche. Le navire ne peut s'y opposer ; s'il s'y oppose néanmoins, la recherche peut être opérée de force.

§ 20. — Il y a soupçon fondé dans les cas suivants :

1° Lorsque le navire arrêté n'a pas mis en panne sur l'invitation du navire de guerre ;

2° Lorsque le navire arrêté s'est opposé à la visite des cachettes supposées recéler des papiers de bord ou de la contrebande de guerre ;

3° Lorsqu'il a des papiers doubles, ou faux, ou falsifiés, ou secrets, ou que ses papiers sont insuffisants, ou qu'il n'a point de papiers ;

4° Lorsque les papiers ont été jetés à la mer ou détruits de quelque autre façon, surtout si ces faits se sont passés après que le navire a pu s'apercevoir de l'approche du navire de guerre ;

5° Lorsque le navire arrêté navigue sous un pavillon faux.

§ 21. — Il n'est pas permis aux personnes qui sont chargées d'opérer la recherche d'ouvrir ni de rompre des armoires, réduits, caisses, cassettes, tonnes, futailles ou autres cachettes pouvant renfermer une partie de la cargaison, ni d'examiner arbitrairement les objets faisant partie de la cargaison qui se trouvent répandus à découvert dans le navire.

§ 22. — Dans les cas de soupçon mentionnés au § 20, s'il n'y a pas de résistance à la recherche, l'officier qui y procède doit faire ouvrir les réduits par le patron, et faire la recherche dans la cargaison à découvert sur le navire avec le concours du patron.

4. — *De la saisie.*

§ 23. — La saisie d'un navire ou d'une cargaison, ennemi ou neutre, n'a lieu que dans les cas suivants:

1º Lorsqu'il résulte de la visite que les papiers de bord ne sont pas en ordre;

2º Dans tous les cas de soupçon mentionnés au § 20;

3º Lorsqu'il résulte de la visite, ou de la recherche, que le navire arrêté fait des transports pour le compte et à destination de l'ennemi;

4º Lorsque le navire a été pris en violation de blocus;

5º Lorsque le navire a pris part aux hostilités ou est destiné à y prendre part.

5. — *De la nationalité du navire, de la cargaison et de l'équipage.*

§ 24. — La nationalité du navire, de sa cargaison, de son équipage doit être constatée par les papiers de bord trouvés sur le navire saisi, sans exclusion, toutefois, d'une production ultérieure devant les tribunaux de prises.

§ 25. — La question de savoir si les conditions de nationalité sont remplies est décidée selon la législation de l'État auquel le navire est ressortissant.

§ 26. — L'acte juridique constatant la vente d'un navire ennemi faite durant la guerre doit être parfait, et le navire doit être enregistré conformément à la législation du pays dont il acquiert la nationalité, avant qu'il quitte le port de sortie. La nouvelle nationalité ne peut être acquise au navire par une vente faite en cours de voyage.

§ 27. — Les papiers de bord requis en vertu du droit international sont les suivants :

1° Les documents relatifs à la propriété du navire;

2° Le connaissement;

3° Le rôle d'équipage, avec l'indication de la nationalité du patron et de l'équipage;

4° Le certificat de nationalité, si les documents mentionnés sous le chiffre 3 n'y suppléent pas;

5° Le journal de bord.

§ 28. — Les documents énoncés au précédent article doivent, pour avoir force probante, être rédigés clairement et sans équivoque.

§ 29. — Si, dans la constation d'une circonstance déterminante pour la saisie, il y a évidence quant à la nationalité ou la destination du navire, ou quant à la nature de la cargaison, ou quant à la nationalité du patron et de l'équipage, suivant le fait dont il s'agit, — et qu'un papier de bord ordinairement relatif à l'une de ces questions manque, — la seule absence de ce papier n'est pas un motif de saisie, pourvu toutefois que les autres papiers de bord soient parfaitement d'accord entre eux sur le point en question.

6. — *Des transports interdits durant la guerre.*

§ 30. — Sont sujets à saisie, durant la guerre, les objets susceptibles d'être employés à la guerre immédiatement, qui sont transportés par des navires de commerce nationaux, neutres ou ennemis, pour le compte ou à destination de l'ennemi (contrebande de guerre). Les gouvernements belligérants auront à déterminer d'avance, à l'occasion de chaque guerre, les objets qu'ils tiendront pour tels.

§ 31. — Les objets de contrebande de guerre doivent être réellement à bord au moment de la recherche.

§ 32. — Ne sont pas réputés contrebande de guerre les objets nécessaires à la défense de l'équipage et du navire, pourvu que le navire n'en ait pas fait usage pour résister à l'arrêt, à la visite, à la recherche ou à la saisie.

§ 33. — Le navire arrêté pour cause de contrebande de guerre peut continuer sa route, si sa cargaison ne se compose pas exclusivement ou en majeure partie de contrebande de guerre, et que le patron soit prêt à livrer celle-ci au navire du belligérant et que le déchargement puisse avoir lieu sans obstacle selon l'avis du commandant du croiseur.

§ 34. — Sont assimilés au transport interdit de contrebande de guerre (§ 30), les transports des troupes pour les opérations militaires, sur terre et sur mer, de l'ennemi, ainsi que les transports de la correspondance officielle de l'ennemi, par les navires de commerce nationaux, neutres ou ennemis.

7. — *Du blocus.*

§ 35. — Le blocus déclaré et notifié est effectif lorsqu'il existe un danger imminent pour l'entrée ou la sortie du port bloqué, à cause d'un nombre suffisant de navires de guerre stationnés ou ne s'écartant que momentanément de leur station.

§ 36. — La déclaration du blocus doit déterminer non seulement les limites du blocus par leurs latitude et longitude, et le moment précis où le blocus commencera, mais encore, éventuellement, le délai qui peut être accordé aux navires de commerce pour décharger, recharger et sortir du port (§ 7).

§ 37. — Le commandant du blocus doit, en outre, notifier la déclaration du blocus aux autorités et aux consuls du lieu bloqué. Les mêmes formalités seront remplies lors du rétablissement d'un blocus qui a cessé d'être effectif, et lorsque le blocus sera étendu à des points nouveaux.

§ 38. — Si les navires bloquants s'éloignent de leur station pour un motif autre que le mauvais temps constaté, le blocus est considéré comme levé ; il doit alors être de nouveau déclaré et notifié.

§ 39. — Il est interdit aux navires de commerce d'entrer dans les places et ports qui se trouvent en état de blocus effectif, et d'en sortir.

§ 40. — Cependant il est permis aux navires de commerce d'entrer, pour cause de mauvais temps, dans le port bloqué, mais seulement après constatation, par le commandant du blocus, de la persistance de la force majeure.

§ 41. — S'il est évident qu'un navire de commerce approchant du port bloqué n'a pas eu connaissance du blocus déclaré et effectif, le commandant du blocus l'en avertira, inscrira l'avertissement dans les papiers de bord du navire averti, tout au moins dans le certificat de nationalité et dans le journal de bord, en marquant la date de l'avertissement, et invitera le navire à s'éloigner du port bloqué, en l'autorisant à continuer son voyage vers un port non bloqué.

§ 42. — On admet l'ignorance du blocus lorsque le temps écoulé depuis la déclaration du blocus est trop peu considérable pour que le navire en cours de voyage, qui a tenté d'entrer dans le port bloqué, ait pu en être instruit.

§ 43. — Un navire de commerce sera saisi pour violation de blocus lorsqu'il aura essayé par force ou par ruse de pénétrer à travers la ligne de blocus, ou si, après avoir été renvoyé une première fois, il a essayé de nouveau de pénétrer dans le même port bloqué.

§ 44. — Ni le fait qu'un navire de commerce est dirigé sur un port bloqué, ni le simple affrètement, ni la seule destination du navire pour un tel port, ne justifient la saisie pour violation de blocus. En aucun cas, la supposition d'un voyage continu ne peut justifier la condamnation pour violation de blocus.

8. — *Des formalités qui suivent la saisie.*

§ 45. — Après la saisie, le capteur fermera les écoutilles et la soute aux poudres du navire saisi, et y apposera les scellés. Il fera de même à l'égard de la cargaison, après que celle-ci aura été inventoriée.

§ 46. — Il ne sera rien vendu, ni déchargé, ni dérangé, ni en général distrait, consommé ou détérioré de la cargaison.

Si cependant la cargaison consiste en choses pouvant se gâter facilement, ou si ces choses sont avariées, le capteur prendra les mesures les plus convenables pour la conservation de la cargaison, du consentement et en présence du patron, ainsi qu'en présence d'un consul de la nationalité du navire saisi, s'il s'en trouve un dans le voisinage du lieu de la capture. Le commandant du navire capteur procédera, à cet effet, à l'inspection de la cargaison.

§ 47. — Le capteur dressera l'inventaire du navire saisi et de la cargaison, ainsi que la liste des personnes trouvées à bord, et fera passer à bord du navire saisi un équipage suffisant pour s'assurer du navire et y maintenir l'ordre.

§ 48. — Le capteur saisira tous les papiers de bord, documents et lettres qui se trouvent sur le navire saisi. Ces papiers, documents et lettres seront réunis dans un paquet revêtu du cachet du commandant du navire de guerre et de celui du patron du navire saisi ; il sera dressé inventaire de ces papiers, documents et lettres, et le commandant du navire de guerre déclarera par écrit, dans le procès-verbal, que ce sont là *tous* les papiers trouvés sur le navire ; il y ajoutera une mention indiquant quels papiers manquaient au moment de la saisie et dans quel état se trouvaient les papiers saisis, notamment s'ils paraissent avoir été altérés.

§ 49. — Le capteur dressera procès-verbal de la saisie ainsi que de l'état du navire et de la cargaison, en y mentionnant le jour et l'heure de la saisie ; à quelle hauteur elle a eu lieu ; la circonstance qui l'a motivée ; le nom du navire et celui du patron ; le nombre d'hommes composant l'équipage ; sous quel pavillon naviguait le navire au moment de l'arrêt et s'il y a eu résistance de la part du navire, et de quelle nature a été sa résistance. Seront joints au procès-verbal les inventaires du navire, de la cargaison et des papiers de bord, avec mention au procès-verbal que les inventaires ont été dressés. Copie du procès-verbal sera transmise à l'autorité militaire supérieure de laquelle relève le navire capturé.

§ 50. — Il sera permis au capteur de brûler ou de couler bas le navire ennemi saisi, après avoir fait passer sur le navire de guerre les personnes qui se trouvaient à bord et déchargé autant que possible la cargaison, et après que le commandant du navire capteur aura pris à sa charge les papiers de bord et les objets importants pour l'enquête judiciaire et pour les réclamations des propriétaires de la cargaison en dommages et intérêts, dans les cas suivants :

1° Lorsqu'il n'est pas possible de tenir le navire à flot, à cause de son mauvais état, la mer étant houleuse ;

2° Lorsque le navire marche si mal qu'il ne peut pas suivre le navire de guerre et pourrait facilement être repris par l'ennemi ;

3° Lorsque l'approche d'une force ennemie supérieure fait craindre la reprise du navire saisi ;

4° Lorsque le navire de guerre ne peut mettre sur le navire saisi un équipage suffisant sans trop diminuer celui qui est nécessaire à sa propre sûreté ;

5° Lorsque le port où il serait possible de conduire le navire saisi est trop éloigné.

§ 51. — Il sera dressé procès-verbal de la destruction du navire saisi et des motifs qui l'ont amenée ; ce procès-verbal sera transmis à l'autorité supérieure militaire et au tribunal d'instruction le plus proche, lequel examinera et, au besoin, complètera les actes y relatifs et les transmettra au tribunal de prises.

§ 52. — Des personnes se trouvant à bord du navire saisi, les seules qui seront considérées comme prisonniers de guerre sont celles qui font partie de la force militaire de l'ennemi, et celles qui ont assisté l'ennemi ou sont soupçonnées de l'avoir assisté.

§ 53. — Le patron, le subrécargue, le pilote et les autres personnes qu'il pourra être nécessaire d'entendre pour la constatation des faits, seront retenus à bord provisoirement. Ces personnes ne seront autorisées à quitter le bord, après leur déposition, qu'en vertu d'une décision du tribunal instructeur.

§ 54. — Les personnes trouvées et retenues à bord seront nourries et, au besoin, vêtues et soignées par le gouvernement de l'État auquel appartient le navire capteur. Le patron fournira caution pour les frais qui en résulteront, lesquels pourront être remboursés en vertu du jugement.

§ 55. — On laissera aux hommes de l'équipage les effets servant à leur usage personnel.

§ 56. — Il n'est pas permis au capteur de débarquer les hommes de l'équipage qui ne sont pas nécessaires pour l'enquête et qu'il y a lieu de renvoyer immédiatement, faute de place sur le navire capteur ou faute de vivres, sur des terres incultes et inhabitées. Mais il sera permis au capteur de faire passer les hommes à bord de navires neutres ou alliés qu'il pourra rencontrer, et de les débarquer sur des territoires cultivés et habités.

§ 57. — Le capitaine du navire capteur répond du bon traitement et du bon entretien des personnes trouvées à bord du navire saisi, par l'équipage du navire capteur et par celui qui conduit le navire saisi; il ne doit pas tolérer que celles même d'entre ces personnes qui sont prisonniers de guerre soient employées à des travaux avilissants.

9. — *Du transport du navire saisi en un port de mer.*

§ 58. — Le navire saisi sera conduit dans le port le plus voisin de l'État capteur ou dans un port d'une puissance alliée où se trouvera un tribunal pour instruire à l'égard du navire saisi.

§ 59. — Le navire saisi ne pourra être conduit dans un port d'une puissance neutre que pour cause de péril de mer, ou lorsque le navire de guerre sera poursuivi par une force ennemie supérieure.

§ 60. — Lorsque, pour cause de péril de mer, le navire de guerre s'est réfugié avec le navire saisi dans un port neutre, ils devront quitter ce port aussitôt que possible, après que la tempête aura cessé. L'État neutre a le droit et le devoir de surveiller le navire de guerre et le navire saisi durant leur séjour dans le port.

§ 61. — Lorsque le navire de guerre s'est réfugié avec le

navire saisi dans un port neutre, parce qu'il était poursuivi par une force ennemie supérieure, la prise sera relâchée.

§ 62. — Le navire saisi et la cargaison seront, autant que possible, conservés intacts durant leur voyage au port; la cargaison sera close et scellée, sauf dans le cas où la levée des scellés et l'ouverture de la cargaison seraient jugées nécessaires dans l'intérêt de la conservation de celle-ci, avec le consentement du patron.

10. — *De l'organisation et de la procédure du tribunal d'instruction des prises dans le port d'arrivée.*

§ 63. — Le tribunal d'instruction, dans le port d'arrivée du navire saisi, se compose de magistrats de l'ordre judiciaire. Le tribunal entend des officiers de marine et des employés de la douane comme experts.

§ 64. — Des délégués de l'État capteur et des capturés assistent aux opérations du tribunal. Le ou les capturés sont ordinairement représentés par le consul de leur État respectif ou, s'il n'y en a pas dans le port, par le consul d'un État ami et neutre. En l'absence d'un tel consul, les capturés sont représentés par des fondés de pouvoir judiciaires choisis par eux.

§ 65. — Le conducteur du navire saisi remet le navire, ainsi que sa cargaison et son équipage, au tribunal d'instruction, lequel prend des dispositions relativement au navire, à la cargaison et à l'équipage.

§ 66. — Sont remis au tribunal par le conducteur du navire saisi, dans les vingt-quatre heures depuis l'arrivée du navire dans le port :

1° Le procès-verbal dressé après la saisie (§ 49);

2° Les papiers mis dans une enveloppe cachetée après la saisie (§ 48);

3° Les inventaires du navire, de la cargaison et des papiers, documents et lettres trouvés à bord du navire, qui ont été dressés après la saisie (§§ 47 et 48);

4° La liste des personnes trouvées à bord, dressée après la saisie (§ 47);

5° Un compte rendu du voyage jusqu'au port d'arrivée.

§ 67. — En même temps, le conducteur du navire saisi atteste, par rapport aux papiers, que ce sont les mêmes qui se trouvaient à bord du navire saisi et qu'ils sont dans l'état dans lequel on les y a trouvés. Dans le cas où l'on n'a pas trouvé de papiers, le fait doit être constaté.

§ 68. — Le conducteur du navire saisi présente au tribunal au moins le capitaine ou patron, le subrécargue et le pilote pour être entendus.

§ 69. — Le tribunal d'instruction, après s'être assuré, en présence du conducteur du navire saisi et des capturés, du capitaine ou patron, du pilote et du subrécargue, que les scellés apposés sur le navire, la cargaison et ailleurs, sont intacts, procède ensuite, en présence des mêmes personnes, au descellement et à l'ouverture de l'enveloppe cachetée qui lui a été remise; il enregistre et fait la liste des papiers qui s'y trouvent et des personnes et des inventaires du navire et de la cargaison, en se basant sur les listes et inventaires dressés après la saisie pour contrôler et compléter, au besoin, ces derniers; il vérifie également si les personnes sont présentes et constate le résultat.

§ 70. — Le conducteur ne quitte pas le navire saisi avant de l'avoir remis, avec sa cargaison, à un gardien désigné par le tribunal d'instruction, ni avant que ce tribunal ait apposé des scellés. Après avoir accompli tous les actes qui lui sont prescrits, le conducteur cesse d'être responsable du navire, de la cargaison et de l'équipage, et la responsabilité passe au gardien, qui remet au conducteur un reçu du navire, de la cargaison et de l'équipage.

§ 71. — Le gardien désigné par le tribunal d'instruction prend livraison du navire saisi et de la cargaison, et se charge des réparations urgentes du navire, de la conservation de la cargaison ainsi que de l'entretien des personnes restant à bord.

§ 72. — Le navire saisi est conservé autant que possible et l'État capteur en supporte les frais jusqu'au jugement final. Le tribunal d'instruction met toutefois en vente publique, sur rapport d'experts, les marchandises sujettes à détérioration et le navire qu'on ne peut conserver à cause de son mauvais état, ou dont la valeur réelle n'est pas en rapport avec les frais qu'occasionnerait sa conservation. La vente publique est annoncée, tant dans le lieu où elle se fait, qu'aussi, pour le navire saisi, dans le lieu du domicile du propriétaire de ce navire. Enfin, en vertu d'une décision du tribunal et du consentement de l'État capteur, le tribunal délivre le navire, après estimation, à un réclamant qui prouve qu'il est le propriétaire légitime, pourvu que celui-ci dépose auprès du tribunal la valeur d'estimation. Même dépôt est fait du produit de la vente publique.

§ 73. — Le tribunal relâche le navire non suspect capturé en retenant la cargaison suspecte, dans le cas où le règlement demande seulement la condamnation de la cargaison.

§ 74. — Sont avant tout séparés de la cargaison, les objets qui ne sont saisissables en aucun cas; ils sont délivrés aux propriétaires légitimes. Si tous les intéressés n'y consentent pas, celui qui reçoit les objets doit en déposer auprès du tribunal la valeur estimée par experts. Sous la même condition et du consentement des parties, le tribunal délivre la cargaison au légitime propriétaire. Les réclamants supportent les frais de garde et d'assurance de la cargaison non délivrée, jusqu'à la décision finale.

§ 75. — Si le tribunal juge nécessaire de décharger la cargaison pour la conserver, des experts nommés et assermentés par lui l'inventorient en présence des parties, et la déposent dans un magasin fermé et scellé du cachet du représentant de l'État capteur, des capturés et du tribunal. Les objets que des experts déclarent susceptibles de se détériorer promptement sont vendus publiquement sur décision du tribunal.

§ 76. — Des procès-verbaux sont dressés sur la prise de livraison du navire et de la cargaison, ainsi que du déchargement, emmagasinage, fermeture, scellement et délivrance; les membres du tribunal et les parties présentes signent ces procès-verbaux.

§ 77. — Parmi les personnes trouvées à bord du navire saisi, les militaires ennemis sont remis immédiatement, comme prisonniers de guerre, à l'autorité militaire du lieu même ou du lieu le plus proche, laquelle les met à la disposition du tribunal pour être entendus à la réquisition de celui-ci. Sont remis à l'autorité militaire ceux qui ont assisté l'ennemi ou qui sont soupçonnés de l'avoir assisté. Les autres personnes trouvées à bord du navire y restent sous surveillance, pour un temps fixé par le tribunal, si et autant que le tribunal d'instruction juge leurs dépositions nécessaires. Si le navire est vendu ou détruit dans le port d'arrivée, ceux qu'on aurait dû retenir à son bord resteront aux arrêts judiciaires jusqu'à décision du tribunal. L'instruction terminée, le capitaine ou patron et le subrécargue ne sont mis en liberté que sous caution de *judicio sisti*.

§ 78. — Le tribunal d'instruction a pour tâche principale d'éclaircir complètement l'état des choses, de rechercher particulièrement de quelle manière ont eu lieu l'arrêt, la visite et éventuellement la recherche, ainsi que la saisie, et si le capteur a agi légalement, et les motifs qui ont provoqué la saisie. Si le capteur n'a pas trouvé de papiers à bord du navire saisi, ou si ceux qui y étaient sont incomplets, le tribunal interroge les personnes qui se trouvaient à bord, et s'informe auprès des propriétaires du navire et de la cargaison, ou, s'ils ne sont pas connus, au moyen d'annonces insérées dans des journaux très répandus, dans lesquelles il fait connaître la saisie avec la description exacte du navire et de la cargaison, et invite les intéressés à faire valoir leurs droits dans un délai fixé.

§ 79. — Le tribunal, après avoir constaté provisoirement l'état des choses, invite l'État capteur et les réclamants légitimes à assister, dans un délai de quatre semaines au plus, aux opérations ultérieures du tribunal et à formuler leurs demandes soit en personne ou par des mandataires à ce dûment autorisés. L'invitation comprend le résumé succinct de l'état des choses provisoirement constaté. En attendant, le conducteur du navire saisi représente l'État capteur, et le capitaine ou patron, ou le subrécargue, ou le consul respectif, représente les capturés. Pour les réclamants non représentés, le tribunal désigne des curateurs.

§ 80. — Le tribunal, après avoir pris connaissance des journaux, documents et papiers qui lui sont remis par le conducteur du navire saisi (§ 66), commence immédiatement l'audition des personnes se trouvant à bord. Il est obligé d'entendre le conducteur du navire, ainsi que le capteur, dans le cas où les deux ne se confondent pas en une seule et même personne, le capitaine ou le patron, le pilote, et le subrécargue lorsque ce n'est pas le capitaine ou patron lui-même qui était chargé de la surveillance de la cargaison.

§ 81. — Les représentants des parties ont le droit :

1° D'assister à toute l'instruction de l'affaire ;

2° De formuler par écrit ou verbalement des requêtes relatives à la communication ou à la production de pièces, ainsi qu'à la mise en état et au jugement de l'affaire, ou pour faire accélérer le procès dans le cas où le tribunal tarderait à le commencer ou qu'il y aurait des retards dans le cours de l'instruction ;

3° De demander l'audition de personnes que le tribunal n'a pas interrogées et de formuler des questions à poser aux personnes à interroger.

§ 82. — L'instruction de l'affaire ne commence que lorsque l'État capteur et les réclamants sont représentés. Le tribunal fait connaître complètement à ces représentants toutes les formalités remplies jusqu'à ce jour et communique aux intéressés, pour qu'ils en prennent connaissance, les inventaires et autres pièces.

§ 83. — L'enquête finie, le tribunal, en la faisant connaître, demande aux parties si elles désirent la compléter, et quelles requêtes elles ont encore à présenter. Après avoir donné suite aux requêtes des parties et examiné si les actes de l'enquête sont complets, le tribunal les soumet à l'inspection des intéressés, puis invite le délégué de l'État capteur à formuler, dans une quinzaine au plus, un réquisitoire final qui est communiqué aux réclamants pour y répondre dans le même délai. Le tribunal, après avoir reçu les deux déclarations, ou après l'expiration des délais fixés pour leur rentrée dans le cas où l'une ou l'autre ne lui serait pas parvenue, propose aux parties un arrangement amiable, et ne transmet que si un tel arrangement ne réussit pas, dans la quinzaine, les actes complets ainsi que tous les documents qui lui ont été remis dès le début, au tribunal des prises, en donnant avis de cette transmission à l'État capteur et aux réclamants.

§ 84. — Procès-verbal est dressé de toutes les formalités qui ont eu lieu dans l'instruction. Les personnes interrogées signent leurs déclarations.

II. — *De l'organisation et de la procédure du tribunal des prises maritimes.*

§ 85. — L'organisation des tribunaux de prises de première instance demeure réglée par la législation de chaque État.

§ 86. — Si un arrangement amiable n'a point réussi, les procès de prises vont directement du tribunal d'instruction des prises de l'État capteur, au tribunal des prises maritimes national de première instance, lequel, après avoir examiné l'affaire, assigne les parties intéressées, savoir : l'État capteur et les capturés, qui se font représenter tous deux auprès du tribunal par des mandataires, lesquels signent aussi les mémoires présentés dans le procès. Le tribunal vérifie les pouvoirs des mandataires, qui doivent être dûment constitués.

§ 87. — Au cas où le tribunal, au bout de la quinzaine après réception de l'affaire, ne publierait pas l'invitation aux parties de se présenter, celles-ci auraient le droit d'adresser une plainte à l'instance internationale supérieure pour cause de retard dans la procédure.

§ 88. — Le tribunal constate :

1° Si la saisie est légale en la forme et au fond ;

2° Si elle doit être maintenue ou levée, c'est-à-dire s'il faut adjuger la propriété du bien saisi à l'État capteur ou bien si l'on doit restituer aux capturés le navire ou les marchandises ;

3° Si le fait qui a motivé la saisie constitue une infraction à une disposition du droit des gens.

§ 89. — Le tribunal fait compléter au besoin par le tribunal d'instruction la constatation du fait, et examine et décide l'affaire même en l'absence de requêtes et conclusions des parties.

§ 90. — Les mandataires, après avoir déposé un cautionnement pour les frais de justice, dont le tribunal fixe le montant, sont autorisés à remettre au tribunal un mémoire des motions ou réclamations, dans un délai de quatre semaines, en y joignant les documents sur lesquels est basé l'exposé et en énumérant les preuves que les parties font valoir.

§ 91. — Le tribunal invite de suite les mandataires à prendre connaissance du mémoire de la partie adverse et à y répondre par écrit dans un délai de quinze jours. Le tribunal et les mandataires ayant pris connaissance de ces réponses, jour est fixé pour les débats publics. Pour ces débats, le président ouvre l'audience par un exposé historique de l'affaire. Les parties font acter leurs répliques et conclusions, et la discussion se fait, à la fois, sur plusieurs réclamations soulevées.

§ 92. — Si le tribunal juge nécessaire une production de preuves ou si l'une des parties ou toutes deux la proposent, et que le tribunal y consente, ce dernier ordonne de terminer la production de preuves dans un délai de quinze jours. Ce délai peut être prorogé par le tribunal à raison des distances.

Après l'expiration du délai fixé, le tribunal informe les parties par écrit, dans les huit jours, du résultat de cette production de preuves, et fixe pour les débats une nouvelle audience dans laquelle il procède comme dans la précédente. Les parties peuvent fournir dans leurs plaidoiries et conclusions orales des preuves et faits nouveaux.

§ 93. — Dans le cas où le représentant de l'État capteur n'a présenté aucune motion ou que les capturés n'ont fait valoir aucune réclamation, le tribunal procède, après l'expiration du délai pour les motions ou les réclamations, à la décision de l'affaire suivant l'état où se trouve en ce moment la procédure. Il en est de même lorsque les parties, ou l'une d'elles, ne comparaissent pas à l'audience fixée pour les débats, tous les délais étant forclusifs. Il n'est pas admis de requête pour restitution en entier.

§ 94. — Un délai de quinze jours est fixé pour le prononcé du jugement, ce délai courant à partir de la clôture des débats. Au cas où le tribunal laisserait passer ce délai sans rendre sa décision, les parties auraient le droit de porter plainte relativement au retard auprès du tribunal d'appel.

§ 95. — Le jugement énonce :

1° A qui l'on doit remettre le navire et la cargaison, ou le montant du prix de la vente publique effectuée, ou la somme payée par le propriétaire si on lui a délivré le navire ou la cargaison ;

2° Quel dédommagement sera donné, à qui, et par qui, dans les cas : *a)* de l'arrêt ou de la saisie illégitimes ou illégaux par les officiers de vaisseaux de guerre; *b)* du retardement de la procédure ou de la décision du procès, et *c)* de la libération du navire et de la cargaison ;

3° Si les cautionnements déposés seront restitués, jusqu'à

concurrence de quelle somme, et à qui cette restitution doit se faire;

4° Laquelle des deux parties aura à supporter les frais occasionnés par le navire, la cargaison et la procédure, s'il y a lieu de rembourser les frais de transport aux capturés ou si ceux-ci les perdront parce qu'ils ont enfreint le règlement;

5° Une décision touchant le sort de l'équipage du navire capturé, dans le cas où le tribunal d'instruction ne l'a pas déjà mis en liberté.

§ 96. — Le jugement sera publié, et les mandataires des parties seront cités à cet effet. Au cas où l'un ou l'autre ne comparaîtrait pas au jour fixé, le tribunal en dressera procès-verbal et le jugement sera considéré comme publié. Le tribunal délivre, sur la demande d'un mandataire, des copies du jugement publié. Lors de la publication, connaissance est donnée des dispositions relatives à l'appel.

§ 97. — Procès-verbal est dressé de tous les débats, des conclusions, du jugement et de sa publication, et lecture en est donnée aux mandataires. Le procès-verbal, rectifié et complété au besoin, est signé par le président et le greffier.

§ 98. — L'exécution du jugement se fait en vertu de celui-ci par le tribunal d'instruction.

§ 99. — Le jugement est exécutoire lorsque le mandataire d'aucune des parties n'a interjeté appel contre la décision du tribunal des prises dans le délai voulu. Le jugement dont appel ne peut être exécuté que moyennant caution.

12. — *De l'organisation et de la procédure du tribunal international des prises maritimes.*

§ 100. — Au début de chaque guerre, chacune des parties belligérantes constitue un tribunal international d'appel en matière de prises maritimes. Chacun de ces tribunaux est composé de cinq membres désignés comme suit :

L'État belligérant nommera lui-même le président et un des membres. Il désignera en outre trois États neutres, qui choisiront chacun un des trois autres membres.

§ 101. — Tout procès de prise peut être déféré, sur demande des parties produite dans un délai de vingt jours, au tribunal international d'appel. L'introduction et la justification de l'appel se font en même temps et les délais courent à partir du jour du prononcé du jugement par le tribunal, ce jour non compris.

§ 102. — L'appel s'adresse au tribunal national des prises maritimes, lequel le notifie à la partie adverse, qui exige de l'appelant un dépôt de cautionnement pour le payement des frais de justice.

§ 103. — La justification de l'appel indique et motive les différents griefs se rapportant à des points déterminés du jugement du tribunal national des prises maritimes.

§ 104. — Le tribunal national des prises maritimes, en communiquant le mémoire d'appel à la partie adverse, l'invite à présenter une réplique dans un délai de quinze jours. A l'expiration de ce délai, ledit tribunal envoie les actes et le mémoire d'appel avec la réplique au tribunal international d'appel. Le tribunal national pourra accorder une prorogation de délai pour cause légitime.

§ 105. — La procédure devant le tribunal international d'appel est, en général, celle du tribunal des prises maritimes.

§ 106. — Le jugement ou l'arrêt de l'instance d'appel sera motivé et rendu en se basant sur un rapport écrit du président du tribunal, et en tenant compte des preuves et faits nouveaux que l'on aurait produits dans la procédure d'appel.

§ 107. — Il n'est admis, au sujet de la procédure et du jugement, ni pourvoi ou demande de restitution en entier, ni requêtes et observations des consuls et agents des États.

§ 108. — Le jugement d'appel est prononcé en présence des mandataires des parties assignées à cet effet, auxquels, sur leur demande, copie en est donnée. Il sera, en outre, publié dans un ou plusieurs journaux.

§ 109. — Après la publication, le tribunal national des prises maritimes sera requis pour l'exécution du jugement.

13. — *Du droit matériel concernant le jugement des procès de prise et de reprise.*

A. — Procès de prise.

§ 110. — Aucun navire marchand, ni aucune cargaison appartenant à un particulier, ennemi ou neutre, aucun navire naufragé, échoué ou abandonné, ni aucun bâtiment de pêche, ne peuvent être objets de prise et condamnés qu'en vertu d'un jugement des tribunaux de prises et pour des actes prohibés par le présent règlement.

§ 111. — Les tribunaux de prises sont obligés de juger d'après les règles du droit international.

§ 112. — Les tribunaux de prises ne peuvent condamner des prises ennemies ou neutres que pour les faits suivants:

1° Transport prohibé en temps de guerre;

2° Violation de blocus;

3° Résistance à l'arrêt, à la visite, à la recherche ou à la saisie;

4° Actes de participation de navires privés à des hostilités des belligérants.

§ 113. — Pour qu'il y ait condamnation du chef de transport prohibé en temps de guerre, il faut :

1° Que le transport soit à destination de l'ennemi ;

2° Que l'objet transporté soit lui-même prohibé, c'est-à-dire contrebande ou quasi-contrebande de guerre ;

3° Que la contrebande soit saisie en flagrant délit, ou qu'elle soit trouvée à bord du navire au moment de l'arrêt de celui-ci.

§ 114. — Pour qu'il y ait condamnation du chef de violation de blocus, il faut :

1° Que le blocus soit publié et effectif ;

2° Qu'il ait été porté à la connaissance du navire accusé, et que ce navire ait tenté de violer un tel blocus selon les dispositions du présent règlement (§§ 43 et 44).

Il n'y a pas lieu à condamnation si un navire a pénétré à travers la ligne d'un blocus, ou dans une mer bloquée, par suite d'un accident, tel qu'une tempête, ou d'une erreur ; toutefois, ces faits devront être prouvés par le navire qui les allègue.

§ 115. — La résistance d'un navire marchand à l'arrêt, à la visite, à la recherche ou à la saisie, doit être prouvée en fait et manifestée par des actes ; une simple protestation du navire résistant ne pourra motiver la condamnation.

§ 116. — Dans le cas de participation d'un navire privé aux hostilités des belligérants, il faut que la participation soit prouvée et reconnue comme telle.

§ 117. — La correspondance officielle et la contrebande transportée à destination de l'ennemi seront confisquées ; les troupes transportées à l'ennemi seront faites prisonnières. Le navire transportant ne sera condamné que :

1° S'il fait résistance ;

2° S'il transporte des troupes à l'ennemi;

3° Si la cargaison transportée à destination de l'ennemi se compose principalement d'approvisionnements pour les navires de guerre ou pour les troupes de l'ennemi.

§ 118. — Le navire sera condamné avec sa cargaison :

1° Dans le cas de violation de blocus (§ 114);

2° Dans le cas de résistance (§§ 112 et 115);

3° Dans le cas de participation à des hostilités des belligérants (§ 116).

B. — Procès de reprise.

§ 119. — Tout navire privé pris en temps de guerre par un navire de guerre d'un belligérant peut être objet de reprise par un navire de guerre de l'autre belligérant, quel que soit d'ailleurs le temps durant lequel la prise est restée au pouvoir de l'ennemi avant d'être reprise.

§ 120. — Toute reprise doit être reconnue comme telle et jugée par le tribunal national des prises maritimes.

§ 121. — Le repreneur sera tenu de restituer la reprise au propriétaire légitime primitif, sauf le cas où celui-ci l'aurait fait servir à un but interdit par le règlement international.

§ 122. — Il ne sera accordé de prime pour les recaptures que dans le cas où le navire et la cargaison seront adjugés au propriétaire primitif, lequel même ne restituera que les dépenses occasionnées par la reprise et vérifiées par le tribunal national des prises maritimes.

XIV

Sujets à l'ordre du jour de l'Institut sur lesquels il n'est encore intervenu aucun vote de principe.

Première commission : *Réglementation internationale de la tutelle des majeurs.*

Rapporteurs : MM. Glasson et Lehr.

L'Institut a adopté à Genève, en 1892, les huit articles proposés par la Commission, mais a ajourné à une autre session son vote définitif sur l'ensemble du Règlement (Cfr., *suprà*, p. 49).

Deuxième commission : *Conflits de lois et législation internationale en matière de faillites.* (Cfr. *Ann.*, t. XI, p. 113; t. XII, p. 103.)

Rapporteurs : MM. Weiss et Asser.

Troisième commission : *Définition et régime de la mer territoriale.* (Cfr. *Ann.*, t. X, p. 293; t. XI, p. 133; t. XII, p. 104.)

Rapporteurs : MM. Barclay et Renault.

Quatrième commission : *Règles relatives à l'usage du pavillon national par les navires de commerce.*

Rapporteurs : M. Asser et lord Reay.

Cinquième commission : *Revision de l'art. XXVI des Résolutions d'Oxford sur l'extradition.* (Cfr., *suprà*, p. 102.)

Rapporteurs : MM. Lammasch et Renault.

Sixième commission : *Traite maritime; réglementation de la police des navires négriers.* (Cfr., *suprà*, p. 94.)

Rapporteurs : MM. Engelhardt et de Martens.

Septième commission : *Réglementation internationale du droit relatif aux moyens de transport et de communication.* (Cfr. *Ann.*, t. IX, p. 256; t. X, p. 204; t. XI, p. 272; t. XII, p. 184.)

Rapporteurs : MM. Meili et Buzzati.

Huitième commission : *Réglementation internationale de la contrebande de guerre.* (Cfr. *Ann.*, t. XII, p. 288.)

Rapporteurs : MM. Kleen et Brusa.

Neuvième commission : *Responsabilité des États à raison des dommages soufferts par des étrangers en cas d'émeute ou de guerre civile.* (Cfr. *Ann.*, t. XII, p. 62 et 282.)

Rapporteurs : MM. Jellinek et Brusa.

Dixième commission : *Conflits de lois en matière de nationalité (naturalisation et expatriation).* (Cfr. *Ann.*, t. XI; t. XII, p. 257.)

Rapporteurs : MM. Catellani et Weiss.

Onzième commission : *Conflits de lois en matière de titres au porteur et examen des mesures internationales à prendre pour la protection des propriétaires de titres au porteur dépossédés.* (Cfr. *Ann.*, t. XI; t. XII, p. 258.)

Rapporteurs pour la question du conflit des lois : MM. Lyon-Caen et Sacerdoti.

Rapporteurs pour la question de la protection des propriétaires dépossédés : MM. Asser et Vincent.

Douzième commission : *Étude des réformes qui peuvent être désirables dans les institutions judiciaires actuellement en vigueur dans les pays d'Orient, par rapport aux procès dans lesquels est engagée une personne ressortissant à une puissance chrétienne d'Europe ou d'Amérique.* (Cfr., *suprà*, p. 122; *Ann.*, t. XI, p. 336; t. XII, p. 258.)

Rapporteurs généraux : MM. ROLIN-JAEQUEMYNS et *N.*

Rapporteurs spéciaux : *Turquie :* MM. RENAULT et *N.*

Égypte : MM. FÉRAUD-GIRAUD et *N.*

Maroc et Tripoli : MM. DE LABRA et *N.*

Chine, Corée et Siam : MM. FERGUSON et *N.*

Japon : sir Travers TWISS et M. HOLLAND.

Territoires sous le protectorat de la France : MM. ENGELHARDT et *N.*

Territoires sous le protectorat de l'Allemagne : MM. HEIMBURGER et *N.*

Territoires sous le protectorat de la Grande-Bretagne : lord REAY et M. *N.*

Territoires sous le protectorat de l'Italie : MM. CATELLANI et BUZZATI.

Treizième commission : *Immunités diplomatiques et consulaires.* (Cfr. *Ann.*, t. X, p. 274 ; t. XI, p. 347 ; t. XII, p. 260.)

Rapporteurs pour la question des immunités diplomatiques : MM. LEHR et ENGELHARDT.

Rapporteurs pour la question des immunités consulaires : MM. ENGELHARDT et FÉRAUD-GIRAUD.

Quatorzième commission : *De la compétence à attribuer aux agents diplomatiques ou consulaires comme officiers de l'état civil.* (Cfr. *Ann.*, t. XII, p. 62 et 282.)

Rapporteurs : MM. PIERANTONI et *N.*

Quinzième commission : *Examen de la Convention d'union internationale de 1886 pour la protection des œuvres littéraires et artistiques.* (Cfr. *Ann.*, t. XII, p. 62 et 282.)

Rapporteurs : MM. ROGUIN et *N.*

XV

De quelques matières, ayant fait l'objet des délibérations de l'Institut, sur lesquelles il est intervenu, depuis lors, des actes internationaux ou officiels[1].

Il nous a paru intéressant de mentionner ici quelques décisions de droit positif intervenues, ou certaines propositions formulées officiellement, sur des matières qui avaient fait antérieurement, de la part de l'Institut, l'objet des travaux et des résolutions rappelés dans les pages qui précèdent. Nous ne donnons, du reste, ces indications qu'à titre de renseignement, et sans prétendre en aucune façon à une énumération complète, qui serait en dehors de notre cadre.

A

Connaissance des traités internationaux.

Projet d'Union internationale pour la publication des traités
(*suprà*, p. 22 et suiv).

Le Conseil fédéral suisse a adressé aux gouvernements des autres États une circulaire, en date du 4 octobre 1892, pour leur proposer une conférence en vue d'élaborer une convention internationale sur la publication des traités (cfr. *Annuaire*, t. XII, p. 257).

B

Conflit des lois civiles[2].

Des règles sur les conflits des lois civiles ont été posées par les actes suivants :

a) Traité de droit civil international, conclu à Montévidéo,

[1] La plupart des matériaux de ce chapitre nous ont été fournis par le secrétaire-adjoint de l'Institut, M. J. Brusa, professeur de droit des gens et de droit commercial à l'université de Lausanne.

[2] Cfr., suprà, p. 30 et suiv.

le 12 février 1889, entre l'Uruguay, la République Argentine, le Paraguay, le Brésil, le Chili, le Pérou et la Bolivie [1].

b) Loi suisse du 25 juin 1891, sur les rapports de droit civil des citoyens établis ou en séjour.

c) Projet de code civil belge (1887), *Titre préliminaire.*

d) Code civil du canton de Zurich de 1887, *Introduction* (art. 1 à 6).

e) Code civil espagnol de 1888-1889, livre Ier, titre 1er.

f) Projet de code civil allemand, *passim* (art. 1243, 1894 et 2079; *Motive*, t. IV, p. 34, 310, 969, 1047; t. V, p. 260, 574).

Le traité d'amitié entre le Mexique et la République Dominicaine du 29 mars 1890 (art. 6) contient des dispositions relatives aux conflits des lois en matière de successions.

O

Conflit des lois commerciales [2].

Les conflits de lois commerciales ont été prévus et réglés, dans les dix dernières années, par les textes de lois ou de convention suivants:

a) Traité de droit commercial international, signé à Montévidéo le 12 février 1889.

b) Code de commerce italien du 31 octobre 1882 (art. 58).

c) Code de commerce espagnol du 24 avril 1885 (art. 15 et 21).

d) Code de commerce portugais du 23 août 1888 (art. 4 à 6).

---

[1] Un congrès, formé des plénipotentiaires de ces sept puissances et réuni à Montévidéo du 25 août 1888 au 18 février 1889, a négocié huit traités : sur les brevets d'invention (10 janvier 1889), la propriété littéraire et artistique (11 janvier), la procédure (même date), les marques de commerce et de fabrique (16 janvier), le droit pénal international (23 janvier), l'exercice des professions libérales (4 février 1889), le droit civil international (12 février) et le droit commercial international (même date). Ces traités paraissent, d'ailleurs, n'avoir été que partiellement ratifiés par les gouvernements représentés. Nous devons ces renseignements à l'obligeance de notre éminent confrère, M. Pradier-Fodéré, qui a publié, dans la *Revue de droit international*, deux intéressants articles sur le Congrès et sur les huit traités (t. XXI, p. 217 et 561).

[2] Cfr., *suprà*, p. 52 et suiv.

Un projet de loi internationale sur les lettres de change a été adopté au Congrès de droit commercial tenu à Bruxelles du 30 septembre au 6 octobre 1888, tout comme l'Institut en avait voté un dans la même ville trois ans auparavant (cfr., *suprà*, p. 56); mais, jusqu'à présent, aucun État n'a donné de sanction officielle soit à l'un, soit à l'autre.

La personnalité des sociétés commerciales étrangères[1] est reconnue dans quelques traités de commerce récents, notamment :

a) Traité entre l'Allemagne et l'Autriche-Hongrie du 6 décembre 1891 (art. 19, § 5).

b) Traité entre la Suisse et l'Autriche-Hongrie du 10 décembre 1891 (art. 8).

Elle avait déjà été consacrée, antérieurement à la session de Hambourg de 1891 :

par le Code de commerce italien de 1882 (art. 230 à 232);
par le Code de commerce espagnol de 1885 (art. 15 et 21 *in fine*);
par le Code de commerce portugais de 1888 (art. 109 à 112).

D

Droit maritime en temps de paix.

Le gouvernement belge a proposé, en 1890, aux différents États maritimes un projet de Convention internationale sur les conflits de lois en matière maritime.

Lors de la session de Hambourg, le Portugal avait seul adhéré au projet belge[2].

---

[1] Cfr., *suprà*, p. 83.

[2] Dans sa séance plénière du jeudi 12 septembre 1891, l'Institut, sur la proposition de M. Lyon-Caen, a adopté, sur ce sujet, la résolution suivante (Cfr. *Annuaire*, t. XI, p. 442) :

L'Institut de droit international,

Considérant les résolutions votées par lui dans ses sessions antérieures et spécialement dans sa session de Lausanne,

Émet le vœu :

Que le projet de convention relatif aux conflits de lois en matière

CANAL DE SUEZ [1]

La protection internationale du canal de Suez a fait l'objet d'une convention conclue à Constantinople le 29 octobre 1888 entre l'Allemagne, l'Autriche-Hongrie, l'Espagne, la France, la Grande-Bretagne, l'Italie, la Hollande, la Russie et la Turquie.

CABLES SOUS-MARINS [2]

La protection internationale des câbles sous-marins en temps de paix est également sanctionnée par une convention conclue à Paris le 14 mars 1884 entre 27 États, savoir : l'Allemagne, la Confédération Argentine, l'Autriche-Hongrie, la Belgique, le Brésil, la Colombie, Costa-Rica, le Danemark, la République Dominicaine, l'Espagne, les États-Unis d'Amérique, la France, la Grande-Bretagne, la Grèce, Guatémala, l'Italie, les Pays-Bas, la Perse, le Portugal, la Roumanie, la Russie, Salvador, la Serbie, la Suède et la Norvège, la Turquie, l'Uruguay.

ABORDAGES MARITIMES [3]

La Conférence internationale réunie à Washington du 17 octobre au 31 décembre 1889, pour la revision de divers règlements maritimes internationaux, a adopté une *Résolution* dont la division Ire renferme les règles à observer pour prévenir les abordages.

maritime, communiqué par le gouvernement belge, en 1890, à tous les gouvernements des États maritimes et auquel a adhéré le Portugal, soit soumis à l'examen d'une Conférence internationale officielle.

Le rédacteur du *Tableau général* n'a eu sous les yeux la fin du t. XI de l'*Annuaire* que postérieurement à l'impression des pages 84 et suiv., ci-dessus, dans lesquelles il aurait mentionné cette *Résolution* sans cette circonstance.

[1] Cfr., *suprà*, p. 84.

[2] Cfr., *suprà*, p. 86.

[3] Cfr., *suprà*, p. 91.

E

Conflits des lois pénales[1].

Cette matière fait l'objet du traité de droit pénal international signé à Montévidéo le 23 janvier 1889, entre l'Uruguay, la République Argentine, le Paraguay, le Pérou et la Bolivie. (V., ci-dessus, p. 226, note 1.)

Elle est réglée par le Code pénal des Pays-Bas du 3 mars 1881, art. 1 à 8;

par le Code portugais de 1886, art. 53 (cfr. loi portugaise du 1er juillet 1867, no 148, art. 1er);

par le Code pénal italien en vigueur depuis le 1er janvier 1890 (art. 3 à 9);

par le Code pénal neuchâtelois en vigueur depuis le 1er juillet 1891;

par le Projet de Code pénal argentin de 1891, art. 1 à 4.

EXTRADITION

L'extradition (cfr., *suprà*, p. 102) a fait l'objet de plusieurs lois et de nombreux traités récents.

Parmi les lois, nous citerons, notamment, la loi argentine du 25 août 1885 et la loi suisse du 22 janvier 1892.

Les principaux traités d'extradition conclus depuis 1881, c'est-à-dire postérieurement à l'adoption par l'Institut de ses *Résolutions* d'Oxford, sont les suivants :

a. *Traités conclus par l'Allemagne :*

Avec la Russie, 8/20 mars 1885.
— le Congo, 21 mars 1891.
— l'Italie, 3 octobre 1891.

b. *Traités conclus par l'Autriche-Hongrie :*

Avec la Belgique, 12 janvier 1881.
— la Serbie, 6 mai 1881.
— le Luxembourg, 11 février 1882.

[1] Cfr., *suprà*, p. 98.

Avec l'Italie (convention additionnelle), 6 décembre 1882.
— le Brésil, 21 mai 1883.
— Monaco, 22 février 1886.

c. *Traités conclus par la Bavière :*

Avec la Russie, 16 septembre 1885.

d. *Traités conclus par la Belgique :*

Avec la Serbie, 23 mars 1881.
— le Mexique, 12 mai 1881.
— la Russie (convention additionnelle), 22 juillet 1881.
— le Portugal — 16 décembre 1881.
— l'Italie — 30 décembre 1881.
— Monaco — 30 décembre 1881.
— les États-Unis, 13 juin 1882.
— la Suisse (convention additionnelle), 11 septembre 1882.
— le Vénézuéla, 10 mars 1884.
— la République Argentine, 12 avril 1886.
— la Grande-Bretagne, 21 avril 1887.
— la France, étendant l'extradition à la Tunisie, 26 juin 1888.
— les Pays-Bas, 31 mai 1889.
— la France (déclaration), 14 novembre 1889.
— le Pérou, 23 août 1890.

e. *Traités conclus par l'Espagne.*

Avec la République Argentine, 28 mai 1881.
— le Salvador, 22 novembre 1884.
— l'Uruguay, 23 novembre 1885.
— le Japon et les États-Unis, 29 avril 1880.
— le Danemark, 21 octobre 1889.

f. *Traités conclus par les États-Unis.*

Avec l'Espagne (convention supplémentaire), 7 août 1882.
— le Luxembourg, 27 octobre 1883.

g. *Traités conclus par la Grande-Bretagne.*

Avec l'Équateur, 20 septembre 1880.
— le Salvador, 23 juin 1881.

Avec l'Uruguay, 26 mars 1884.
— le Guatémala, 24 juillet 1885.
— les États-Unis, 25 juin 1886.
— le Mexique, 7 septembre 1886.
— la Russie, 24 novembre 1886.
— la Colombie, 27 octobre 1888.
— la France (étendant l'extradition à la Tunisie), 31 décembre 1889.

h. *Traités conclus par l'Italie :*

Avec les États-Unis, 11 juin 1884.
— les Pays-Bas, 26 juillet 1886.

i. *Traités conclus par le Portugal :*

Avec la Russie, 28 avril/10 mai 1887.
— le Congo, 22 août 1888.
— l'Uruguay, 27 septembre 1888.

k. *Traité conclu par la Roumanie :*

Avec Monaco, 17/29 décembre 1881.

l. *Traités conclus par la Suisse :*

Avec l'Espagne, 31 août 1883.
— le Salvador, 30 octobre 1883.
— le Transvaal, 6 novembre 1883 (art. 10.)
— Monaco, 10 décembre 1885.
— la Serbie, 28 novembre 1887.
— l'Équateur, 22 juin 1888.
— le Congo, 4 mars 1891.

F

Procédure civile.

La procédure civile internationale fait l'objet de l'un des traités signés à Montévidéo en 1889 (11 janvier) [1].

Le traité austro-serbe du 6 mai 1881 règle le for et l'exécution des jugements. (Cfr., *suprà*, p. 112.)

G

Solution pacifique des différends internationaux.

Le traité de Washington, du 28 avril 1890, entre dix-sept États américains, institue et règle entre les contractants l'arbitrage international. Il est en vigueur pour dix ans. Toutes les autres nations peuvent y accéder en en signant un exemplaire et en le déposant entre les mains du gouvernement des États-Unis. Le traité a été notifié à tous les États de l'Europe par le gouvernement des États-Unis.

La France et la Suisse se sont déclarées favorables à l'institution. Il peut être intéressant de rappeler ici que, dès l'année 1883, les États-Unis et la Suisse avaient élaboré un projet de traité par lequel ils s'engageaient à soumettre à un tribunal arbitral toutes les difficultés qui pourraient naître entre eux, quels qu'en pussent être la cause, la nature ou l'objet; par suite de la mort du principal négociateur, M. Frelinghuysen, secrétaire d'État américain aux Affaires étrangères, ce projet de traité n'a pas encore abouti.

La commission du Folkething danois a conclu à ce que le ministère donne son adhésion à la convention et fasse, en vue de la conclusion de traités analogues, des ouvertures à la Suède, à la Norvège et, d'une manière générale, à tous les autres États.

La clause compromissoire est renfermée dans les traités d'établissement entre la Belgique et l'Équateur, du 28 février 1882; la Suisse et le Salvador, du 30 octobre 1883; la France et l'Équateur, du 12 mai 1888; dans la Convention de Berlin, du 26 février 1885; dans divers traités de délimitation de frontières conclus en 1887 entre le Nicaragua et le Costa-Rica (9 février), entre le Honduras et le Salvador (9 février), entre la Bolivie et le Paraguay (17 février), etc.

[1] Cfr., *suprà*, p. 226, note 1.

ARBITRAGES

Parmi les arbitrages qui ont effectivement eu lieu dans les dernières années, nous mentionnerons les suivants :

Arbitrage de l'empereur d'Autriche entre la Grande-Bretagne et le Nicaragua (1881) ;

Commission mixte entre la France et le Chili (1882) ;

Arbitrage du président de la République Française entre les Pays-Bas et la République Dominicaine (1882) ;

Arbitrage du pape Léon XIII entre l'Allemagne et l'Espagne, affaire des Carolines (1885) ;

Commission mixte entre la République Argentine et le Brésil (1886) ;

Arbitrage de l'Espagne entre la Colombie et le Vénézuéla (1887) ;

Arbitrage du ministre d'Espagne à Bogota entre l'Italie et la Colombie (1887) ;

Arbitrage du président Cleveland entre le Nicaragua et le Costa-Rica (1888) ;

Arbitrage de la reine d'Espagne entre le Pérou et l'Équateur (1888) ;

Arbitrage du baron Lambermont entre l'Angleterre et l'Allemagne, affaire de Lamu (1888) ;

Arbitrage de l'empereur de Russie entre la France et les Pays-Bas, affaire de délimitation dans la Guyane (1888) ;

Arbitrage de sir Edm. Monson entre le Danemark et la Suède (1888) ;

Compromis entre les États-Unis et le Vénézuéla (1890) ;

Compromis entre l'Allemagne, les États-Unis et la Grande-Bretagne, affaire des îles Samoa (1890) ;

Compromis entre la France et la Grande-Bretagne, affaire de Terre-Neuve (1891) ;

Arbitrage de la Suisse entre l'Angleterre, les États-Unis et le Portugal, affaire du chemin de fer de la baie Delagoa (1891) ;

Compromis entre l'Angleterre et les États-Unis, affaire du détroit de Behring (1891).

H

Fleuves internationaux.

Le fleuve du Congo est régi par l'acte de navigation renfermé dans l'Acte général de Berlin, du 26 février 1885, art. 13-25 et 26-33.

I

Lois et coutumes de la guerre.

Dans la séance du Conseil national suisse du 0 décembre 1892, M. GOBAT et un certain nombre de ses collègues ont déposé une motion tendant à inviter le Conseil fédéral « à examiner s'il n'y aurait pas lieu qu'il prît l'initiative d'une entente internationale analogue à la Convention de Genève et ayant pour objet la protection, en temps de guerre, des édifices consacrés à l'instruction publique et aux cultes, ainsi que les collections publiques, scientifiques et artistiques ». (Cfr., *suprà*, p. 179, art. 34 du *Manuel* d'Oxford.)

TROISIÈME PARTIE

PERSONNEL DE L'INSTITUT DE DROIT INTERNATIONAL

I

Composition primordiale de l'Institut.

1. — Membres fondateurs présents à la session de Gand, 1873 (11).

MM.
ASSER (Amsterdam).
BÉSOBRASOF (St-Pétersbourg)
BLUNTSCHLI (Heidelberg).
CARLOS CALVO (Buenos-Ayres).
DAVID DUDLEY-FIELD (New-York).
ÉM. DE LAVELEYE (Liège).
J. LORIMER (Édimbourg).
MANCINI (Rome).
MOYNIER (Genève).
PIERANTONI (Naples).
ROLIN-JAEQUEMYNS (Gand)

2. — Membres confirmés ou élus dans la même session (26).

MM.
AHRENS (Allemagne).
BEACH LAWRENCE (États-Unis).
M. BERNARD (Angleterre).
BULMERINCQ (Russie).
CAUCHY (France).
DROUYN DE LHUYS (France).
ESPERSON (Italie).
GOLDSCHMIDT (Allemagne).
HAUTEFEUILLE (France).
HEFFTER (Allemagne).
HOLTZENDORFF (DE) (Allemagne).
LANDA (Espagne).
LAURENT (Belgique).
LUCAS (France)
MASSÉ (France).
NAUMANN (Suède).

MM.
OLIVECRONA (D') (Suède).
PARIEU (DE) (France).
SCLOPIS (Italie).
STEIN (DE) (Autriche).
VERGÉ (France).

MM.
VIDARI (Italie).
WASHBURN (États-Unis).
WESTLAKE (Angleterre).
WHARTON (États-Unis).
WOOLSEY (États-Unis).

3. — Auxiliaires (associés) élus en 1873 (2).

M. ALPHONSE RIVIER.
M. ALBÉRIC ROLIN.

II

Liste des membres et associés de l'Institut, classés par pays et d'après la date de leur première élection, avec l'indication des fonctions qu'ils ont remplies et des sessions auxquelles ils ont assisté[1].

ABRÉVIATIONS

F	Fondateur.
M	Membre effectif.
A	Auxiliaire ou associé.
H	Membre honoraire.
†	Décédé.
Dém.	Démissionnaire.
*	Décédé ou démissionnaire.
PH	Président d'honneur.
P	Président.
VP	Vice-Président.
SG	Secrétaire général.
S	Secrétaire.
T	Trésorier.
I	Présent à la session de Gand (1873).
II	Présent à la session de Genève (1874).
III	Présent à la session de La Haye (1875).
IV	Présent à la session de Zurich (1877).
V	Présent à la session de Paris (1878).
VI	Présent à la session de Bruxelles (1879).
VII	Présent à la session d'Oxford (1880).
VIII	Présent à la session de Turin (1882).
IX	Présent à la session de Munich (1883).
X	Présent à la session de Bruxelles (1885).
XI	Présent à la session de Heidelberg (1887).
XII	Présent à la session de Lausanne (1888).
XIII	Présent à la session de Hambourg (1891).
XIV	Présent à la session de Genève (1892).

[1] Nous devons cette liste à l'obligeante collaboration de M. G. Moynier.

Les noms des membres effectifs sont en grandes capitales; ceux des associés, en petites capitales; les chiffres arabes entre crochets donnent les dates des élections. Il est rappelé qu'à l'Institut les membres sont classés, non d'après leur résidence, mais d'après leur nationalité, et, s'ils ont plusieurs nationalités, d'après leur nationalité active actuelle. (Cfr. *Annuaire*, t. X, p. 23 et suiv.)

---

1. — Allemagne.

* BLUNTSCHLI . . . F 1873, I, [VP 1874], II, [P 1875], III, [VP 1877], IV, VI, VII, † 1881.
* AHRENS . . . . . . [M 1873], † 1874.
* BULMERINCQ (DE) . . [M 1873], II, III, IV, V, VI, VIII, IX, [P 1887], XI, † 1890.

GOLDSCHMIDT . . [M 1873], II, IX, XIII.

* HEFFTER . . . . . [M 1873], † 1880.
* HOLTZENDORFF (DE) [M 1873], II, [P 1883], IX, † 1889.

BAR (DE) . . . . . [M 1874], VI, VII, IX, X, XI, [VP 1888], XII, [P 1891], XIII, XIV.

LESING . . . . [A 1874].

MARQUARDSEN . . [M 1874], III, VIII, IX, XIII.

* GESSNER . . . . . [A 1875], IV, [M 1878], V, VI, VII, VIII, IX, X, XII, † 1890.
* MEIER (Ernst). . . . [A 1875], Dém. 1886.

LUEDER . . . . . [M 1877], IX, XI.

PERELS . . . . . . [A 1879], VIII, IX, [M 1885], X, XI, XIV.

* SCHULZE. . . . . . [A 1879], VI, [M 1880], VIII, XI, † 1888.

TEICHMANN . . . . [A 1880], VIII.

MARTITZ (DE) . . . [A 1882], IX, X, XI, [M 1891], XIII.

HARBURGER . . . [A 1883], IX, X, XII, XIII, [M 1892], XIV.

GEFFCKEN . . . . . [A 1885], X, XI, [M 1891].

HARTMANN. . . . [A 1887], XI, XII, [M 1891], XIII, XIV.

STŒRK . . . . [A 1888].
DAHN . . . . [A 1891].
GAREIS . . . . [A 1891].
HEIMBURGER . . . . . [A 1891], XIV.
JELLINEK . . . . . . [A 1891].
MEYER (Georg) . . . . [A 1891].
SIEVEKING . . . . . . [A 1892].

2. — Argentine (République).

CALVO . . . . F 1873, I.
* LEGUIZAMON . . . . . [A 1879], † 1887.
ALCORTA . . . . [A 1891].

3. — Autriche-Hongrie.

* STEIN (DE). . . . . . [M 1873], IX, X, † 1890.
* NEUMANN (DE) . . . . [M 1874], II, III, IV, V, VII, [VP 1882], VIII, IX, X, [VP 1887], XI, † 1888.
GRUENHUT . . . . [A 1880].
ROSZKOWSKI . . . . [A 1882], IX, [M 1891].
KASPAREK . . . . . [A 1883], [M 1891], XIII.
LAMMASCH . . . . . [A 1887], XII, [M 1891].
STRISOWER . . . . . . [A 1891], XIII.

4. — Belgique.

ROLIN-JAEQUEMYNS F 1873, [SG 1873-78, 1887-92], I, II, III, IV, V, [P 1879], VI, VII, VIII, [P 1885], X, XI, XII, XIII, [PH 1892].
* LAVELEYE (DE) . . . F 1873, I, II, III, VI, VII, [VP 1882], VIII, X, † 1892.
* LAURENT . . . . . . [M 1873], † 1887.
ROLIN (ALBÉRIC) . . . [A 1873], [S 1874], II, III, IV, VI, VII, [M 1883], X, XI, XIII, [VP 1892], XIV.

* ARNTZ . . . . . . [M 1877], V, VI, VII, VIII, [VP 1883], IX, † 1884.
PRINS. . . . . [A 1880], [S 1880, 1883], VII, IX, X, XIII.
NYS . . . . [A 1882], VIII, [S et M 1885], X, XI.
VAN DER REST . . . [A 1885].
ROLIN (Édouard). . . [T 1887], [A et S 1891]. XIII, XIV.
BANNING . . . . . . [A 1892].
DESCAMPS . . . . . [A 1892].
LAMBERMONT. . . [H 1892].

5. — Costa-Rica.

PERALTA (de) . . . . [A 1891].

6. — Danemark.

* PETERSEN . . . . . [A 1875], Dém. 1884.
GOOS . . . . [M 1877], VI.
MATZEN. . . . . . . [A 1892].

7. — Espagne.

* LANDA (DE) . . . . [M 1873], V, VII, † 1891.
LABRA (DE) . . . . [A 1878], [M 1887].
TORRES CAMPOS. . [A 1885], [M 1891].
OLIVART (d') . . . . [A 1888], XIV.
MALUQUER Y SALVADOR [A 1891].
ROMERO Y GIRON. . . [A 1891].

8. — États-Unis de l'Amérique du Nord.

FIELD . . . . F 1873, I, II, III, V, [H 1887], XI.
* BEACH LAWRENCE. [M 1873], † 1881.
* WHARTON . . . . [M 1873], † 1889.
* WASHBURN. . . . [M 1873], † 1877.
* WOOLSEY . . . . [M 1873], † 1889.
MARTIN . . . . . [A 1882], [M 1891].
DILLON . . . . . . [A 1883], [M 1891].
MOORE . . . . [A 1891].

9. — France.

* CAUCHY	[M 1873], II, † 1877.
* DROUIN DE LHUYS.	[M 1873]. Dém. 1878.
* HAUTEFEUILLE . .	[M 1873], † 1875.
* LUCAS	[M 1873], [H 1882], † 1880.
* MASSÉ	[M 1873], † 1881.
PARIEU (DE)	[M 1873], II, [VP 1875], III, [P 1877 et 1878], IV, V, [H 1887].
* VERGÉ	[M 1873], Dém. 1875.
CLUNET	[A 1875], IV, V, VI, [M 1880], VII, VIII, IX.
* DUBOIS	[A 1875], † 1882.
* LE TOUZÉ	[A 1875], V, Dém. 1886.
MONTLUC (DE) . . .	[A 1875], VI, VIII, IX, [M 1885], X, XIV.
RENAULT.	[A 1875], V, VI, [M 1882], IX, [VP 1888], XII, XIII.
DEMANGEAT . . .	[M 1877], V.
* LABOULAYE. . . .	[M 1878], Dém. 1878.
CLÈRE	[A 1879], VI, VII, VIII, X.
LEHR	[A 1879], IX, X, [M 1887], XI, XII, XIII, [SG 1892], XIV.
PRADIER-FODÉRÉ .	[A 1879], [M 1882], XII, XIV.
* YVERNÈS	[A 1879], Dém. 1882.
LYON-CAEN	[A 1880], IX, [M 1885], X, XI, [VP 1891], XIII.
ENGELHARDT . . .	[A 1885], [M 1887], XII.
LAINÉ	[A 1885].
FÉRAUD-GIRAUD. .	[A 1887], XII, [M 1891], XIV.
WEISS	[A 1887], XIV.
GLASSON.	[A 1888], XII.
CHRÉTIEN	[A 1891].
DESJARDINS	[A 1891], XIV.
DESPAGNET	[A 1891].

Beauchet . . . . . . [A 1892].
Vincent . . . . . . [A 1892].

10. — Grande-Bretagne.

* LORIMER . . . . . . F 1873, I, III, VII, † 1890.
* BERNARD. . . . . [M 1873], III, IV, [P 1880], VII, † 1882.
WESTLAKE . . . . . [M 1873], II, III, V, VI, VII, [VP 1883], IX, [VP 1887], XI.
Travers TWISS . . [M 1874], II, III, [VP 1878 et 1879], V, VI, VII, IX, [VP 1885], X, [H 1891].
HALL . . . . [A 1875], III, V, VII [M 1882], VIII, XI.
HOLLAND. . . . . [A 1875], III, IV, [M 1878], V, VI, VII, VIII, IX, X, XI, [VP 1892], XIV.
Wallace . . . . . . [A 1878].
Baker . . . . [A 1879], VI, VII.
DICEY . . . . [A 1880], VII, IX, [M 1885].
REAY . . . . [A 1882], XIII, [M 1892], XIV.
HANNEN . . . . . . [A 1883], [M 1885].
* PHILLIMORE . . . [H 1883], † 1885.
BARCLAY. . . . . . [A 1885], X, XI, XII, [M 1891], XIII, XIV.
Lawrence . . . . . . [A 1885].
* Pollock. . . . . . . [A 1885], Dém. 1890.
Scott . . . . [A 1891].
HART . . . . [H 1892].
LEECH . . . . [A 1892].

11. — Grèce.

* SARIPOLOS . . . . [M 1877], V, VI, VII, VIII, X, † 1887.

12. — Italie.

* MANCINI . . . . . . F 1873, [P 1873 et 1874], I, II, VIII, † 1888.

PIERANTONI . . . F 1873, I, II, III, VII, [P 1882], VIII, IX, X, XIII.
ESPERSON . . . . . [M 1873], II.
* SCLOPIS . . . . . [M 1873], † 1878.
* VIDARI. . . . . . [M 1873], Dém. 1878.
FIORE . . . . . . [M 1874], XIV.
* MAMIANI . . . . . [M 1874], [H 1882], † 1885.
* NORSA . . . . . . [A 1875], V, VIII, [M 1883], X, XII, † 1890.
BRUSA . . . . [A 1877], IV, [M 1878], VI, VIII, IX, X, XI, XII, [VP 1891], XIII, XIV.
SACERDOTI . . . . [A 1878], V, VIII, IX, X, XI, [M 1888], XII.
* Carle . . . . [A 1882], VIII, Dém. 1883.
Carnazza-Amari . . [A 1882].
GABBA . . . . [A 1882], [M 1887].
* Lomonaco . . . . . [A 1882], Dém. 1889.
Fusinato . . . . . [A 1887], XII.
Buzzati . . . . [A 1891], XIV.
Catellani . . . . . [A 1891], XIV.
Olivi . . . . [A 1891].

13. — Japon.

Kentaro Kanéko . . [A 1891], XIV.

14. — Pays-Bas.

ASSER . . . . F 1873, I, II, [VP 1875, 1877, 1878, 1879], III, IV, V, VI, X, XIII.
DEN BEER POORTUGAEL . . . . . [A 1874], III, VI. [M 1888], XIII.
FERGUSON . . . . . [A 1888], [M 1891].

15. — Portugal.

MARTENS-FERRÃO (de) [A 1882], [M 1891].
Beirão . . . . [A 1891], XIII.

16. — Roumanie.

* KALINDERO. . . . . . [A 1887]. Dém. 1891.

17. — Russie.

* BÉSOBRASOF . . . F 1873, I, III, † 1889.
MARTENS (DE) . . . [M 1874], II, III, IV, V, VI, VII, VIII, IX, [VP 1885], X, XI, XIII.
KAMAROVSKY . . . [A 1875], VI, VIII, IX [M 1891].
KAPOUSTINE . . . [M 1877].
DANEVSKY . . . . . . [A 1880], VII.
BERGBOHM . . . . . . [A 1885].
WAXEL (de) . . . . . [A 1891].

18. — Suède et Norvège.

* NAUMANN . . . . . [M 1873], † 1888.
OLIVECRONA (D') . . [M 1873], XIII.
ASCHEHOUG . . . . [M 1874].
AUBERT . . . . . . [A 1879], XIII, [M 1892].
RYDIN . . . . [A 1885].
KLEEN . . . . [A 1891], XIV.

19. — Suisse.

MOYNIER. . . . . . F 1873, I, II, III, IV, [T 1878], V. VI, VII, VIII, IX, X, XI, XII, [P 1892], XIV.
* BARTHOLONY . . . [H 1873], † 1881.
RIVIER. . . . . [A 1873], [S 1874], II, III, IV, [M et SG 1878], V, VI, VII, VIII, IX, X, XI, [P 1888], XII, XIII, XIV.
* BROCHER (CHARLES). [A 1874], II, [M 1875], III, IV, VI, † 1884.
* KŒNIG. . . . . . . [A 1875], IX, [M 1885], X, XI, XII, † 1892.
BROCHER DE LA FLÉCHÈRE . . . [A1877], V, [M1885], X, XI, XII, XIV.
* HORNUNG . . . . . [M 1878], V, † 1884.

* ORELLI (D') . . . . . [A 1885], XI, [M. 1888], XII, † 1892.
MEILI. . . . . [A 1887], XII.
HILTY . . . . [A 1891].
LARDY . . . . [A 1891], XIV.
ROGUIN . . . . [A 1891], XIV.

20. — Turquie.

CARATHÉODORY . . . . [A 1888].

21. — Vénézuéla.

SEIJAS . . . . [A 1891], XIII.

RÉCAPITULATION

NOMS DES 21 ÉTATS REPRÉSENTÉS AU 31 DÉCEMBRE 1892	RESSORTISSANTS		
	Ayant été élus.	Ayant assisté aux sessions.	EN VIE M + A
Allemagne	26	16	9 + 9
Argentine (République) . . .	3	1	1 + 1
Autriche-Hongrie	7	6	3 + 2
Belgique	12	7	3 + 5
Costa-Rica	1	0	1
Danemark	3	1	1 + 1
Espagne	6	2	2 + 3
États-Unis	8	1	2 + 1
France	20	16	9 + 9
Grande-Bretagne	18	10	7 + 5
Grèce	1	1	»
Italie	18	11	6 + 5
Japon	1	1	1
Pays-Bas	3	2	3
Portugal	2	1	1 + 1
Roumanie	1	0	»
Russie	7	4	3 + 3
Suède et Norvège	6	3	3 + 2
Suisse	12	10	3 + 4
Turquie	1	0	1
Vénézuéla	1	1	1
	166	94	56 + 55

5 Membres honoraires.
56 Membres effectifs.
55 Associés.

116 Membres actuellement en vie.
38 Membres décédés.
12 Membres démissionnaires.

166 Membres élus depuis l'origine, y compris les 11 fondateurs et les membres honoraires (au nombre de 8).

Sur les 166 membres élus, 72 n'ont jamais assisté à aucune session. Sur les 56 membres effectifs actuellement en vie, 24 ont manqué depuis au moins trois sessions, et, parmi eux, 13 depuis six; sur les 55 associés, 14 ont manqué depuis trois sessions, et, parmi eux, 0 depuis six, abstraction faite, pour ces divers cas, des membres ou associés élus dans les deux dernières sessions de Hambourg et de Genève.

III

Liste des membres ou associés de l'Institut par rang d'ancienneté.

N. B. — Les membres élus la même année sont classés par ordre alphabétique.

1. — Membres honoraires.

MM.
1887 Field.
de Parieu.
1891 Twiss (sir Travers).

MM.
1892 Hart (sir Robert).
le baron Lambermont.

2. — Membres effectifs.

MM.
1873 1. Asser [F].
Calvo [F].
Moynier [F].

MM.
1873 Pierantoni [F].
Rolin-Jaequemyns [E].

MM.

1873 Esperson.
Goldschmidt.
d'Olivecrona.
Westlake.
1874 Aschehoug.
11. de Bar.
Fiore.
Marquardsen.
de Martens.
1877 Demangeat.
Goos.
Kapoustine.
Lueder.
1878 Brusa.
Holland.
21. Rivier.
1880 Clunet.
1882 Hall.
Pradier-Fodéré.
Renault.
1883 Alb. Rolin.
1885 Brocher de la Fléchère.
Dicey.
Hannen (lord).
Lyon-Caen.

MM.

1885 31. de Montluc.
Nys.
Perels.
1887 Engelhardt.
Gabba.
de Labra.
Lehr.
1888 Den Beer Poortugael.
Sacerdoti.
1891 Barclay.
41. Dillon.
Féraud-Giraud.
Ferguson.
Geffcken.
Hartmann.
Kamarovsky.
Kasparek.
Lammasch.
de Martens-Ferrão.
Martin.
51. de Martitz.
Roszkowski.
Torres Campos.
1892 Aubert.
Harburger.
Reay (lord).

3. — Associés.

MM.

1874 1. Lœning.
1878 Wallace.
1879 Baker.
Clère.
1880 Danevsky.

MM.

1880 Grünhut.
Prins.
Teichmann.
1882 Carnazza-Amari.
1885 Bergbohm.

MM.

18[illegible] 11. Lainé.
Lawrence.
Rydin.
Van der Rest.
1887 Fusinato.
Melli.
Weiss.
1888 Carathéodori.
Glasson.
d'Olivart (Mis).
21. Stœrk.
1891 Alcorta.
Beirão.
Buzzati.
Catellani.
Chrétien.
Dahn.
Desjardins.
Despagnet.
Gareis.
31. Heimburger.
Hilty.
Jellinek.

MM.

1891 Kentaro Kanéko.
Kleen.
Lardy.
Maluquer.
Meyer.
Moore.
Olivi.
41. de Peralta.
Roguin.
Éd. Rolin.
Romero.
Scott.
Seijas.
Strisower.
de Waxel.
1892 Banning.
Beauchet.
51. Descamps.
Leech.
Matzen.
Sieveking.
Vincent.

4. — Liste générale de toutes les personnes faisant actuellement partie de l'Institut, classées d'après la date de leur entrée dans la Compagnie [1].

MM.

1873 1. Asser [F].
Calvo [F].

MM.

1873 FIELD [F].
Moynier [F].

[1] Les noms en grandes capitales sont ceux de membres actuellement honoraires; les noms en petites capitales, de membres actuellement effectifs; les noms en petites lettres, d'associés. F = fondateur; H = membre honoraire; A = associé.

MM.

1873 Pierantoni [F].
Rolin-Jaequemyns [F].
Esperson.
Goldschmidt.
Olivecrona (d').
de PARIEU.
11. Westlake.
Rivier [A].
Alb. Rolin [A].
1874 Aschehoug.
de Bar.
Fiore.
Marquardsen.
de Martens.
TWISS (sir Travers).
Den Beer Poortugael.
21. Lœning [A].
1875 Clunet [A].
Hall [A].
Holland [A].
Kamarovsky [A].
de Montluc [A].
Renault [A].
1877 Demangeat.
Goos.
Kapoustine.
31. Lueder.
Brocher de la Flèchère [A].

MM.

1877 Brusa [A].
1878 de Labra [1].
Sacerdoti.
Wallace.
1879 Aubert.
Baker.
Clère.
Lehr.
41. Perels.
Pradier-Fodéré.
1880 Danevsky.
Dicey.
Grünhut.
Lyon-Caen.
Prins.
Teichmann.
1882 Carnazza-Amari.
Gabba.
51. Martens-Ferrão.
Martin.
de Martitz.
Nys.
Reay (lord).
Roszkowski.
1883 Dillon.
Hannen (lord).
Harburger.
Kasparek.
1885 61. Bergbohm.
Barclay.
Engelhardt.
Geffcken.

[1] A partir de l'année 1878, personne n'est plus entré à l'Institut qu'avec le titre d'associé, sauf les deux membres honoraires élus en 1892.

MM.

1885 Lainé.
Lawrence.
Rydin.
TORRES CAMPOS.
Van der Rest.
1887 FÉRAUD-GIRAUD.
71. Fusinato.
HARTMANN.
LAMMASCH.
Meili.
Weiss.
1888 Carathéodory.
FERGUSON.
Glasson.
d'Olivart (Mis).
Stœrk.
1891 81. Alcorta.
Beirão.
Buzzati.
Catellani.
Chrétien.
Dahn.
Desjardins.
Despagnet.
Gareis.
Heimburger.
91. Hilty.

MM.

1891 Jellinek.
Kentaro Kanéko.
Kleen.
Lardy.
Maluquer.
Meyer.
Moore.
Olivi.
de Peralta.
101. Roguin.
Ed. Rolin.
Romero.
Scott.
Seijas.
Strisower.
de Waxel.
1892 HART (sir ROBERT) [H].
LAMBERMONT (Bon) [H].
Banning.
111. Beauchet.
Descamps.
Leech.
Matzen.
Sieveking.
Vincent.

IV

Composition du Bureau aux diverses sessions de l'Institut.

(Cfr. *Annuaire*, t. VII, p. 294.)

	Lieu des sessions	Président	Vice-Présidents	Secrétaire général	Secrétaires	Trésorier
		MM.	MM.	MM.	MM.	MM.
1873 I	Gand.	Mancini	Bluntschli de Parieu	Rolin-Jaequemyns		Rolin-Jaequemyns
1874 II	Genève	Mancini	Bluntschli de Parieu	Rolin-Jaequemyns	A. Rolin Rivier	—
1875 III	La Haye	Bluntschli	de Parieu Asser	Rolin-Jaequemyns	A. Rolin Rivier	—
1877 IV	Zurich	de Parieu	Bluntschli Asser	Rolin-Jaequemyns	A. Rolin Rivier	—
1878 V	Paris	de Parieu	Asser Travers Twiss	Rivier		Moynier
1879 VI	Bruxelles	Rolin-Jaequemyns	Asser Travers Twiss	Rivier	A. Rolin	—
1880 VII	Oxford	Bernard	de Neumann Bluntschli	Rivier	A. Rolin Prins	—

	Lieu des sessions	Président	Vice-Présidents	Secrétaire général	Secrétaires	Trésorier
		MM.	MM.	MM.	MM.	MM.
1882 VIII	Turin	Pierantoni	de Neumann de Laveleye	Rivier	Nys	Moynier
1883 IX	Munich	de Holtzendorff	Arntz Westlake	Rivier	Prins	—
1885 X	Bruxelles	Rolin-Jaequemyns	Travers Twiss de Martens	Rivier	Nys	—
1887 XI	Heidelberg	de Bulmerincq	de Neumann Westlake	Rolin-Jaequemyns		Édouard Rolin
1888 XII	Lausanne	Rivier	de Bar Renault	Rolin-Jaequemyns		—
1891 XIII	Hambourg	de Bar	Lyon-Caen Brusa	Rolin-Jaequemyns		—
1892 XIV	Genève	Moynier	Holland Alb. Rolin	Lehr	Éd. Rolin	—

Indépendamment de ses secrétaires en titre, qui ont le rang d'associé, l'Institut a eu, à plusieurs reprises, des secrétaires-adjoints permanents, pris en dehors du personnel de l'Institut : M. Nys, de 1880 à 1882, où il a été nommé associé; MM. Heimburger et Éd. Rolin, de 1887 à 1891, date de leur élection comme associés; depuis 1892, M. Jacques Berney, professeur de droit à l'université de Lausanne. — Des secrétaires auxiliaires ont, en outre, secondé temporairement le Bureau pendant la durée des sessions.

V

Membres et associés présents aux diverses sessions.

---

1. — Session de Gand (septembre 1873).

Membres : MM. Asser, Bésobrasof, Bluntschli, Calvo, Field, de Laveleye, Lorimer, Mancini, Moynier, Pierantoni, Rolin-Jaequemyns (11).

2. — Session de Genève (31 août-5 septembre 1874).

Membres : MM. Asser, Bluntschli, Bulmerincq, Cauchy, Esperson, Field, Goldschmidt, de Holtzendorff, de Laveleye, Mancini, Martens, Moynier, de Neumann, de Parieu, Pierantoni, Rolin-Jaequemyns, sir Travers Twiss, M. Westlake (18 sur 37).

Auxiliaires : MM. Rivier et Alb. Rolin.

3. — Session de la Haye (25-31 août 1875).

Membres : MM. Asser, Bernard, Bésobrasof, Bluntschli, Brocher, Bulmerincq, de Laveleye, Field, Lorimer, Marquardsen, Martens, Moynier, de Neumann, de Parieu, Pierantoni, Rolin-Jaequemyns, sir Travers Twiss, M. Westlake (18 sur 42).

Auxiliaires : MM. Den Beer Poortugael, Hall, Holland, Rivier et Alb. Rolin (5 sur 5).

4. — Session de Zurich (10-13 septembre 1877).

Membres : MM. Asser, Bernard, Bluntschli, Brocher, Bulmerincq, Martens, Moynier, de Neumann, de Parieu, Rolin-Jaequemyns (10 sur 46).

Associés : MM. Brusa, Clunet, Gessner, Holland, Rivier, Alb. Rolin (6 sur 17).

5. — Session de Paris (2-5 septembre 1878).

Membres : MM. Arntz, Asser, Bulmerincq, Demangeat, Field, Gessner, Holland, Hornung, de Landa, Martens, Moynier, de Parieu, Rivier, Rolin-Jaequemyns, Saripolos, sir Travers Twiss, M. Westlake (17 sur ...).

Associés : MM. Brocher de la Fléchère, Clunet, Hall, Le Touzé, Norsa, Renault, Sacerdoti (7 sur ...).

6. — Session de Bruxelles (1er-6 septembre 1879).

Membres : MM. Arntz, Asser, de Bar, Bluntschli, Ch. Brocher, Brusa, Bulmerincq, Gessner, Goos, Holland, de Laveleye, Martens, Moynier, de Neumann, Rivier, Rolin-Jaequemyns, Saripolos, sir Travers Twiss, M. Westlake (19 sur 49).

Associés : Sir Sherston Baker, MM. Clère, Clunet, Kamarovsky, de Montluc, Den Beer Poortugael, Renault, Alb. Rolin, Schulze (9 sur 27).

7. — Session d'Oxford (6-10 septembre 1880).

Membres : MM. Arntz, Bernard, Bluntschli, Gessner, Holland, de Landa, de Laveleye, Lorimer, de Martens, Moynier, de Neumann, Pierantoni, Rivier, Rolin-Jaequemyns, Saripolos, sir Travers Twiss, M. Westlake (17 sur 47).

Associés : Sir Sherston Baker, MM. Clère, Clunet, Danevsky, Dicey, Hall, Prins, Alb. Rolin (8 sur 30).

8. — Session de Turin (11-16 septembre 1882).

Membres : MM. Arntz, de Bar, Brusa, Bulmerincq, Clunet, Gessner, Hall, Holland, de Laveleye, Mancini, Marquardsen, de Martens, Moynier, de Neumann, Pierantoni, Rivier, Rolin-Jaequemyns, Saripolos, Schulze (19 sur 47).

Associés : MM. Carle, Clère, Kamarovsky, de Montluc, Norsa, Nys, Perels, Sacerdoti, Teichmann (9 sur 30).

9. — Session de Munich (4-8 septembre 1883).

Membres : MM. Arntz, de Bar, Brusa, Bulmerincq, Clunet, Gessner, Goldschmidt, Holland, de Holtzendorff, Lueder, Marquardsen, de Martens, Moynier, de Neumann, Pierantoni, Renault, Rivier, de Stein, sir Travers Twiss, M. Westlake, (20 sur 47).

Associés : MM. Dicey, Harburger, Kamarovsky, Kœnig, Lehr, Lyon-Caen, de Martitz, de Montluc, Perels, Prins, Roszkowski, Sacerdoti (12 sur 35).

10. — Session de Bruxelles (7-12 septembre 1885).

Membres : MM. Asser, de Bar, Brocher de la Fléchère, Brusa, Gessner, Holland, Kœnig, de Laveleye, Lyon-Caen, de Martens, de Montluc, Moynier, de Neumann, Norsa, Nys, Perels, Pierantoni, Rivier, Rolin-Jaequemyns, Alb. Rolin, Saripolos, de Stein, sir Travers Twiss (23 sur 46).

Associés : MM. Barclay, Clère, Geffcken, Harburger, Lehr, Prins, Sacerdoti (7 sur 36).

11. — Session de Heidelberg (5-10 septembre 1887).

Membres : MM. de Bar, Brocher de la Fléchère, Brusa, Bulmerincq, D. Field, Hall, Holland, Kœnig, Lehr, Lueder, Lyon-Caen, de Martens, Moynier, de Neumann, Nys, Perels, Rivier, Rolin-Jaequemyns, Alb. Rolin, Schulze, Westlake (21 sur 47).

Associés : MM. Barclay, Geffcken, Hartmann, de Martitz, d'Orelli, Sacerdoti (6 sur 35.

12. — Session de Lausanne (3-8 septembre 1888).

Membres : MM. de Bar, Brocher de la Fléchère, Brusa, Engelhardt, Gessner, Kœnig, Lehr, Moynier, Norsa, d'Orelli. Pradier-Fodéré, Renault, Rivier, Rolin-Jaequemyns, Sacerdoti (15 sur 54).

Associés : MM. Barclay, Féraud-Giraud, Fusinato, Glasson, Harburger, Hartmann, Lammasch, Meili (8 sur 45).

13. — Session de Hambourg (7-12 septembre 1891).

Membres : MM. Asser, de Bar, Barclay, Brusa, Den Beer Poortugael, Goldschmidt, Hartmann, Kasparek, Lehr, Lyon-Caen, Marquardsen, de Martens, de Martitz, d'Olivecrona, Pierantoni, Renault, Rivier, Rolin-Jaequemyns, Alb. Rolin (19 sur 57).

Associés : MM. Aubert, Beirão, Harburger, Prins, lord Reay, MM. Éd. Rolin, Seijas, Strisower (8 sur 52).

14. — Session de Genève (5-10 septembre 1892).

Membres : MM. de Bar, Barclay, Brocher de la Fléchère, Brusa, Fiore, Féraud-Giraud, Harburger, Hartmann, Holland, Lehr, de Montluc, Moynier, Perels, Pradier-Fodéré, lord Reay, MM. Rivier, Alb. Rolin (17 sur 56).

Associés : MM. Buzzati, Catellani, Desjardins, Heimburger, Kentaro Kanéko, Kleen, Lardy, d'Olivart, Roguin, Éd. Rolin, Weiss (11 sur 55).

VI

Notices biographiques et bibliographiques sur les membres et associés actuels de l'Institut [1].

* ALCORTA (Amancio), à Buenos-Ayres,
Associé de l'Institut depuis 1891.
V. *Annuaire*, t. XI.

Né à Buenos-Ayres en 1842; fonctionna comme secrétaire de l'amiral de l'escadre argentine dans la guerre contre le Para-

[1] Les notices que nous publions ici sont le résumé des renseignements biographiques et bibliographiques fournis à l'Institut par les membres eux-mêmes, soit au moment de leur élection, soit depuis lors, à des intervalles plus ou moins rap-

guay. Après la fin de cette guerre, il fut reçu avocat. Nommé ensuite juge civil de la capitale, il fut successivement ministre de l'intérieur de la province de Buenos-Ayres, député au Congrès national, fiscal de l'État, vice-président de la Banque de la province, et recteur du collège national. Sous la présidence de M. Juarez Celman, il a été, en 1891, ministre de la Justice, du Culte et de l'Instruction publique. M. Alcorta est aujourd'hui professeur de droit international à l'université de Buenos-Ayres, où il a succédé à M. Leguizamon. Il est membre correspondant de l'Académie royale de jurisprudence de Madrid.

PRINCIPALES PUBLICATIONS

Memoria del Ministerio de Gobernacion de la Provincia de Buenos-Ayres, 1 vol. in-8° 1874.

Estudios sobre el Codigo de Comercio, 1 vol. in-8° 1880.

Estudio sobre el curso forzoso, 1 vol. in-8°, 1880.

Las garantias constitucionales, 1 vol. in-8°, 1881.

Tratado de Derecho internacional, 1 vol. in-8°, 1878.

Curso de Derecho internacional publico, 3 tomes, dont le premier, publié en 1887, a été traduit en français, avec une Introduction par M. Lehr.

Curso de Derecho internacional privado, t. I-II, 1887-1890

prochés, et publiés *in extenso* dans les volumes de l'*Annuaire* indiqué en tête de chaque notice. En ce qui concerne la bibliographie, les dimensions portatives qu'il convenait de laisser au présent manuel nous ont fait, à défaut de circonstances spéciales, une obligation d'écarter de la liste des publications de chaque membre les simples brochures, les discours, les écrits de circonstance, ainsi que les monographies, notices ou articles insérés dans des journaux ou revues. Ce triage nous a paru d'autant moins préjudiciable aux auteurs qu'encore une fois tous leurs travaux sont énumérés en détail dans les *Annuaires*, au fur et à mesure qu'ils en communiquent la liste. Nous avons d'ailleurs, par circulaires des 30 septembre et 3 novembre 1892, prié nos honorables confrères de vouloir bien nous guider eux-mêmes dans le choix à faire; et, pour tous ceux d'entre eux qui ont pris la peine de nous répondre, nous nous sommes conformé à leurs indications aussi scrupuleusement que nous l'avons pu sans manquer à notre programme. Ceux qui, malgré notre insistance, ne nous ont fourni à cet égard aucunes lumières, voudront bien nous excuser si, avec toute l'attention et la bonne volonté possibles, nous avons commis quelque erreur d'appréciation ou quelque omission. Nous indiquons par un astérisque (*) les notices pour lesquelles il ne nous a été envoyé aucun renseignement, en dehors de ceux qui figurent dans des volumes, parfois très anciens déjà, de notre collection d'*Annuaires*.

ASCHEHOUG (THORKIL HALVORSEN), à Christiania,
Membre de l'Institut depuis 1874.
V. *Annuaire*, t. IV, p. 2; t. IX, p. 385; t. XII, p. 290.

Né en 1822; docteur en droit; professeur à l'université de Christiania depuis 1852; membre de la commission royale chargée d'élaborer le nouvel acte d'union de la Suède et de la Norvège (1865); président de la commission pour la réforme du régime conjugal (1871) et de la commission pour la réforme monétaire (1872); représentant de Christiania à l'Assemblée nationale depuis 1868 jusqu'en 1882, où, ayant été nommé professeur à l'université de Christiania, il donna sa démission de membre du Storthing norvégien. Après avoir enseigné le droit constitutionnel, M. Aschehoug occupe aujourd'hui la chaire d'économie politique. Il a été nommé, en 1885, correspondant de l'Académie des sciences morales et politiques de l'Institut de France et, en 1886, membre de l'Institut international de statistique.

PRINCIPALES PUBLICATIONS

Norges offentlige Ret (Le droit public de la Norvège); première partie, Christiania, 1866; deuxième partie, t. I à III, Christiana, 1875-1885. — 2e éd. revue et augmentée, t. I et II, 1891-1892.

Sur le projet d'un nouvel acte d'union (en norvégien). — Christiania, 1870.

Om den constitutionelle Regnskabscontrol (Sur le contrôle constitutionnel de la comptabilité); Christiania, 1884.

Den nordiske Statsret; Copenhague, 1885 (partie sixième du *Nordisk Retsencyclopedi*).

Das Staatsrecht der vereinigten Königreiche Schweden und Norwegen; Fribourg en Brisgau, 1886 (*Handbuch des öffentlichen Rechts* de Marquardsen, t. IV, 2e demi-vol. 2e partie).

De for Danmark og Norge fälles Regieringscollegier fra 1660 til 1814 (l'Administration commune pour le Danemark et la Norvège); Copenhague, 1887.

M. Aschehoug a publié, avec MM. A. F. Krieger et K. J. Berg, la *Nordisk Retsencyclopedi*, et collabore à de nombreuses revues de droit et d'économie politique (*Norsk Tidskrift for Videnskab og Litteratur*, *Norske Samlinger*, *Ugeblad for Lovkyndighed*, *Norske Retstidende*, *Statsökonomisk Tidskrift*, etc.). Plusieurs des monographies qu'il y a insérées ont paru en brochures tirées à part.

ASSER (Tobie-Michel-Charles), à Amsterdam,

Membre fondateur de l'Institut.

V. *Annuaire*, t. IV, p. 8; t. XII, p. 300.

Né à Amsterdam, le 29 avril 1838; le 10 avril 1860, docteur en droit de l'université d'Amsterdam, où il avait fait ses études depuis 1855; avocat près la cour d'appel d'Amsterdam; professeur de droit, depuis le 9 mai 1862; conseiller au ministère des Affaires étrangères, depuis le mois de septembre 1875. En vertu de la loi sur l'enseignement supérieur de 1877, une chaire de droit international a été instituée à l'université d'Amsterdam; M. Asser en a été nommé titulaire. En 1879, il a été désigné par les chambres de commerce néerlandaises pour faire partie de la commission internationale chargée d'amener l'uniformité de la législation des obligations au porteur.

Membre de l'Académie royale des sciences des Pays-Bas, depuis 1880; docteur en droit *honoris causâ* des universités d'Édimbourg (1884) et de Bologne (1888); plénipotentiaire des Pays-Bas dans la Commission centrale pour la navigation du Rhin, depuis 1889; membre du Conseil provincial de la Hollande septentrionale, depuis 1891; conseiller d'État en service extraordinaire, depuis 1892.

Élu vice-président de l'Institut de droit international à la session de La Haye en 1875. — Réélu à Zurich (1877), à Paris (1878) et à Bruxelles (1879).

PRINCIPALES PUBLICATIONS

Verhandeling over het staathuishoudkundig begrip der Waarde (Traité de la valeur). Amsterdam, 1858. — Mémoire couronné par la faculté de droit de Leyde (médaille d'or) au concours académique de 1857-1858.

Het Bestuur der buitenlandsche betrekkingen volgens het nederlandsche Staatsregt (Principes du droit public des Pays-Bas concernant la direction des affaires étrangères); Amsterdam, 1860.

Iets over de Rijntollen (Sur les péages du Rhin); Amsterdam, 1860.

De Kluisters van Rhenus (même sujet).

Het eerste ontwerp van een nederlandsch Wetboek van Koophandel (1809) (Le premier projet d'un Code de Commerce pour les Pays-Bas, rédigé en 1809); publié en 1868, avec une préface.

Geld en Vrijheid (Considérations sur la contrainte par corps, en faveur de l'abolition); 1re partie, 1866; 2e partie, 1871.

Schets van het nederlandsche Handelsregt (Esquisse du Droit commercial des Pays-Bas), 1874. — 6e édition, 1892.

Schets van het internationaal Privaatregt; 1 vol., Haarlem, 1880. — Trad. en allemand par M. Max Cohn, en français par M. A. Rivier, en roumain par M. G.-E. Schina, et en serbe par M. Achinovitch. Une nouvelle édition de la traduction roumaine est sous presse.

Hugo de Groot, notice publiée en 1883 à l'occasion du 3e anniversaire de la naissance de Grotius.

De Congo-Acte (L'Acte général du Congrès de Berlin, 1885). M. Asser était l'un des jurisconsultes spécialement délégués au Congrès.

Grondwets herziening (Revision de la Constitution, 1887). — M. Asser était membre depuis 1883 de la commission chargée de la préparer.

La Convention de Constantinople pour garantir le libre usage du canal de Suez, 1888. — M. Asser avait siégé en 1885 comme délégué des Pays-Bas, dans la conférence diplomatique réunie à Paris pour la préparer.

Studiën op het gebied van Recht en Staat (Études de droit et de politique), 1889.

M. Asser est l'un des fondateurs et directeurs de la *Revue de droit international*, et le collaborateur assidu des principales revues de droit et d'économie politique des Pays-Bas. Il a aussi publié des mémoires dans les *Annales de l'Association internationale pour le progrès des sciences sociales*.

AUBERT (Ludvig-Maribo-Benjamin), à Christiania,

Associé de l'Institut en 1879; membre depuis 1891.

V. *Annuaire*, t. IV, p. 5; t. XII, p. 301.

Né à Christiania, le 23 novembre 1838; candidat en droit 1860; *lecteur*, dès le 3 décembre 1864, et professeur, dès 1866, à la faculté de droit de l'université de Christiania; en 1874, assesseur à la Cour suprême et, en 1877, membre de la commission norvégienne pour la rédaction de la loi scandinave sur les lettres de change. Ministre de la Justice, d'avril à juin 1884. A sa sortie du ministère, M. Aubert a repris sa chaire à l'université. Il a cessé, en 1884, de faire partie de la Cour suprême. Docteur *honoris causâ* des universités d'Upsal (1877) et de Berlin (1890).

PRINCIPALES PUBLICATIONS

Bevissystemets Udvikling i den norske kriminalproces indtil Christian den femtes Lov (Développement du système de preuve dans la procédure criminelle norvégienne jusqu'à la loi de Christian V); *Prøveforelæsning i october 1864*; Christiania.

Historiske Oplysninger om det juridiske Fakultet ved det Norske Fredriks-Universitet (Renseignements historiques sur la faculté de droit de l'université norvégienne de Frédéric), 1870.

Kontraktspantets historiske Udvikling især i dansk og norsk Ret (Développement historique de l'hypothèque contractuelle, notamment dans le droit danois et norvégien), 1872.

Nogle Bemærkninger vedkommende Lovforslaget om Handelsregistre og Firmaers Anmeldelse (Observations sur le projet de loi relatif au registre du commerce et à l'inscription des raisons de commerce), 1873.

Om Betingelserne for solidarisk Ansvarlighed i Handelsselskaber (Des conditions de la responsabilité solidaire en matière commerciale), 1874.

La plupart de ces travaux ont paru, ainsi que d'autres, dans la gazette juridique norvégienne, *Norske retlidende*, ou dans le *Ugeblad for lovkyndighed.*

Forhandlingerne om Christian den Femtes Danske og Norske Lovs anden Bog og om Kirkeritualet for Danmark og Norge (Négociations relatives au 2e livre de la loi de Christian V sur le rituel ecclésiastique pour le Danemark et la Norvège), dans le *Theol. Tidsskrift for den evang. luterske kirke Norge.*

Quellen und Literatur des Handelsrechts in Norwegen und Dänemark, dans la *Zeitschrift für Handelsrecht* de Goldschmidt, t. XVIII.

Om det norske Handelsflag (Le pavillon de commerce norvégien, traité de droit public); Christiania, 1879.

Den nordiske Vexelret (Le droit de change scandinave); Copenhague, 1881. — M. Aubert est, en outre, le principal auteur des motifs de la loi sur les lettres de change.

Den norske Obligationsrets specielle Del (Le droit des obligations norvégien, partie spéciale), t. I et III, 1; Christiania, 1890-1892.

Den norske Obligationsrets almindelige Del (*ib.*, partie générale) (édition revue et augmentée d'un ouvrage de M. Hallager).

Særskilt Statsraad, sammensat Statsraad (Conseil d'État séparé, Conseil d'État commun, traité de droit public relatif à l'union de la Suède et de la Norvège), 1892.

Grundbogernes historie i Norge, Danmark og tildels Tyskland (Histoire des livres fonciers en Norvège, en Danemark, et partiellement en Allemagne); 1 vol. in-8e, Christiania, 1892.

BAKER (sir Sherston, baronnet), à Londres.

Associé de l'Institut depuis 1879.

V. *Annuaire*, t. IV, p. 5; t. IX, p. 885; t. XII, p. 301.

Né à Londres le 10 mai 1846; *special pleader* (avocat consultant) en 1869; *barrister-at-law*, à Lincoln's Inn, en 1871;

recorder (juge des cours criminelles) des bourgs de Barnstaple et de Bideford, et, depuis 1892, membre du Conseil du barreau d'Angleterre.

PRINCIPALES PUBLICATIONS

The Law of Railway Companies; Londres, 1873.

A few words on Interment; Londres, 1876.

Halleck's International Law; an english edition revised and corrected; Londres, 1878.

Laws relating to Quarantine; Londres, 1879.

International Rules of Quarantine; Londres 1879.

The office of vice-admiral of the coast, 1884.

BANNING (ÉMILE), à Bruxelles,

Associé de l'Institut depuis 1892.

V. *Annuaire*, t. XII, p. 292.

Né à Liége, le 12 octobre 1836. Études supérieures aux universités de Liége et de Berlin. Docteur en philosophie et lettres en 1860. Attaché à la Bibliothèque royale de Bruxelles de 1861 à 1863. Chargé en 1863 du service des Archives, de la Bibliothèque et des Traductions au ministère des Affaires étrangères. Directeur général de ce service en 1880. Rédacteur, en cette qualité, de notes et mémoires d'histoire politique et diplomatique, de droit international et de droit public, de géographie et de statistique, etc. Membre secrétaire, en 1876, de la Conférence géographique convoquée par le roi des Belges au palais de Bruxelles. Délégué de la Belgique à la Conférence africaine de Berlin, 1884-1885. Plénipotentiaire de la Belgique à la Conférence africaine de Bruxelles, 1889-1890. Membre correspondant de l'Académie royale de Belgique en 1889; titulaire en 1892.

PUBLICATIONS

Collaboration depuis 1862, pour les travaux de critique, à des organes de la presse et à des recueils périodiques (*Écho du Parlement*, *Athenæum belge*, *Revue de Belgique*, etc.). Collaboration à la *Patria belgica* (relations extérieures et histoire parlementaire).

Rapport sur l'organisation et l'enseignement de l'université de Berlin, 1863.

L'Afrique et la Conférence géographique de Bruxelles, 1877. 2e édition en 1878. Traduction anglaise.

La Belgique et le Vatican. Histoire de leurs rapports diplomatiques. 1880.

Le partage politique de l'Afrique, d'après les transactions internationales les plus récentes, 1888. — Trad. allemande par M. Pfungst.

Nombreuses brochures sur des questions de droit international et de droit colonial (Congo, etc.).

BAR (C.-L. DE), à Göttingue,

Membre de l'Institut depuis 1874.

V. *Annuaire*, t. IV, p. 6; t. XII, p. 301.

Né à Hanovre en 1836; assesseur au tribunal de Stade, puis au tribunal de Gœttingue; professeur extraordinaire à Gœttingue et professeur ordinaire à l'université de Rostock (1866); professeur à l'université de Breslau en 1868, à l'université de Gœttingue depuis 1878; conseiller intime de justice; membre du Reichstag allemand; vice-président de l'Institut en 1888; président en 1891.

PRINCIPALES PUBLICATIONS

Das Internationale Privat-und Strafrecht (Droit international privé et pénal); Hanovre, 1862. — Trad. anglaise par Gillespie, Edimbourg, 1883.

Recht und Beweis im Geschwornengericht (Droit et preuve devant le jury); Hanovre, 1865.

Recht und Beweis im Civilprocess (Droit et preuve dans la procédure civile); Leipzig, 1867.

Die Grundlagen des Strafrechts (Les fondements du droit pénal); 1869.

Das hannöversche Hypothekenrecht (Le droit hypothécaire hanovrien); 1871.

Die Lehre vom Causalzusammenhange im Rechte, besonders im Strafrechte (Théorie de l'enchaînement des causes dans le droit, notamment dans le droit pénal); 1871.

Strafrechtsfälle zum akademischen Gebrauch und zum Selbststudium; Berlin, 1875.

Systematik des deutschen Strafprocessrechtes auf Grundlage der deutschen Reichs-Justizgesetze; Berlin, 1878.

Das deutsche Civilprocessrecht mit Rücksicht auf die Justizgesetze des deutschen Reichs; Leipzig, 1880.

Theorie und Praxis des internationalen Privatrechts, 2e édition augmentée de l'ouvrage de 1862 (Théorie et pratique du droit international privé); 2 vol., Hanovre, 1889. — Traduction anglaise par Gillespie, Edimbourg, 1892.

Das deutsche Civilprocessrecht in den Grundzügen systematisch dargestellt (Exposé systématique des principes de la procédure civile allemande), dans l'*Encyclopædie* de Holtzendorff, et, à part, la dernière édition en 1890.

Das internationale Privatrecht (Le droit international privé), dans l'*Encyclopædie* de Holtzendorff, 4e et 5e éditions. — Traduction française dans le *Journal du droit international privé*, de Clunet, 1887 et 1888.

Handbuch des deutschen Strafrechts (Manuel de droit pénal allemand), t. Ier : *Geschichte des deutschen Strafrechts und der Strafrechts Theorien* (Histoire du droit pénal allemand et des théories du droit pénal); Berlin, 1882.

Lehrbuch des internationalen Privat-und Strafrechts (Traité de droit international privé et pénal); Erlangen, 1892.

Nombreux articles dans des revues de droit et dans la publication berlinoise hebdomadaire *Die Nation*, 1884 et années suivantes.

BARCLAY (Thomas), à Paris,

Associé de l'Institut en 1885, membre depuis 1891.

V. *Annuaire*, t. VIII, p. 349; t. XII, p. 302.

M. Barclay, avocat à Paris, a fait ses études à Londres (1873) et à Iéna, où il a pris, en 1875, le grade de docteur en philosophie. Bachelier en droit de la faculté de Paris en 1884. Secrétaire honoraire et conseil de la Chambre de commerce anglaise de Paris. Attaché au Comité de législation étrangère au ministère de la Justice. Membre du Conseil supérieur de l'État du Congo (section siégeant à Bruxelles comme Cour d'appel suprême).

PRINCIPALES PUBLICATIONS

Émancipation contractuelle de la femme mariée en Angleterre; Paris, 1883.

Effets de commerce dans le droit anglais, comparé avec les principales législations étrangères; Paris, 1884.

The French law of bills of exchange, compared with the bills of exchange act 1882; Londres, 1884.

The Antwerp Congress and the assimilation of mercantile law (Law Quarterly Review, 1886). Assimilation des lois concernant la lettre de change, le billet à ordre et le chèque, sur la base du projet du Congrès international de droit commercial; Paris et Bruxelles, 1888.

Nationality, naturalisation, domicile and residence in France; Londres, 1889.

The Law of France relating to industrial property (partie concernant la Convention internationale de 1883); Londres.

Nombreux articles scientifiques dans l'*Annuaire de Législation étrangère*, dans le *Bulletin de la Société de Législation comparée*, dans la *Revue de droit commercial*, dans la *Anglo-french mercantile Review*, dans le *Times*, dans la *Law quarterly Review*, dans la *Revue de droit international*, dans le *Journal du droit international privé*, etc.

BEAUCHET (Ludovic), à Nancy,

Associé de l'Institut depuis 1892.

V. *Annuaire*, t. XII, p. 283.

Né à Verdun (Meuse), en 1855; agrégé des facultés de droit, en 1879; chargé successivement de différents cours à la faculté de droit de Dijon et à celle de Nancy, notamment, à cette dernière, par intérim, du cours de droit international privé. Professeur titulaire de procédure civile à Nancy, depuis 1885.

PRINCIPALES PUBLICATIONS

Histoire de l'organisation judiciaire en France. — Époque franque; 1 vol. in 8°.

La loi de Vestrogothie, traduction et notes (*Nouvelle Revue historique*, 1887, et 1 vol. in 8°, Paris 1889).

Code pénal de Finlande de 1889, trad. franç.; 1 vol. in 8°, Nancy, 1890.

Très nombreux articles et monographies dans la *Gazette du Palais*, les *Annales de droit commercial*, le *Journal du droit international privé*, la *Nouvelle Revue historique du droit français et étranger*, etc.

BEIRÃO (Francisco-Antonio da Veiga), à Lisbonne,

Associé de l'Institut depuis 1891.

V. *Annuaire*, t. XI, p. 491.

Né à Lisbonne, le 24 juillet 1841. Bachelier en droit de l'université de Coïmbre, où il suivit aussi un cours d'administration. Avocat à Lisbonne, depuis 1862. En 1864, M. Beirão obtint au concours la place de conservateur des hypothèques à Lisbonne, et fut chargé par le gouvernement d'étudier à l'étranger, notamment en Belgique, en France et en Espagne, le système hypothécaire. En 1886, il fut nommé, au concours, professeur de droit commercial, maritime, civil et international et de législation consulaire, à l'Institut industriel et commercial de Lisbonne. Plusieurs fois député aux Cortès depuis 1869, il fut ministre des Affaires ecclésiastiques et de la Justice de février 1886 à janvier 1890. En 1889, le Congrès juridique tenu à Lisbonne le nomma son président d'honneur. M. Beirão est conseiller du Roi.

PRINCIPALES PUBLICATIONS

Da letra de cambio em direito internacional (De la lettre de change en droit international); Lisbonne, 1886.

Discursos proferidos na Camara dos Senhores Deputados em sessoes de 10, 11, 17 e 20 de Maio de 1880 em defeza do parecer da commissão de Fazenda acerca da Contribuição geral sobre o rendimento (Discours prononcés à la Chambre des députés sur un projet de loi d'impôt sur le revenu, dont M. Beirão était le rapporteur); Lisbonne, 1880.

Codigo commercial. Projecto apresentado a Camara dos senhores deputados em sessão de 17 de Maio de 1887 (Projet de Code de commerce présenté par M. Beirão, comme ministre de la Justice, avec un rapport à l'appui); Lisbonne, 1887. — Ce projet est devenu le code actuel de commerce du Portugal; le code a été traduit en français et annoté par M. Ernest Lehr; 1 vol. in 8°, Paris, 1889.

Organisação judicial. Proposta apresentada a Camara dos Senhores deputados em sessão de 9 de Julho de 1887 (Projet de loi sur l'organisation judiciaire); Lisbonne, 1887.

Da correcção de menores. Casas de correcção, colonias agricolas e commissões de protecção. Proposta de lei apresentada a Camara dos deputados, na sessão de 4 Fevereiro de 1888 (Projet de loi sur la correction des mineurs); Lisbonne, 1888.

Diverses études, une entre autres sur *le statut personnel et le statut réel*, publiées dans la *Gazette de l'Association des avocats de Lisbonne*, dont M. Beirão est l'un des rédacteurs. — Discours et éloges prononcés dans la même association et publiés soit dans sa *Gazette*, soit dans la *Gazette des tribunaux*, soit en brochures séparées.

BERGBOHM (CARL), à Dorpat,

Associé de l'Institut depuis 1885.

V. *Annuaire*, t. VIII, p. 350; t. XII, p. 303.

Né à Riga, M. Bergbohm a fait ses études à Dorpat, Berlin et Leipzig. Privat-docent à Dorpat en 1877, il est professeur de droit public et de droit international depuis 1884.

PRINCIPALES PUBLICATIONS

Staatsverträge und Gesetze als Quellen des Völkerrechts, 1877.

Die bewaffnete Neutralität, 1884.

Traduction allemande du *Traité de droit international* de M. de Martens, 1883-1885.

Jurisprudenz und Rechtsphilosophie, kritische Abhandlungen, t. Ier; Leipzig, 1892. (*Einleitung und erste Abhandlung: Das Naturrecht der Gegenwart*, XVI-556 p. in-8°).

Nombreux articles de revues.

BROCHER DE LA FLÉCHÈRE (HENRI), à Genève,

Associé de l'Institut en 1877; membre depuis 1885.

V. *Annuaire*, t. IV, p. 12; t. IX, p. 385; t. XII, p. 303.

Né à Genève le 10 octobre 1835; a suivi la carrière commerciale jusqu'en 1861; docteur en droit de l'université de Berlin en 1864; *Privat-Docent* pour l'économie politique au polytechnicum et à l'université de Zurich en 1865 et 1866. Professeur de philosophie du droit, d'histoire du droit et de droit romain, de 1866 à 1874, à l'académie de Lausanne; depuis 1874, à l'université de Genève, et, depuis octobre 1888, tout à la fois à cette dernière université et à celle de Lausanne. Membre correspondant de l'Académie de jurisprudence et de législation de Madrid.

PRINCIPALES PUBLICATIONS

De operis libertorum, diss. inaug.; Berlin, 1864.

Vers la même époque, collaboration à la 1re édition du *Droit des neutres sur mer* de M. L. GESSNER.

Dans *le Staats-Lexicon* de Wagner, les articles: *Wechsel, Wechsel-Recht, Hypotheken, Hypotheken-Banken*.

Les Révolutions du droit. Études historiques destinées à faciliter l'intelligence des institutions sociales. Tome Ier: *Introduction philosophique*, Paris et Genève, 1878; t. II: *L'enfantement du droit par la guerre*, Paris et Genève, 1882. Le t. III, qui sera intitulé: *La genèse du droit positif*, est en préparation, et il en a déjà paru de nombreux fragments dans la *Semaine judiciaire*, de Genève, dans la *Revue générale du droit*, de Paris, et dans la *Revue de droit international*, de Bruxelles.

M. Brocher est l'un des directeurs de la *Revue générale de droit*; il a publié, en outre, des articles juridiques, historiques et philosophiques dans plusieurs revues suisses et dans la *Revue des Deux Mondes*.

BRUSA (Emilio), à Turin,

Associé de l'Institut en 1877; membre depuis 1878.

V. *Annuaire*, t. IV, p. 13.

Né le 9 septembre 1843 à Ternate, province de Côme; docteur en droit de l'université de Pavie en 1865; avocat à Milan jusqu'en novembre 1871; professeur de droit international et de philosophie du droit à l'université de Modène; en 1877, professeur de droit pénal et de procédure pénale à l'université d'Amsterdam; professeur à l'université de Turin en 1880; membre correspondant de l'Académie de législation de Toulouse; membre honoraire de la Société suisse des juristes; secrétaire-adjoint de la commission de revision du projet de code pénal italien.

PRINCIPALES PUBLICATIONS

Studi sulla recidiva; 1 vol., Milan 1866.

Il codice penale Zurighese, con un'introduzione critica e note di legislazione comparata; Venise, 1873.

Lezione di diritto costituzionale di L. Casanova, *con introduzione e note copiosissime*; 2 vol., Florence, 1875.

Lezzioni di diritto internazionale, di L. Casanova, *con studi critici premessi a modo d'introduzione e note copiosissime*; 2 vol., Florence, 1876.

Appunti per una introduzione al corso di diritto e procedura penale; 1 vol., Turin, 1880.

Del delitto politico in rapporto con la estradizione; Milan, 1881.

L'ultimo progetto di codice penale olandese, traduzione illustrata e studi; Bologne, 1878.

Il codice penale olandese 3 marzo 1881, trad. ital. annotée; 1 vol., Florence, 1882.

Del reato commesso all'estero; Florence, 1882; Turin, 1886.

Saggio di una dottrina generale del reato; 1 vol., Turin, 1884.

Bibliographie pénitentiaire et pénale en Italie depuis le commencement du siècle jusqu'à nos jours; 1 vol., Rome, 1888.

Sul nuovo positivismo nella giustizia penale; 1 vol., Turin, 1887.

Prolegomeni al diritto penale; 1 vol.; Turin, 1888.

Das Staatsrecht des Königreiches Italien; 1 vol., Fribourg en Brisgau, 1892.

Grand nombre d'articles et de monographies dans divers recueils périodiques, notamment dans le *Monitore dei Tribunali*, les *Annali di Giurisprudenza*, la *Rivista penale*, l'*Archivio Giuridico*, l'*Archivio di statistica* de Rome, la *Revista de Legislacion y Jurisprudencia* de Madrid, la *Revue de droit international*, l'*Annuario delle scienze giuridiche*, la *Giurisprudenza italiana*, etc.

BUZZATI (JULES-CÉSAR), à Macerata,
Associé de l'Institut depuis 1891.
V. *Annuaire*, t. XI, p. 492.

Né à Venise, le 26 avril 1863; a fait ses études de droit à Padoue (docteur en droit en 1883) et les a complétées à Munich (1885-1886). Privat-docent de droit international à l'université de Padoue en 1887. Professeur de droit international et de droit constitutionnel à l'université de Macerata depuis 1889.

PRINCIPALES PUBLICATIONS

L'offesa e la difesa nella guerra secondo i moderni ritrovati. Studio di diritto internazionale; Rome, 1888.

Reato commesso all' estero da un italiano a danno di uno straniero. Nota a sentenza; Venise, 1888.

L'Urto di navi in mare. Studio di diritto internazionale privato; Padoue, 1889.

Urto di navi straniere in mare territoriale italiano. Nota a sentenza; Venise, 1889.

Dell' acquisto di cittadinanza per annessione territoriale. Nota a sentenza; Città de Castello, 1890.

De l'emploi abusif du signe et du nom de la Croix-Rouge. Mémoire couronné par le comité international de la Croix-Rouge, Genève, 1890.

L'autorita delle leggi straniere relative alla forma degli atti civili (Locus regit actum); Turin, 1891.

Plusieurs articles, dans la *Rivista italiana per le Scienze giuridiche*, la *Temi Veneta*, l'*Archivio giuridico*, la *Revue de droit international*, etc.

CALVO (CARLOS), à Berlin,
Membre fondateur de l'Insitut.
V. *Annuaire*, t. IV, p. 16; t. XII, p. 303.

Né à Buenos-Ayres (République Argentine), en 1824; vice-consul à Montévidéo (Uruguay) en 1852; consul-général et ministre de 1853 à 1858; député en 1859; chargé d'une mission diplomatique auprès des gouvernements de la France et de la Grande-Bretagne de 1860 à 1864; délégué officiel au Congrès de géographie de Paris en 1875; plénipotentiaire au Congrès postal de Paris en 1878; envoyé extraordinaire et ministre plénipotentiaire du Brésil à Berlin, depuis 1883; accrédité aussi auprès de l'empereur de Russie, en 1889, et de l'empereur d'Autriche, en 1890; plénipotentiaire au Congrès postal universel de Vienne, en 1891; correspondant de l'Académie des sciences morales et politiques de l'Institut de France en 1869 (associé étranger, depuis 1892), membre de l'Académie royale d'histoire de Madrid, et de plusieurs autres sociétés savantes.

PRINCIPALES PUBLICATIONS

Recueil historique complet des traités, conventions, capitulations, armistices, questions de limites et autres actes diplomatiques de tous les États de l'Amérique latine, compris entre le golfe du Mexique et le Cap Horn, depuis l'année 1493 jusqu'à nos jours, précédé d'un mémoire sur l'état actuel de l'Amérique, de tableaux statistiques, d'un dictionnaire diplomatique et d'une notice historique sur chaque traité important, t. I à XI, in-8°; Paris, 1862-1869. — Traduction espagnole.

Annales de la Révolution de l'Amérique latine, tomes I à V, in-8°; Paris, 1864-1867. — Traduction espagnole.

El Derecho internacional teorico y practico de Europa y America; 2 vol. gr. in-8°, Paris, 1868.

Le droit international théorique et pratique, précédé d'un exposé historique des progrès de la science du droit des gens; quatrième édition, 5 vol. gr. in-8°, Paris, 1887-88.

Examen des trois règles du traité de Washington; Gand, 1874.

Dictionnaire de droit international public et privé; 2 vol. in-8°, Paris et Berlin, 1885.

Dictionnaire manuel de diplomatie et de droit international public et privé; 1 vol. in-8°, Paris et Berlin, 1885.

Manuel de droit international public et privé, conforme au programme des facultés de droit; 3e édition revue et augmentée, Paris, 1892.

* CARATHÉODORY (Étienne), à Bruxelles

Associé de l'Institut depuis 1888

V. *Annuaire*, t. X, p. 238.

Né à Constantinople, le 1/13 janvier 1836; docteur en droit de la faculté de Berlin; successivement attaché et secrétaire de légation à Berlin, Stockholm, Vienne, Saint-Pétersbourg (1854-1866), chargé d'affaires à Saint-Pétersbourg (1867-1871), et, depuis 1875, envoyé extraordinaire et ministre plénipotentiaire de S. M. l'empereur des Ottomans auprès de S. M. le roi des Belges; en 1868, délégué du gouvernement ottoman à la Conférence de Saint-Pétersbourg sur les balles explosibles; en 1873, secrétaire de la Conférence internationale pour le tonnage à Constantinople; en 1874, délégué à la Conférence pour la codification des lois de la guerre à Bruxelles; en 1878, adjoint aux plénipotentiaires du Congrès de Berlin; en 1888, délégué aux Conférences pour l'unification des tarifs douaniers et pour l'unification du droit commercial, à Bruxelles; membre de l'Ἑλληνικός Φιλολογικός Σύλλογος, de Constantinople; de l'Association pour l'encouragement des études grecques, de Paris; de la *Philhellenische Vereeniging*, d'Amsterdam; de la *Gesellschaft für das Studium der neueren Sprachen*, de Berlin.

PRINCIPALES PUBLICATIONS

Du droit international concernant les grands cours d'eau, étude théorique et pratique sur la liberté de la navigation fluviale; Leipzig, 1861.

Das Stromgebiet und die internationale Flussschiffahrt (separat-Abdruck aus dem v. Holzendorff'schen *Handbuch des Völkerrechts*); Hambourg, 1887.

* CARNAZZA-AMARI (Giuseppe), à Catane,

Associé de l'Institut depuis 1882.

V. *Annuaire*, t. VI, p. 324.

Né à Palerme, le 31 décembre 1840; docteur et avocat en 1858; juge en 1863-1864; professeur extraordinaire de droit international à Catane en 1864, ordinaire à Catane en 1879, après avoir obtenu par concours une chaire à Parme; membre correspondant de l'Académie de jurisprudence et de législation de Madrid en 1875, de celle de Toulouse en 1877, de l'Académie des sciences d'Aix, etc.; député au Parlement italien.

PRINCIPALES PUBLICATIONS

Sul duello; Catane, 1856.

Della capacita civile dei conventi dei mendicanti; Catane, 1861.

Sull' admissibilità della dimanda di nullita di testamento per causa di captazione e suggestione; Catane, 1861.

Prelezione al curso di diritto internazionale; Catane, 1865.

Elementi di diritto internazionale; t. I, Catane, 1867; t. II, Milan, 1875. — Traduction française par M. Montanari-Revest; Paris, 1881-1882.

Sull'equilibrio politico; Catane, 1868.

Nuova esposizione del principio del non intervento; Catane, 1873. (Traduit dans la *Revue de droit international*, 1873.)

Diritto internazionale pubblico di pace; Milan, 1875.

Dello studio del diritto internazionale in Italia; Milan, 1879.

Guerra e civiltà; Catane, 1880.

CATELLANI (ENRICO-L.), à Padoue,

Associé de l'Institut depuis 1891
V. *Annuaire*, t. XI, p. 493.

Né à Padoue, le 12 juin 1856; docteur en droit, le 6 novembre 1875; privat-docent à l'université de Padoue, le 15 juillet 1883; chargé, le 1er avril 1884, d'enseigner le droit international; professeur extraordinaire à la même université, le 1er novembre 1885. Nommé, après concours, professeur ordinaire à l'université de Pise, renonça à ces fonctions pour demeurer à l'université de Padoue, où il a été promu à l'ordinariat en 1890.

PRINCIPALES PUBLICATIONS

L'Economica di Senofonte tradotta dal testo greco e preceduta da una introduzione; 1 vol., Padoue, 1879.

Il Diritto internazionale privato e i suoi recenti progressi; Turin, 3 vol. in-8°, 1883 à 1888.

La Navigazione fluviale e la questione del Danubio secondo il diritto delle genti; 1 vol., Turin, 1883. — Une traduction en roumain a été publiée dans la *Fratia rumano-italiana* de Bucarest.

L'A[illegible]ne delle società scientifiche nel progresso del diritto internazionale p[illegible]o; 1 vol., Padoue, 1883.

Metodo e [illegible]ne negli studi di diritto internazionale; Turin, 1884.

Le colonie e la conferenza di Berlino; 1 gr. vol., Turin, 1885.

La Colonizzazione germanica; 1 vol., Bologne, 1890.

Buddisma orientale e Buddisma europeo; Venise, 1891.

Il potere di fare i trattati; Padoue, 1892.

Il diritto internazionale privato nel sistema del diritto internazionale; Milan, 1892.

En outre, divers articles dans la *Rivista critica di scienze giuridiche e sociali*, dans la *Revue de Droit international*, dans la *Rivista italiana per le Scienze giuridiche*, dans la *Bibliografia giuridica* de Naples, dans la *Cultura*, dans la *Rivista Europea*, dans la *Perseveranza*, dans l'*Archivio giuridico*, etc.

Les leçons de M. Catellanni (1888-89 et 1889-90) ont été publiées en 2 vol. d'après la sténographie, avec les corrections de l'auteur.

CHRÉTIEN (ALFRED-MARIE-VICTOR), à Nancy,

Associé de l'Institut depuis 1891.
V. *Annuaire*, t. XI, p. 494.

Né à Sedan (Ardennes), le 9 mai 1855; docteur en droit; professeur agrégé des facultés de droit, chargé en 1883-1884 du cours de droit international privé à Grenoble; chargé, depuis 1884, du même cours à la faculté de droit de Nancy, où il a reçu, en 1892, le titre de professeur-adjoint.

PRINCIPALES PUBLICATIONS

Étude sur la lettre de change en droit international privé; Paris, 1881.

Revue de la jurisprudence italienne, dans le *Journal du droit international privé*, 1885 à 1891.

Traduction française du *Droit international codifié* de M. Pasquale Fiore, 1890.

Principes de droit international public, t. Ier; Paris, 1892.

* CLÈRE (Jules), à Paris,

Associé de l'Institut depuis 1879.

V. *Annuaire*, t. IV, p. 67.

Né le 19 octobre 1850 à Paris, où il a fait son droit; secrétaire de la commission parlementaire du tarif des douanes; secrétaire-adjoint de l'Institut de droit international aux sessions de Paris (1878) et de Bruxelles (1879); secrétaire-rédacteur de la Chambre des députés.

PRINCIPALES PUBLICATIONS

Outre un grand nombre d'articles dans la *Réforme*, le *Courrier de Paris*, la *Revue de décentralisation*, la *Revue Universelle*, le *National*, le *Journal des Économistes*, etc., M. Jules Clère a publié en volumes:

Histoire du Suffrage universel; 1873.

Étude historique sur l'arbitrage international; 1874.

Biographies parlementaires (des membres de l'Assemblée nationale, 1875; du Sénat; de la Chambre des députés, 1876-1880).

Le Congrès de Bruxelles; 1875.

La Réforme judiciaire en Egypte; 1875.

Les travaux de l'Institut de droit international; 1879.

Les tarifs de douane en France; 1880.

CLUNET (Édouard), à Paris,

Associé de l'Institut en 1875; membre depuis 1880.

V. *Annuaire*, t. IV, p. 18.

Né à Grenoble le 11 avril 1845; avocat à la cour d'appel de Paris; membre correspondant de l'Académie de jurisprudence et de législation de Madrid.

PRINCIPALES PUBLICATIONS

M. Clunet est fondateur et directeur, depuis janvier 1874, du *Journal du droit international privé et de la jurisprudence comparée*, dans lequel il a publié une infinité d'études dont les plus importantes ont aussi paru en brochure. Nous citerons notamment les suivantes, qui ont eu deux éditions: *Du défaut de validité de plusieurs traités diplomatiques conclus par la France avec les puissances étrangères* (1880); — *Offenses et actes hostiles commis par des particuliers contre un État étranger* (1887).

* DAHN (Ludwig-Sophus-Felix), à Breslau,

Associé de l'Institut depuis 1891.

V. *Annuaire*, t. XI, p. 491.

Né à Hambourg le 9 février 1834; reçu docteur en droit à Munich en 1855, M. Dahn se fit admettre, en 1857, comme Privat-docent à la faculté de droit de Munich, y donna des leçons sur le droit privé allemand, le droit commercial, le droit public général et la philosophie du droit. Le 1er octobre 1863, professeur extraordinaire, et, le 10 juin 1865, professeur ordinaire de ces matières ainsi que d'histoire du droit allemand et de droit des gens, à Würzbourg; en 1865, membre correspondant de l'Académie des sciences de Munich. Le 19 juin 1872, M. Dahn fut appelé à Kœnigsberg pour y enseigner, outre les matières déjà citées, le droit public allemand et prussien. Conseiller intime de justice le 10 juin 1885, il a été appelé à l'université de Breslau le 6 décembre 1887. Docteur en droit *honoris causâ* de l'université d'Édimbourg, en 1891.

PRINCIPALES PUBLICATIONS

Die Könige der Germanen, I à VII; Leipzig, 1862 à 1891.

Handels- und Wechselrecht, dans le *Deutsches Privatrecht* de Bluntschli, 3e édition; Munich, 1865.

Prokopius von Caesarea; Berlin, 1865.

Westgotische Studien; Wurzbourg, 1875.

Handelsrechtliche Vorträge; Leipzig, 1875.

Langobardische Studien; Leipzig, 1876.

Deutsches Rechtsbuch; Nördlingen, 1877.

Deutsches Privatrecht im Grundriss; Leipzig, 1878.

Urgeschichte der germanischen und romanischen Völker, I à V; Berlin, 1881 à 1889.

Deutsche Geschichte bis 814, I-II; Gotha, 1883, 1888.

Die Vernunft im Recht (contre le *Zweck im Recht* de R. von Ihering); Berlin, 1879.

Walhall. Altgermanische Götter- und Heldensagen; Leipzig, 1881.

Kaiser Karl und seine Paladine; Leipzig, 1887.

Bausteine, I, II et VI: *Germanische Studien*, Berlin, 1879, 1880 et 1884.
» III: *Zur Litteraturgeschichte*, 1882.
» IV, 1: *Rechtsphilosophische Studien*, 1883.
» IV, 2: *Philosophische Studien*, 1883.
» V, 1: *Völker- und Staatsrechtliche Studien*, 1884.
» V, 2: *Privatrechtliche Studien*, 1884.

* DANEVSKY (Vsevolod de), à Kharkov,

Associé de l'Institut depuis 1880.

V. *Annuaire*, t. V, p. 219

Né le 27 avril 1851, M. de Danevsky a fait ses études générales à Saint-Pétersbourg, à Genève et à Tubingue, et ses études de droit à Moscou, où il a subi en 1877 les examens de licencié en droit international et administratif; professeur-adjoint à l'université de Kharkov dès la même année; aujourd'hui, professeur titulaire.

PRINCIPALES PUBLICATIONS

Thèse sur *les Droits des neutres*, qui a obtenu une médaille d'or à l'université de Moscou (1874).

Aperçu de la littérature contemporaine du droit des gens (1876).

Aperçu historique de la neutralité et critique de la déclaration maritime de Paris.

Nombreuses brochures sur des questions de droit international.

Collaboration au *Messager juridique* de Moscou, au *Journal du droit criminel et civil* de Saint-Pétersbourg et à plusieurs autres journaux.

* DEMANGEAT (Charles), à Paris,

Membre de l'Institut depuis 1877.

V. *Annuaire*, t. IV, p. 18.

Né le 2 septembre 1820 à Nantes; a obtenu en 1842 le premier prix au concours ouvert entre les docteurs de la faculté de droit de Paris; suppléant dans cette faculté en 1852; chargé du cours de droit romain en 1856 ; professeur titulaire en 1862; conseiller à la Cour de cassation depuis 1870.

PRINCIPALES PUBLICATIONS

Histoire de la condition civile des étrangers en France; 1844.

Deux éditions annotées du *Traité de droit international privé*, de Fœlix ; 1856 et 1866.

Des obligations solidaires en droit romain; 1858.

De la condition du fonds dotal en droit romain; 1860.

Cours élémentaire de droit romain; 3 éditions, 1866, 1867 et 1875.

Cours de droit commercial de M. Bravard, publié, annoté et complété par M. Demangeat; 6 volumes, 1863 à 1875.

La *Revue pratique de droit français* a été fondée par M. Demangeat en 1856; il l'a toujours dirigée et y a fait paraître plusieurs articles.

DEN BEER POORTUGAEL (JACOBUS-KATHARINUS-CORNELIS), à La Haye,

Associé de l'Institut en 1874; membre depuis 1888.

V. *Annuaire*, t. I, p. 152; t. IV, p. 19; t. X, p. 302; t. XII, p. 304.

Né à Leyde le 1er février 1832; élève de l'Académie royale militaire de Breda, d'où il sortit, en 1852, comme sous-lieutenant d'infanterie; entra ensuite dans l'état-major général et y passa par tous les grades jusqu'à celui de général-major, dont il est actuellement investi; professeur à l'École de guerre, ensuite directeur de cette même école; délégué par le roi des Pays-Bas à la conférence de Bruxelles de 1874, comme conseil adjoint; et, depuis, successivement gouverneur de l'Académie militaire, inspecteur de l'instruction de l'armée, ministre de la Guerre, commandant de la 3e division d'infanterie et conseiller d'État (1892).

PRINCIPALES PUBLICATIONS

M. den Beer Poortugael est l'auteur de plusieurs ouvrages d'histoire et de science militaire, et des ouvrages suivants relatifs au droit international:

Het oorlogsrecht (Le droit de la guerre), 1 gr. vol. in-8e; Breda, 1872; 2e éd., 1882.

Neerland's belang bij de Conferentien te Brussel en te St-Petersburg (L'intérêt des Pays-Bas aux conférences de Bruxelles et de St-Pétersbourg); Breda, 1875.

Krijgsgebruiken en Neutraliteitsrecht (Usages de la guerre et droit des neutres); 1 vol. in-8°, 312 p., Bréda, 1880.

Het internationaal maritiem recht (Le Droit maritime international); 1 gros vol. in-8°, Bréda, 1888.

DESCAMPS (Édouard-Eugène-François), à Louvain.

Associé de l'Institut depuis 1892.

V. *Annuaire*, t. XII, p. 295.

Né à Belœil (Hainaut, Belgique), le 27 août 1847; avocat au barreau de Mons en 1870 et 1871; nommé en 1872 professeur à la faculté de droit de l'université de Louvain, où il occupa la chaire de droit administratif; nommé, en 1874, professeur de droit naturel et, en 1881, professeur de droit international; élu, en 1888, membre du Conseil provincial du Brabant; en 1889, conseiller au Conseil supérieur de l'État indépendant du Congo; a fait partie, en cette qualité, de la Conférence d'où est sorti l'Acte général de Bruxelles; élu, en 1892, sénateur de Belgique; secrétaire de la Commission sénatoriale de la revision constitutionnelle, membre de la Commission centrale de statistique de Belgique; membre du Conseil de l'Ordre des avocats du barreau de Louvain.

PRINCIPALES PUBLICATIONS

Code constitutionnel belge, contenant la constitution comparée et la coordination du droit public et administratif de la Belgique; Bruxelles, 1887.

Les fondateurs de la science du droit; Hugo Grotius et le droit naturel; Louvain, 1881.

Études d'art oratoire et de législation; Louvain, 1889.

Législation pénale contre la traite des esclaves. Avant-projet et rapport présentés au Conseil supérieur de l'État du Congo; Bruxelles, 29 juin 1891.

Nombreuses études et conférences sur les questions africaines.

Notices annuelles dans l'*Annuaire de législation étrangère* sur le mouvement législatif dans l'État du Congo.

Articles divers relatifs à la théorie des conflits dans les *Pandectes belges*.

Études de droit parlementaire.

DESJARDINS (ACHILLE-ARTHUR), à Paris,
Associé de l'Institut depuis 1891.
V. *Annuaire*, t. XI, p. 495; t. XII, p. 304.

Né à Beauvais (Oise), le 8 novembre 1835; avocat à la cour d'appel de Paris en 1857. Docteur en droit et docteur ès lettres en 1858. Substitut du procureur impérial à Toulon, en 1859; à Marseille, en 1862. Substitut du procureur général à Aix en 1864. Avocat général à la cour d'Aix en 1864. Premier avocat général en 1869. Procureur général à Douai, en 1873; à Rouen, en 1874. Avocat général à la Cour de cassation en 1875. Commissaire adjoint du gouvernement près le Tribunal des conflits en 1877 et en 1878.

Membre correspondant de l'Académie de législation de Toulouse depuis 1864. Membre de l'Académie d'Aix depuis 1867. Membre de l'Institut de France (Académie des sciences morales et politiques, section de législation) depuis 1882.

PRINCIPALES PUBLICATIONS

Les devoirs, essai sur la morale de Cicéron. (Ouvrage couronné en 1865 par l'Institut de France.)

Les États généraux (1355 à 1614). (Ouvrage couronné par l'Institut de France.)

Traité de droit commercial et maritime; 9 vol. in-8°, Paris, 1878 à 1890.

Immunités des agents diplomatiques; in-8°, Paris, 1891.

La France, l'esclavage africain et le droit de visite (dans la *Revue des Deux-Mondes* du 15 octobre 1891); 2° édit. revue et complétée.

Mémoires lus à l'Académie des Sciences morales et politiques: *Le Congrès de Paris et la jurisprudence internationale; — Les torpilles et le droit des gens; — Le tribunal international; — L'ancienne législation commerciale de l'Espagne et le code de 1885; — L'arbitrage international.*

Divers articles de droit international dans la *Revue des Deux-Mondes*.

DESPAGNET (FRANTZ), à Bordeaux,
Associé de l'Institut depuis 1891.
V. *Annuaire*, t. XI, p. 497; t. XII, p. 304.

Né à Aire-sur-l'Adour (Landes), le 9 mars 1857; docteur en droit en 1881, agrégé des facultés de droit, en 1881. Chargé du cours de droit international privé à la faculté de droit de Bordeaux depuis 1882. Chargé, en outre, du cours de droit international public depuis 1880. Professeur titulaire depuis 1892.

PRINCIPALES PUBLICATIONS

La théorie des statuts dans le code civil. (*Revue critique de législation et de jurisprudence*, 1884.)

Précis de droit international privé; 1 vol. in-8°, Paris, 1886; 2e éd., 1890.

Nombreux articles dans le *Journal du droit international privé*, dans le *Droit*, dans la *Revue pratique du droit international privé*, dans la *Revue internationale de l'enseignement*, etc.

* DICEY (A.-V.), à Londres,

Associé de l'Institut en 1880; membre depuis 1885.

V. *Annuaire*, t. V, p. 219.

Bachelor of Civil Law, *fellow* du *Trinity College* d'Oxford, *Barrister-at-Law*; membre du conseil de l'*Office of Inland Revenue*.

PUBLICATIONS

Rules for the selection of parties to action, 1870.

The law of domicil, 1879.

* DILLON (J.-F.), à New-York,

Associé de l'Institut en 1883; membre depuis 1891.

V. *Annuaire*, t. VII, p. 287.

Circuit judge de la Cour des États-Unis et professeur à l'école de droit de *Columbia College* (New-York).

PRINCIPALES PUBLICATIONS

The law of municipal bonds. A treatise on the law of municipal corporations. 2 vol., 3e édit.

Removal of causes from State to federal courts, with forms adapted to the several acts of Congres on the subject. 3e édition.

ENGELHARDT (Édouard), à Gênes,

Associé de l'Institut en 1885; membre depuis 1887.

V. *Annuaire*, t. VIII, p. 350; t. XII, p. 304.

M. Engelhardt est né à Rothau (Vosges), le 15 mai 1828. Délégué plénipotentiaire de France à la Commission européenne du Danube, de 1856 à 1867; agent politique et consul général à Belgrade, de 1867 à 1874; ministre plénipotentiaire à la disposition du ministère, de 1874 à 1880; en retraite, sur sa demande, en 1880. Ministre plénipotentiaire délégué à la conférence de Berlin de 1884-1885.

PRINCIPALES PUBLICATIONS

Du régime conventionnel des fleuves internationaux; 1 vol. in-8°, Paris, 1879.

La Turquie et le Tanzimat, ou histoire des réformes dans l'empire ottoman depuis 1826 jusqu'à nos jours; 2 vol. in-8°, Paris, 1882-1884.

Histoire du droit fluvial conventionnel; 1 vol. in-8°, Paris, 1889.

Études diverses de droit international dans la *Revue de droit international*, dans la *Revue française*, dans la *Revue alsacienne*, dans la *Revue d'histoire diplomatique*, dans la *Revue des Deux-Mondes*, dans la *Revue critique de législation et de jurisprudence*, etc.

* ESPERSON (Pietro), à Pavie,

Membre de l'Institut depuis sa fondation.

V. *Annuaire*, t. IV, p. 22.

Né à Sassari (Sardaigne) le 2 mars 1833; avocat; professeur de droit international et de droit administratif à l'université de Pavie.

PRINCIPALES PUBLICATIONS

Dei rapporti giuridici tra i belligeranti e i neutrali; Turin, 1865.

Il principio di nazionalità applicato alle relazioni civili internazionali; Pavie, 1868.

La questione anglo-americana dell' Alabama discussa secondo i principi del Diritto internazionale; Florence, 1869.

Movimento giuridico in Italia e nel Belgio sul Diritto internazionale privato; Florence, 1870.

Diritto cambiario internazionale; Florence, 1870.

La Russia e il trattato di Parigi del 1856; Florence, 1871.

Diritto diplomatico e giurisdizione internazionale marittima, col commento delle disposizioni della Legge italiana del 13 Maggio 1871 sulle relazioni della Santa sede colle Potenze straniere. Tome I. *Delle Legazioni*; Rome-Turin-Florence, 1872. — Tome II. Première partie: *Dei Consolati*; Milan, 1874. — Deuxième partie: *Giurisdizione internazionale marittima*; Milan, 1877.

Nombreux articles dans la *Rivista di legislazione e di giurisprudenza*, dans la *Revue de droit international*, dans le *Journal du droit international privé*, etc.

FÉRAUD-GIRAUD (Louis-Joseph-Delphin), à Paris,

Associé de l'Institut en 1887; membre depuis 1891.

V. *Annuaire*, t. IX, p. 380; t. XII, p. 305.

Né à Marseille le 24 décembre 1819; docteur en droit, puis avocat à Aix, en 1840; substitut à Apt en 1845, puis à Aix; juge au tribunal civil d'Aix; conseiller, puis président de chambre à la cour d'appel d'Aix; conseiller à la Cour de cassation, le 23 juillet 1878. Correspondant de l'Académie de législation de Toulouse depuis 1852; membre de la Commission de revision des capitulations levantines instituée auprès du ministère des Affaires étrangères, depuis 1868; membre du Comité du contentieux au ministère des Affaires étrangères.

PRINCIPALES PUBLICATIONS

Études sur la législation et la jurisprudence concernant les fouilles, extractions de matériaux et autres dommages causés à la propriété privée à l'occasion des travaux publics, 1 vol. in-8°, 2e édit., 1845 *(épuisé)*.

Servitudes de voirie, voies de terre; 2 vol. in-8°, 1850.

Législation des chemins de fer par rapport aux propriétés riveraines; 1 vol. in-8°, 1853.

Législation française concernant les ouvriers, enseignement spécial, droit professionnel, assistance; 1 vol. in-8°, 1856.

Jurisprudence de la cour d'appel d'Aix; table des arrêts par ordre alphabétique des matières; 1 fort vol. in-8°, 1857.

Droit international; France et Sardaigne; exposé des lois, traités, etc.; 1 vol. in-8°, 1859.

Police des bois; défrichements et reboisements; commentaire sur les lois de 1859 et 1860; 1 vol. in-8°, 1861.

Traité de la grande voirie et de la voirie urbaine (dans la Collection de la bibliothèque de l'administration française de Berger-Levrault); 1 vol. in-12.

De la juridiction française dans les Échelles du Levant et de Barbarie; 2 vol. in-8°, 1866, 2e édit. (*épuisé*).

Des voies rurales, publiques et privées; 2 vol. in-8°, 3e édit., 1880.

Des voies publiques et privées, modifiées, détruites ou créées par suite de l'exécution des chemins de fer; 1 fort vol. in-8°, 1878.

Recours à raison des dommages causés par la guerre (Extrait, avec additions, de la *France judiciaire*); 1 vol. in-8°, 1881.

Code des transports de marchandises et de voyageurs par chemins de fer; 3 vol. in-12, 1883.

Les justices mixtes dans les pays hors chrétienté; 1 vol. in-8°, 1884.

Code des mines et mineurs; 3 vol. in-12, 1887.

Le Code de la séparation des pouvoirs administratifs et judiciaires; 2 vol. in-12, Paris, 1892.

Divers articles dans la *Revue de Droit international*, dans le *Journal du Droit international privé*, etc.

* FERGUSON (Jan-Helenus), à Péking,

Associé de l'Institut en 1888; membre depuis 1891.

V. *Annuaire*, t. X, p. 299.

Né à Curaçao, en 1826; ancien gouverneur des possessions néerlandaises sur la côte d'Afrique; aujourd'hui et depuis 1876, ministre résident et consul général des Pays-Bas en Chine.

PRINCIPALES PUBLICATIONS

The Red Cross Alliance at sea, 1872. Ouvrage couronné.

Manual of international law; 2 vol., Hong-Kong, 1884.

De Zedenwet der natuur toegepast op de ontwikkeling der Staatsvormen (La loi morale de la nature appliquée au développement des formes de gouvernement), 1886.

The philosophy of civilisation; 1 vol. in-8°, Hong-Kong, 1889.

En préparation:

China staatkundig en commercieel (La Chine, au point de vue politique et commercial).

* FIELD (David-Dudley), à New-York,

Membre fondateur de l'Institut; membre honoraire depuis 1887.

V. *Annuaire*, t. IV, p. 22.

Né à Haddam (Connecticut), le 13 février 1805. Après avoir étudié le droit à Albany et à New-York, il fut reçu *attorney* et *sollicitor* en 1828, puis devint *Counsellor at Law*. Dès lors, il a pratiqué le barreau, et figuré dans plusieurs causes célèbres. De 1847 à 1865, il a pris une part prépondérante à la codification de l'État de New-York. Très mêlé à la vie publique, surtout depuis 1842, il n'est guère d'événement important dans la politique des États-Unis, à l'occasion duquel il n'ait pris la parole ou la plume, ni d'œuvre considérable de réforme, de progrès social, de philanthropie, d'économie politique, d'intérêt général, international, humanitaire, soit en Amérique, soit en Europe, à laquelle il n'ait prêté son concours et, pour plus d'une, son énergique initiative. Il a été et est encore président ou membre de nombre d'associations, notamment de l'*American Free Trade League*, de la *Personal Representation Society* de New-York, des Associations pour l'avancement des sciences sociales; il est le fondateur de l'Association pour le progrès et la codification du droit des gens, et l'un des fondateurs de l'Institut de droit international.

PUBLICATIONS

M. Field a prononcé un très grand nombre de discours, a écrit non moins d'adresses, de mémoires, d'articles souvent fort étendus, de brochures, d'écrits de circonstance, sur les sujets multiples dont il s'est occupé; tous sont empreints du zèle réformateur qui caractérise l'activité de sa vie entière.

Les écrits suivants doivent être signalés spécialement :

A Letter to Giulian C. Verplanck on the Reform of the judicial system of New-York, 1839.

On the reorganisation of the Judiciary, 1846.

What shall be done with the Practice [illegible] *he courts? Shall it be wholly reformed? Questions adressed to Lawy*[illegible], 1847.

Some suggestions respecting the Rules to be established by the supreme court, 1847.

Il faut mentionner, comme étant en réalité l'œuvre de M. Field, les neuf volumes des Codes de New-York et les dix volumes de rapports. Six traités auxiliaires ont trait à cette grande réforme, savoir :

The administration of the code, 1852.

Evidence on the operation of the code, 1852.

Codification of the common law, 1852.

The competency of Parties as witnesses for themselves, 1855.

A short Manual of pleading under the code, 1856.

Enfin, *The completing of the code*.

Draft Outlines of an International code, 1873; 2e édition, 1876. — Trad. en italien par M. Pierantoni; en français, par M. Alb. Rolin (Paris, 1881).

FIORE (PASQUALE), à Naples,
Membre de l'Institut depuis 1874.
V. *Annuaire*, t. IV, p. 21; t. XII, p. 305.

Né à Terlizzi (province de Bari) le 8 avril 1837; professeur de philosophie au lycée de Crémone en 1861; nommé, au concours, professeur de droit international à l'université d'Urbin en 1863; professeur extraordinaire de droit international à Pise en 1865; professeur ordinaire de droit international à Turin en 1876, à Naples depuis 1882.

PRINCIPALES PUBLICATIONS

Elementi di Diritto costituzionale e amministrativo; Crémone, 1862.

Diritto publico internazionale; Milan, 1865. — Traduction française avec notes par M. Pradier-Fodéré, Paris 1869. — Deuxième édition, Turin, 1879.

Diritto internazionale privato; Florence, 1869. — Traduction française avec introduction et notes de M. Pradier-Fodéré, Paris, 1875. — 3e édition, Turin, 1888-89. — Traduction française par M. Ch. Antoine. Traduction espagnole de M. Garcia Moreno.

Del fallimento secondo il Diritto internazionale privato; Pise, 1873.

Studii sulla storia del diritto e della legislazione marittima; Pise, 1873.

Effetti internazionali delle sentenze e degli atti (Parte 1: Materia civile); Pise, 1874.

Della giurisdizione penale relativamente ai reati commessi all' estero; Pise, 1875.

Effetti internazionali delle sentenze e degli atti (Parte 2: Materia penale); Pise, Rome, 1877.

Dell' estradizione.

Sul problema internazionale della societa giuridico degli stati; Turin, 1878.

Delle aggregazoni legitime secondo il Diritto internazionale (Turin, 1879, *Atti dell' Academia delle Scienze).*

Delle disposizioni generali sulla publicazione delle leggi; 2 vol., Naples, 1886-1887.

Trattato di diritto internazionale pubblico, 3e édit., revue et augmentée; 3 vol., 1887-1891. — Trad. française, par M. Ch. Antoine, Paris, 1885-1886; trad. espagnole, par M. Garcia Moreno.

Il dirito internazionale codificato e la sua sanzione giuridica; Turin, 1 vol., 1890 *(Opera dedicata all' Istituto di diritto internazionale).* — Trad. espagnol , par M. Garcia Moreno, 2 vol.

Commento del diritto civile italiano (Delle persone); Naples, 1 vol., 1889.

Sulla controversia del divorzio in Italia; Turin, 1891.

La question européenne. Une solution; Paris, 1890.

Le droit international codifié et sa sanction juridique; 1 vol. in-8°, Paris, 1890.

Nombreux articles de droit civil et de droit international dans le *Digesto italiano*, dans le journal *la Legge*, dans le *Journal du Droit international privé*, dans la *France judiciaire*, dans la *Revista general de legislacion y jurisprudencia* de Madrid, etc.

* FUSINATO (Guido), à Turin,

Associé de l'Institut depuis 1887.

V. *Annuaire*, t. IX, p. 381.

Né à Castelfranco, dans la Vénétie, le 15 février 1860; a fait ses études de droit à Rome (docteur en droit en 1880) et les a complétées à Berlin. Professeur de droit international à l'université de Macerata (1883-1885), puis à l'université de Turin. Directeur de la *Rivista italiana per le science giuridiche*. Membre correspondant de la Société de législation comparée de Paris.

PRINCIPALES PUBLICATIONS

Il principio della scuola italiana nel diritto internazionale pubblico; Macerata, 1884.

Questioni di diritto internazionale privato; Torino, 1884.

Dei Feziali e del diritto feziale. Contributo alla storia del diritto pubblico esterno di Roma (dagli *Atti della Reale Accademia dei Lincei*). Roma, 1883.

L'esecuzione delle sentenze straniere in materia civile e commerciale; Roma, 1884.

Le mutazioni territoriali. Il loro fondamento giuridico e le loro conseguenze. Parte prima : Fondamento giuridico; Lanciano, 1885.

Introduzione a un corso di diritto internazionale.

Parte prima: Diritto internazionale pubblico; Macerata, 1885.

Parte seconda : Diritto internazionale privato; Lanciano, 1885.

Gli infortuni sul lavoro e il diritto civile; Rome, 1887.

Nombreux articles dans l'*Archivio giuridico*, dans le *Digesto italiano*, dans la *Revue de droit international*, etc.

GABBA (Carlo-Francesco), à Pise,

Associé de l'Institut en 1882; membre depuis 1892.

V. *Annuaire*, t. VI, p. 325.

Né en 1838, à Lodi; professeur de droit international, puis, à partir de 1882, de droit civil et de philosophie du droit à l'université de Pise; membre de l'Académie des *Lincei* à Rome, de l'Institut royal des sciences de Milan, des Académies de Turin et de Palerme.

PRINCIPALES PUBLICATIONS

Essai sur la véritable origine du droit de succession. (Mémoire couronné par l'Académie royale des sciences de Bruxelles le 5 mai 1858.)

Della condizione giuridica della donna nelle legislazioni francese, austriaca e sarda. Studio di legislazione comparata. Milan, 1861; 2e éd. refondue, Turin, 1880.

Studi di legislazione civile comparata italiana in servizio alla nuova codificazione italiana, con un'appendice intorno alla questione del *matrimonio*, dettata da P.-S. Mancini; Milan, 1862.

Il pro ed il contro nella questione della pena di morte. Considerazioni critiche; Pise, 1866.

Teoria della retroattività delle leggi; 4 vol. in-8°, Pise, 1868-1874.— 3e édit., Turin, 1892.

Della retroattività in materia penale.

Studi teorico-pratici intorno ad alcuni più generali problemi della scienza sociale; Pise, 1860.

Conferenze intorno ad alcuni dei più importanti problemi della scienza sociale; 3 séries, Turin, 1876; Florence, 1882, et Bologne, 1887.

Della responsabilità dello Stato; Rome, 1882.

Questioni di diritto civile; 2e éd., Turin, 1886.

GAREIS (Carl), à Kœnigsberg,

Associé de l'Institut depuis 1891.

V. *Annuaire*, t. XI, p. 497.

Né, le 24 avril 1844, à Bamberg (Bavière); étudia à Munich, Heidelberg et Würzbourg; obtint en 1867 le prix dans un concours de droit à Würzbourg et, dans la même université, le grade de docteur en droit en 1868; subit ensuite les examens juridiques d'État. Privat-docent à Würzbourg, de 1870 à 1873. Appelé à Prague et à Bonn, il professa dans cette dernière ville pendant l'été de 1873. Professeur à Berne, de 1873 à 1875. Professeur à Giessen de 1876 à 1888. De 1878 à 1881, membre du Reichstag allemand. De 1883 à 1884, *Kanzler magnificus* de l'université de Giessen et, en cette qualité, membre de la première chambre des États du grand-duché de Hesse. Depuis 1888, professeur à Kœnigsberg (Prusse), où il succéda à M. Félix Dahn.

PRINCIPALES PUBLICATIONS

Allgemeines Staatsrecht (dans Marquardsen, *Handbuch des öffentlichen Rechts*, t. I, p. 1 à 186, 1883).

Hessisches Staatsrecht. (Même recueil, t. III, p. 51 à 112, 1884.)

Die Interdiction des Sklavenhandels und des Seeraubs. (Dans le *Handbuch des Völkerrechts*, de Holtzendorff, chap. XIII.)

Encyclopädie und Methodologie der Rechtswissenschaft; Giessen, 1887, 187 p.

Institutionen des Völkerrechts; Giessen, 1888, 256 p.

Lehrbuch des Handelsrechts; 1re édition, 1880. La 4e édition est sous presse. Une partie de ce manuel a été traduite en italien par M. Torquato Gianini, sous le titre de: *Il diritto commerciale marittimo*.

Nombreux articles sur le droit commercial, publiés dans le *Rechtslexikon* de Holtzendorff.

Plusieurs écrits contre et sur la traite des esclaves et l'esclavage.

GEFFCKEN (F.-Heinrich), à Munich,

Associé de l'Institut en 1885; membre depuis 1891.

V. *Annuaire*, t. XII, p. 306.

M. Geffcken est né à Hambourg, le 9 décembre 1830. Nommé, en 1854, secrétaire de légation, il est devenu, en 1856, chargé d'affaires à Berlin et, en 1859, ministre résident des villes hanséatiques au même poste; puis à Londres, en 1866. En 1870, il a été élu membre du Sénat de Hambourg comme syndic. Professeur de droit public à Strasbourg en 1872; conseiller d'État en 1880, conseiller privé de justice en 1882. Il est aujourd'hui fixé à Munich.

PRINCIPALES PUBLICATIONS

Die Reform der preussischen Verfassung, 1880.

Der Staatsstreich vom 2. December und seine Rückwirkung auf Europa, 1870.

L'impasse orientale, 1871.

Die Verfassung des deutschen Bundesstaates, 1871.

Staat und Kirche, 1876. — Trad. anglaise par Fairfax Taylor, 2e éd., 1877.

Die Reform der Reichssteuern, 1878.

Zur Geschichte des Orientalischen Krieges 1854-1856, 1881.

La question du Danube, 1883.

Guide diplomatique de MARTENS, 5e édit., entièrement refondue, 2 vol., 1885.

Europäisches Völkerrecht von HEFFTER, 8e éd., 1880; 4e édit. française, 1883.

MARTENS et CUSSY, *Recueil des traités*, 2e série, I, 1885.

Die völkerrechtliche Stellung des Papstes, 1885. — Trad. italienne par Gabba, 1885.

Le droit d'intervention et la Bulgarie, 1887.

Nombreux articles dans la *Rechtsencyclopædie* de Holtzendorff et dans la *Revue de droit international.*

GLASSON (ERNEST), à Paris,

Associé de l'Institut depuis 1888.

V. *Annuaire*, t. X, p. 299; t. XII, p. 308.

Né à Noyon (Oise) le 6 octobre 1839; docteur en droit de la faculté de Strasbourg; successivement agrégé et chargé de cours aux facultés de Strasbourg, Nancy et Paris; depuis 1878, professeur à la faculté de droit de Paris; depuis 1882, professeur à l'École des sciences politiques; membre de l'Institut de France (Académie des sciences morales et politiques), de la commission chargée de préparer la réforme du code de procédure civile, du Comité des travaux historiques et scientifiques (depuis 1883), et du Comité consultatif du ministère de l'Instruction publique (depuis 1892).

PRINCIPALES PUBLICATIONS

Du droit d'accroissement; 1 vol., 1862.

Étude sur les donations à cause de mort; 1 vol., 1870.

Étude sur Gaius; 1 vol. in-12, 2e édit., 1885.

Histoire du droit et des institutions de l'Angleterre; 6 vol., 1882-1884.

Histoire du droit et des institutions de la France. En cours de publication; 4 volumes ont paru, 1887-1892.

Du droit de rétention, 1 vol., 1862.

Du consentement des époux au mariage, d'après le droit romain, le droit canonique, l'ancien droit français, le code civil et les législations étrangères; 1 vol., 1866.

Le mariage civil et le divorce dans les principaux pays d'Europe; 1 vol., 2e édit., 1880,

Éléments du droit français considéré dans ses rapports avec le droit naturel et l'économie politique; 2e édit., 2 vol., 1884. — Trad. en grec, Athènes, 1 vol.

Leçons de procédure civile, par Boitard, Colmet d'Age et Glasson; 15e édit., 2 vol., 1890.

Traduction annotée du *Code de procédure civile pour l'empire d'Allemagne,* en collaboration avec MM. Lederlin et Dareste; 1 vol. in-8e, 1887 (*Collection des principaux Codes étrangers).*

Les communaux et le domaine rural à l'époque franque; 1 vol. in-12, Paris, 1888.

Communaux et communautés dans l'ancien droit français; 1 vol. in-8e, Paris, 1891.

Nombreuses brochures sur des questions d'histoire de droit, de droit civil, de procédure, etc.; nombreux articles dans les *Mémoires* et dans les *Comptes rendus* de l'Académie des Sciences morales et politiques, dans la *Revue historique,* dans la *Revue pratique,* dans la *Revue critique,* dans la *France judiciaire,* dans la *Nouvelle revue historique,* dans les *Annales de l'École des sciences politiques,* dans la *Grande Encyclopédie,* etc.

GOLDSCHMIDT (Levin), à Berlin,

Membre de l'Institut depuis sa fondation.

V. *Annuaire,* t. IV, p. 25; t. IX, p. 383; t. XII, p. 307.

Né à Dantzig le 30 mai 1829; docteur en droit en 1851; référendaire près la cour d'appel de Dantzig de 1851 à 1855; *privatdocent* à Heidelberg en 1855; professeur extraordinaire en 1860; professeur ordinaire en 1866 (droit romain, droit commercial, encyclopédie, droit prussien); conseiller à la Cour suprême de Leipzig de 1870 à 1875; en 1873, arbitre au nom de l'empereur allemand dans le litige anglo-américain de San-Juan; en 1874, membre de la commission de cinq magistrats chargée d'arrêter le plan et la méthode d'un Code civil allemand; professeur de droit commercial à l'université de Berlin et conseiller intime de justice depuis 1875; membre du Reichstag allemand comme représentant de la ville de Leipzig, 1875-1876, renonce à la réélection pour motifs de santé; membre de la Société des arts et sciences d'Utrecht; membre correspondant de la Société de législation comparée de Paris; docteur (L. L. D.) *honoris causâ* de l'université d'Édimbourg (1885); membre de diverses commissions consultatives attachées au ministère de la Justice de l'empire allemand. Fondateur et rédacteur en chef de la *Zeitschrift für das gesammte Handelsrecht*, qui, publiée en 1858 à Erlangen et aujourd'hui à Stuttgart, compte 41 volumes; il y a inséré de nombreuses monographies.

PRINCIPALES PUBLICATIONS

De societate « en commandite ». Dissertation inaugurale; Halle, 1851.

Untersuchungen zur lex 122 § 1 D. de V. O.; Heidelberg, 1855.

Kritik des Entwurfs eines Handelsgesetzbuches für die preussischen Staaten; Heidelberg, 1857-1858.

Der Lucca-Pistoia-Actienstreit; Francfort, 1859. — Supplément, Hambourg, 1861.

Gutachten über den Entwurf eines deutschen Handelsgesetzbuchs; Erlangen, 1860.

Encyclopædie der Rechtswissenschaften im Grundriss; Heidelberg, 1862.

Handbuch des Handelsrechts, t. I, 1re section, Erlangen, 1864; 2e section, 1868. — 2e édit., t. I et II, Stuttgart, 1874-1881.

Das dreijährige Studium der Rechts- und Staatswissenschaften; Berlin, 1878.

Rechtsstudien und Prüfungsordnung; Stuttgart, 1887, 452 p. in-8°.

Erwerbs- und Wirthschafts-Genossenschaft; Stuttgart, 1881 (auml. Zeitschrift für das gesammte Handelsrecht, XXVII, p. 1-118).

System des Handelsrechts im Grundriss (Esquisse d'un traité systématique de Droit commercial); Stuttgart, 1887; 4e édit., 1892.

Studien zum Besitzrecht (Études sur la possession), Berlin, 1888.

Die Haftpflicht der Genossen und das Umlageverfahren (La responsabilité des membres d'une association et la procédure de répartition); Berlin, 1888.

Universalgeschichte des Handelsrechts (Histoire universelle du droit commercial); Stuttgart, 1891. — C'est une 3e édition, complètement remaniée, de la 1re section du *Handbuch des Handelsrechts*.

Alte und neue Formen der Handelsgesellschaft (Anciennes et nouvelles formes de la société commerciale); Berlin, 1892.

Arrêts très nombreux dans les *Décisions de la Cour suprême de commerce* (1870-1875).

Articles et comptes-rendus dans diverses revues, spécialement dans la *Kritische Zeitschrift für die gesammte Rechtswissenschaft*, dans l'Ar-

chiv für civilistische Praxis, dans les *Preussische Jahrbücher*, dans *Im neuen Reich*, dans les débats du *Juristentag* allemand, dans la *Revue de droit international*, dans les *Jahrbücher für Dogmatik* de Ihering, etc.

* GOOS (Carl), à Copenhague.

Membre de l'Institut depuis 1877.

V. *Annuaire*, t. IV, p. 26.

Né dans l'île de Bornholm (Danemark), le 3 janvier 1835; professeur à l'université de Copenhague depuis 1861 (philosophie du droit, droit pénal, droit international); membre élu et référendaire du sénat académique; éditeur de l'Annuaire de l'université de Copenhague; membre honoraire de la cour suprême; membre de la commission pour la préparation d'un nouveau code de procédure, travail achevé en 1877; membre et vice-président pour le Danemark de l'Association pour la réforme et la codification du droit international; docteur en droit *honoris causâ* de l'université d'Upsal (jubilé de 1877); ministre des Cultes et de l'Instruction publique depuis 1891.

PRINCIPALES PUBLICATIONS

Les ouvrages ci-dessous sont en danois. Nous en donnons le titre français.

Monographie sur le vol.

Introduction au droit pénal du Danemark (y compris les relations du droit pénal avec le droit international).

Den Danske Strafferet (Le droit pénal danois); 2 volumes, Copenhague, 1875 à 1878.

Les questions principales actuelles de la procédure criminelle.

Monographie sur le jury.

Le droit de succession de l'époux.

La situation légale de la femme en Danemark.

Comptes-rendus critiques des travaux de l'*Association pour la réforme et la codification du droit des gens*, congrès de La Haye et de Brême. Articles divers dans la *Revue de Droit international*, etc.

M. Goos a publié et annoté en collaboration avec M. Krieger, ancien ministre d'État, un *Précis du droit des gens*, manuel pour les étudiants, ouvrage posthume de son prédécesseur à l'université, M. Bornemann. Il a participé à la publication des ouvrages de M. Bornemann sur le *droit pénal* et la *philosophie du droit*, et des ouvrages posthumes de M. le professeur Holck sur le *droit public du Danemark*; il est l'un des rédacteurs de la *Nordisk Encyclopädi*.

GRUENHUT (G.-S.),

Associé de l'Institut depuis 1880.

V. *Annuaire*, t. V, p. 220.

Né le 3 août 1844, à Bur-St-Georges, en Hongrie ; docteur en droit de l'université de Vienne en mai 1868 ; *privat-docent* à Vienne en 1869 ; professeur extraordinaire en 1872, ordinaire en 1874.

PRINCIPALES PUBLICATIONS

Das Indossament des Wechsels nach Verfall; 1 vol., Vienne, 1871.
Das Enteignungsrecht; 1 vol., Vienne, 1873.
Das Recht des Commissionshandels; 1 vol., Vienne, 1879.
Nombreux articles de Revue.

M. Grünhut est directeur de la *Zeitschrift für das Privat- und öffentliche Recht der Gegenwart* (Vienne, depuis 1874), et il est l'auteur d'une section *(Handelsgeschäfte)* dans le *Handbuch das deutschen Handels-, See- und Wechselrechts* d'Endemann (Vienne, 1883-85).

HALL (WILLIAM-EDWARD), à Londres,

Associé de l'Institut en 1875 ; membre depuis 1882.

V. *Annuaire*, t. IV, p. 27.

Né à Letherhead en 1835 ; membre du barreau anglais.

PRINCIPALES PUBLICATIONS

The rights and duties of neutrals; Londres, 1874.
Treatise of international law; 2e éd., 1 vol. in-8°, Londres, 1884.
Nombreux articles de revue sur des sujets divers.

* HANNEN (LORD), à Londres,

Associé de l'Institut en 1883 ; membre depuis 1885.

V. *Annuaire*, t. VII, p. 288.

Né à Londres en 1821, sir James Hannen (aujourd'hui lord Hannen) a fait ses études à *Saint-Paul's School*, en cette ville, et à l'université de Heidelberg. Avocat de Middle Temple Inn en 1847. Conseiller du gouvernement britannique près la commission internationale chargée de statuer sur les contestations entre les sujets de l'Angleterre et des États-Unis et entre les deux gouvernements depuis 1814 (1857-1858). Créé *Junior counsel to the Treasury* ou aide du *Solicitor general* pour les grandes affaires de législation et de relations extérieures (1863). Juge de la Cour pour les affaires testamentaires et matrimoniales (1872). Membre du Conseil privé de la Reine. Président de la division de la haute Cour pour les affaires testamentaires, matrimoniales et maritimes. Membre *ex officio* de la haute Cour d'appel (1881).

HARBURGER (Heinrich), à Munich,

Associé de l'Institut en 1888; membre depuis 1892.

V. *Annuaire*, t. VII, p. 288; t. IX, p. 387; t. XII, p. 307.

Né à Bayreuth, le 2 octobre 1851. A étudié à l'université de Munich de 1869 à 1873 et fait son stage dans le service judiciaire et administratif de 1873 à 1876. Docteur en droit de la même université (1875), il a pratiqué le barreau de 1876 à 1879. *Privat-docent* à l'université de Munich depuis 1878, et simultanément *Amtsrichter*, de 1879 à 1885; second procureur du roi à Munich, de 1885 à 1890; depuis 1890, conseiller au tribunal régional *(Landgerichtsrat)*.

PRINCIPALES PUBLICATIONS

Die remuneratorische Schenkung; Nördlingen, 1875.

Der strafrechtliche Begriff « Inland » und seine Beziehungen zum Völkerrecht und Staatsrecht. Drei Beiträge zum sogenannten internationalen Strafrecht; Nördlingen, 1882.

Die Theilnahme an dem Verbrechen aus S. 159 Reichs-Strafgesetzbuchs durch Anstiftung oder Beihülfe. Münchener Festgabe zu Planck's Doctorjubiläum, 1887.

Deux rapports présentés au 4e Congrès pénitentiaire international (Saint-Pétersbourg, 1890) : 1° sur le traitement et le sort des enfants coupables de fautes ou d'infractions; 2° sur le système de placement dans des familles des enfants condamnés ou moralement abandonnés.

Strafrechtspraktikum, collection de causes criminelles pour l'enseignement académique; Stuttgart, 1892.

Articles et critiques dans la *Kritische Vierteljahrsschrift für Gesetzgebung und Rechtswissenschaft*; rapports sur les sessions de l'Institut de droit international dans la *Allgemeine Zeitung*; nombreuses monographies juridiques dans le *Jahrbuch für Gesetzgebung und Verwaltung des deutschen Reichs*, de Holtzendorff; dans les *Annalen des deutschen Reichs*, de Hirth; dans le *Gerichtssaal*; dans la *Zeitschrift für die gesammte Strafrechtswissenschaft*, etc.

* HART (sir ROBERT), à Péking,

Membre honoraire de l'Institut depuis 1892.

V. *Annuaire*, t. XII, p. 291.

Sir Robert Hart, G. C. M. G., est Irlandais de naissance, licencié en droit de l'université de Dublin, docteur en droit de *Queen's College* à Belfast. Inspecteur général de la douane maritime chinoise, c'est lui qui a guidé le gouvernement chinois dans l'établissement de ses rapports diplomatiques avec les puissances étrangères [1].

HARTMANN (ADOLPH), à Hanovre.

Associé de l'Institut en 1887; membre depuis 1891.

V. *Annuaire*, t. IX, p. 382; t. XII, p. 308.

Né le 10 mai 1824, à Hanovre ; a fait ses études à Gœttingue, de 1842 à 1846 ; fonctionnaire au ministère des Affaires étrangères du royaume de Hanovre dès 1852, en dernier lieu conseiller intime de légation et secrétaire général dudit ministère. De 1877 à 1879, M. Hartmann a professé à l'École polytechnique de Hanovre.

PRINCIPALES PUBLICATIONS

Institutionen des praktischen Völkerrechts in Friedenszeiten mit Rücksicht auf die Verfassung, die Verträge und die Gezetsgebung des Deutschen Reichs; Hanovre, 1874. — 2e édition, 1878.

Monographies dans diverses revues, notamment la *Revue de droit international.*

HEIMBURGER (CARL-FRIEDRICH), à Heidelberg,

Associé de l'Institut depuis 1891.

V. *Annuaire*, t. XI, p. 498.

Né à Lahr (grand-duché de Bade), le 27 août 1850; a fait ses études à l'académie de Lausanne, aux universités de Leipzig et de Heidelberg. Docteur en droit en 1882. Élu secrétaire

[1] Au moment où nous mettons sous presse, nous n'avons pas encore reçu de sir Robert Hart, élu membre honoraire en septembre 1892, les renseignements biographiques plus complets que nous lui avions demandés.

adjoint de l'Institut de droit international dans la session de 1887. Privat-docent à l'université de Heidelberg depuis 1888. Membre de la Société d'histoire diplomatique, de l'Académie américaine des sciences politiques et sociales, etc.

PRINCIPALES PUBLICATIONS

Die Reform der Verwaltungsrechtsprechung und der Kompetenz-Konflicte in Italien; 80 p. (Separat-Abdruck aus Grünhut's *Zeitschrift für das Privat- und öffentliche Recht der Gegenwart*, Bd. XIII). Vienne. 1886.

Der Erwerb der Gebietshoheit; 1re partie. 155 p., Carlsruhe, 1888.

Hermann von Schultze-Gaevernitz (Badische Biographien); Carlsruhe, 1891.

Divers articles dans la *Kritische Vieteljahrsschrift für Gesetzgebung und Rechtswissenschaft*, dans l'*Archiv für öffentliches Recht*, dans le *Centralblatt für Rechtswissenschaft*, la *Zeitschrift für internationales Privat- und Strafrecht* de Böhm, etc.

HILTY (Charles), à Berne.

Associé de l'Institut depuis 1891.

V. *Annuaire*, t. XI, p. 199.

Né à Coire, le 28 février 1833; a fait ses études à Gœttingue et à Heidelberg, où il fut promu docteur en 1854. Passa un an, pour compléter ses études, à Londres et à Paris. Pratiqua comme avocat à Coire depuis 1855 jusqu'en 1874, époque à laquelle il fut appelé à Berne comme professeur de droit public fédéral. Il y enseigna également le droit public cantonal et le droit des gens. Successivement auditeur, grand juge cantonal (à Coire) et fédéral, président du tribunal fédéral de cassation, et actuellement substitut de l'auditeur en chef, fonction créée par la nouvelle loi sur la procédure militaire de 1888. Conseiller national depuis 1890.

PRINCIPALES PUBLICATIONS

Conférences sur la politique de la Confédération suisse; Berne, 1875.

Conférences publiques sur l'Helvétique; Berne, 1878.

Politisches Jahrbuch der schweizerischen Eidgenossenschaft, publié annuellement à Berne, t. I-VII, 1886-1892.

Les constitutions fédérales de la Suisse, 1 volume, publié par ordre du Conseil fédéral, en français, en allemand et en italien, à l'occasion du centenaire de 1891.

M. Hilty est l'auteur d'un projet de nouvelle loi fédérale sur la justice militaire en temps de paix et en temps de guerre, et il a publié plusieurs monographies sur des questions de droit public suisse, sur la neutralité suisse, etc.

HOLLAND (Thomas-Erskine), à Oxford,

Associé de l'Institut en 1875; membre depuis 1878.

V. *Annuaire*, t. IV, p. 27; t. IX, p. 387; t. XII, p. 308.

Né à Brighton, le 17 juillet 1835; docteur en droit civil de l'université d'Oxford, membre du barreau anglais depuis 1863. *Fellow* d'*Exeter college* en 1850 et d'*All souls college* en 1875; examinateur en droit à l'université de Londres de 1871 à 1875 et aux *Inns of Court*, à Londres, de 1878 à 1880; lecteur de droit anglais à Oxford en 1874; professeur de droit international et de diplomatie à la même université dès la même année; juge de la cour du Chancelier de l'université d'Oxford, depuis 1875; docteur en droit *honoris causâ* des universités de Bologne, Glasgow et Dublin; professeur honoraire de l'université de Pérouse; membre honoraire de l'université de Saint-Pétersbourg et de la Société juridique de Berlin; vice-président de l'Institut en 1892.

PUBLICATIONS

An Essay on Composition Deeds; Londres, 1864.

Essays on the Form of the Law; Londres, 1870.

The framing and passing of Acts of Parliament, an adress to the social science Congress, 1873.

The Institutes of Justinian as a recension of the Institutes of Gaius; Oxford, 1873.

Select Titles from the Digest of Justinian, en collaboration avec M. Shadwell, parties I-IV; Oxford, 1874-1881.

An inaugural lecture on Albericus Gentilis; Oxford, 1875. — Trad. italienne par M. Aurelio Saffi, Parme, 1884.

The Brussels conference of 1874 and other diplomatic attempts to mitigate the rigour of warfare; Oxford, 1876.

The Treaty relations of Russia and Turkey from 1774 to 1853; Londres, 1877.

Alberici Gentilis de Jure Belli, édit. T. E. Holland, Oxon., 1877.

Les débats diplomatiques récents dans leurs rapports avec le système du droit international (*Revue de droit international*, t. X, p. 167).

The European concert on the Eastern Question, a collection of treaties and other public acts, edited with introduction and notes; Oxford, 1885, in-8°.

The Elements of jurisprudence; Oxford, in-8°. 1880; 2e éd., 1882; 3e, 1886; 4e, 1888; 5e, 1890. — Traduit en japonais, en 1884, par ordre du gouvernement de Tokio.

A Manual of naval prize law (being a revision of M. Godfrey Lushington's Manual of 1866); Londres, 1888.

Nombre d'articles dans les principales revues anglaises sur le droit romain, le droit international, les réformes judiciaires et législatives, l'enseignement du droit, etc.

JELLINEK (Georg), à Heidelberg.

Associé de l'Institut depuis 1891.

V. *Annuaire*, t. XI, p. 400; t. XII, p. 308.

Né à Leipzig, le 16 juin 1851; vécut à Vienne depuis 1857 et y fréquenta les écoles. Étudia aux universités de Vienne, de Heidelberg et de Leipzig le droit, l'économie politique, l'histoire et la philosophie. Docteur en philosophie (1872) et, à Vienne, docteur en droit (1874). Après avoir été employé quelque temps au service de l'État autrichien, il commença, en 1879, à donner des cours à l'université de Vienne, comme *privat docent*. Après la retraite de M. de Neumann, il y fut nommé, en 1883, professeur extraordinaire de droit public et chargé d'un cours de droit international. En 1889, professeur ordinaire de droit public à l'université de Bâle. Il occupe, depuis 1891, la chaire de droit public et international à l'université de Heidelberg, vacante par la mort de M. de Bulmerincq.

PRINCIPALES PUBLICATIONS

Die social-ethische Bedeutung von Recht, Unrecht und Strafe, 1878.

Die rechtliche Natur der Staatenverträge; Vienne, 1880.

Die Lehre von den Staatenverbindungen; 1 vol. in-8°, Vienne, 1882.

Oesterreich-Ungarn und Rumänien in der Donaufrage; Vienne, 1884.

Ein Verfassungsgerichtshof für Oesterreich; Vienne, 1885.

Gesetz und Verordnung, Staatsrechtliche Untersuchungen auf rechtgeschichtliche und rechtsvergleichende Grundlage, 1887.

System der subjectiven öffentlichen Rechten, 1892.

En outre, de nombreux essais et articles dans divers journaux scientifiques et œuvres encyclopédiques, notamment: la *Zeitschrift für das Privat- und öffentl. Recht* de Grünhut et le *Handwörterbuch der Staatswissenschaft*.

KAMAROVSKY (le comte LÉONIDE), à Moscou,

Associé de l'Institut en 1875; membre depuis 1891.

V. *Annuaire*, t. IV, p. 32; t. XII, p. 308.

Né à Kasan, en 1846; élève de l'université de Moscou de 1864 à 1868; maître-ès-arts en 1870; élève de M. Bluntschli à l'université de Heidelberg en 1872 et 1873; professeur adjoint, puis titulaire, de droit international à l'Université de Moscou depuis 1874.

PRINCIPALES PUBLICATIONS

Essai sur l'état économique et financier de la république romaine, 1868. (En russe.)

Le principe de non-intervention, 1874. (En russe.)

Index des principaux ouvrages et des articles dans le domaine du droit international moderne; Moscou, 1876.

Aperçu de la littérature contemporaine du droit international; Moscou, 1887. En appendice: *Bibliographie du droit international*, pour les années 1877-1887.

Comptes rendus périodiques des sessions et des travaux de l'Institut de droit international, dans le *Messager du droit*.

Rédaction de la traduction en russe, par M. Kasansky, de l'ouvrage de M. Rivier: *Lehrbuch des Völkerrechts*. En appendice: Traduction de toutes les résolutions et conclusions de l'Institut depuis sa fondation jusqu'à nos jours.

Les questions fondamentales de la science du droit international (dans les *Annales scientifiques de l'université de Moscou*. Section juridique. Année 1892).

Nombreux articles, mémoires et rapports juridiques dans le *Messager de droit* de Moscou, dans la *Revue de droit international*, dans la *Pensée russe*, dans le *Messager russe*, etc.

* KAPOUSTINE (MICHEL DE), à Jaroslav.

Associé de l'Institut depuis 1877.

V. *Annuaire*, t. IV, p. 31.

Né à Ekatérinoslav (Petite Russie), en 1828; docteur en droit international; professeur à l'université de Moscou de 1853 à 1870; depuis lors, professeur de droit international et le premier directeur de l'école de droit de Jaroslav, avec rang de conseiller privé.

PRINCIPALES PUBLICATIONS

(En russe). *Les relations diplomatiques entre la Russie et l'Europe occidentale à la fin du XVIIIe siècle*, 1852.

Des prises maritimes pendant la guerre de Crimée, 1856.

Le droit international, 3 livraisons, 1857-1860.

Le principe de nationalité, 1863.

Histoire du droit européen, 1866.

Encyclopédie du droit. Partie générale, 1868-1869.

Histoire du droit chez les peuples anciens, 1872.

Le droit international, 1874.

Le droit d'intervention, 1876.

KASPAREK (FRANZ), à Cracovie.

Associé de l'Institut en 1883; membre depuis 1891.

V. *Annuaire*, t. VII, p. 289; t. XII, p. 309.

Né le 29 octobre 1844, à Sambor (Galicie); a étudié aux universités de Léopol et de Cracovie. Juge à Tarnow et à Cracovie de 1867 à 1872; docteur en droit en 1869; *Privat-docent* à Cracovie dès 1871; professeur extraordinaire en 1872 et professeur ordinaire en 1876; doyen de la faculté de droit en 1876, 1883, 1888; *Rector Magnificus* de l'université de Cracovie en 1889; membre effectif de l'Académie des sciences de Cracovie depuis 1891.

PRINCIPALES PUBLICATIONS

Principes du droit matrimonial catholique, envisagé au point de vue de la philosophie du droit; Cracovie, 1872.

Le droit d'intervention d'après Grotius, examiné au point de vue du droit international actuel, tant philosophique que positif; Cracovie, 1872.

La vie et les écrits de Grotius, en particulier le Traité du droit de la guerre et de la paix; Cracovie, 1873.

Les dernières tentatives faites en vue de la réforme du droit international; Cracovie, 1873.

Observations sur la régence selon le droit public autrichien; Léopol, 1874.

De l'étude des sciences politiques; Léopol, 1876.

Aphorismes sur le progrès et la liberté; Léopol, 1880.

Observations critiques sur l'organisation communale en Galicie, et propositions de réforme (Académie des sciences de Cracovie, t. XIII).

Droit public général, t. I et t. II; Cracovie, 1877-1881.

De l'extradition des criminels; Léopol, 1882.

Manuel de droit public (en polonais); t. Ier, Cracovie, 1888.

Les travaux de l'Institut de droit international en matière de Droit international privé (en polonais), dans le t. XVIII des *Mémoires de l'Académie des sciences de Cracovie.*

Notes sur la littérature du Droit des gens en Pologne; Léopol, 1885.

M. Kasparek publie, depuis 1888, une petite revue intitulée *Chronique juridique* (en polonais), et il a fourni divers articles à la *Niwa*, revue de Varsovie, aux *Juristische Blätter* de Vienne, à la *Revue de droit international*, à la *Zeitschrift für das Privat- und öffentliche Recht der Gegenwart* de Grünhut, etc.

* KENTARO KANEKO, à Tokio,

Associé de l'Institut depuis 1891.

V. *Annuaire*, t. XI, p. 500.

Né à Tokio (Japon); étudia le droit à l'université de Harvard (États-Unis). Participa à la préparation de la Constitution du Japon et en publia un commentaire en japonais. Fut chargé par son gouvernement d'une mission en Europe. Rappelé dans son pays, il eut à organiser la première réunion du Parlement japonais, fut nommé ensuite membre de la Chambre des pairs et secrétaire de cette même Chambre.

KLEEN (R.), à Carlsruhe (Bade).

Associé de l'Institut depuis 1891.

V. *Annuaire*, t. XI, p. 500.

Né en 1841 à Karlsborg, forteresse centrale en Suède, dont son père était commandant. En 1859, il étudia à l'université d'Upsal. En 1863, attaché au ministère de la Justice après avoir passé à l'université d'Upsal les examens supérieurs de droit; en 1864, attaché à la légation de Suède et Norvège à Turin; en 1865, transféré en la même qualité à Florence; en 1866, second secrétaire au ministère des Affaires étrangères à Stockholm; en 1870, premier secrétaire; en 1872, chef de la direction des consulats; en 1874, secrétaire de légation à Vienne; la même année, membre de la conférence sanitaire internationale à Vienne; en 1877, chargé d'affaires ad intérim, puis mis en disponibilité.

PRINCIPALES PUBLICATIONS

Droit naturel (Naturrätt); 5 vol., Stockholm, 1883-1885.

Sur la contrebande de guerre (Om Krigskontraband); 1 vol., Stockholm, 1888.

Sur l'avenir de l'Union scandinave; Stockholm, 1889.

Lois de la neutralité (Neutralitetens Lagar); 2 vol., Stockholm, 1889 à 1891.

* LABRA (Rafael de), à Madrid,

Associé de l'Institut en 1878; membre depuis 1887.

V. *Annuaire*, t. IV, p. 34; t. X, p. 302.

Né à la Havane (Cuba), le 7 septembre 1840. Avocat. Plusieurs fois député aux Cortès depuis 1868; actuellement sénateur. Licencié en droit civil et en droit administratif de l'université centrale d'Espagne (Madrid). Recteur de l'*Institution libre d'enseignement* (université libre) de Madrid. Professeur de droit international public et d'histoire politique à cette institution. Professeur et actuellement président de l'*Ateneo* de Madrid. Professeur et ex-vice-président de la *Academia madrilena de Legislacion y Jurisprudencia*. Professeur proposé en concours public pour la chaire d'« institutions politiques et économiques des colonies anglaises et hollandaises de l'Asie », à l'université centrale d'Espagne. Président de la Société espagnole pour l'abolition de l'esclavage. Président du *Fomento de las artes* (société pour l'amélioration des classes ouvrières). Membre de la commission de législation pour les colonies. Professeur et membre d'honneur des académies de droit de Barcelone, Oviedo, Grenade et Séville. Représentant à Madrid des sociétés des *Amigos del Pais*, de Cuba, Porto-Rico et Oviedo. Membre de l'Institut de Coïmbre (Portugal).

PRINCIPALES PUBLICATIONS

La Colonizacion en la Historia (Conférences de l'Ateneo); 2 vol. in-8°, 1875.

Portugal y sus Codigos (Étude de législation comparée); 1 vol. in-8°, 1876.

La abolicion de la esclavitud (Étude sur les expériences abolitionistes contemporaines); 1 vol. in-4°, 1872.

La emancipacion de los esclavos en los Estados-Unidos; 1 vol. in-16, 1873.

La emancipacion de America (Étude d'histoire politique espagnole contemporaine); 1 vol. in-8°, 1879.

Una campaña parlementaria (Discours et motions faits au congrès des députés sur la réforme coloniale et l'abolition de l'esclavage); 1 vol. in-4°, 1874.

La brutalidad de los negros (Étude sur les races); 1 vol. in-16, 1877.

Programo de un curso de derecho internacional publico; 1re partie, Introduction (Cours de l'Institution libre); 1 vol. in-4°, 1878.

Conférences de droit international: Representacion e influencia de los Estados-Unidos de America en el derecho internacional; Representacion e influencia de l'Inglaterra, etc.

Introduccion al estudio de la historia politica contemporanea (Cours de l'institution libre); 1 vol. in-18, 1879.

El ateneo de Madrid (Histoire du mouvement politique et littéraire de l'Espagne depuis 1830); 1 vol. in-8°, 1879.

Institutions politiques et sociales de l'Amérique (Cours de l'institution libre).

Discursos politicos, academicos y forenses; 2 vol. in-8°, 1884-1885.

La Revolucion norte-americana del siglo XVIII (Fondation et constitution des États-Unis); 1 vol. in-8°.

La Cortes de Cadiz, 1 vol.

La Constitucion española de 1812; 1 vol. in-8°.

Estudios biograficos y politicos (Alhaida, Toussaint-Louverture, Lincoln, Pombal y Gladstone); 1 vol., 1888.

Nuevos estudios biograficos (D. Fernando de Castro. El marques de la Sonora); 1 vol.

Estudios pedagogicos (La Enseñanza primaria por el Estado. Frœbel y Pestalozzi); 1 vol.

LAINÉ (JULES-ARMAND), à Paris.

Associé de l'Institut depuis 1885.

V. *Annuaire*, t. VIII, p. 351; t. XII, p. 319.

Né à Nérondes (Cher), en 1841. Agrégé des facultés de droit en 1874, à la suite d'un brillant concours. Chargé d'un cours de droit criminel à la faculté de Dijon. Professeur de droit civil à la faculté de Paris, depuis 1880; chargé depuis 1882, dans la même faculté, du cours de droit international privé.

PRINCIPALES PUBLICATIONS

Traité élémentaire de droit criminel; 2 fascicules, Paris, 1879 et 1881.

Introduction au droit international privé; 2 vol., Paris, 1888 et 1892.

Études diverses dans le *Bulletin de la Société de législation comparée*, 1892.

LAMBERMONT (le baron François-Auguste), à Bruxelles),

Membre honoraire de l'Institut depuis 1892.

V. *Annuaire*, t. XII, p. 291.

Né à Rotfessart, commune de Limelette (Brabant), le 25 mars 1819, M. Lambermont se destina d'abord à la carrière militaire et servit pendant plusieurs années comme officier en Espagne. Il est entré ensuite au ministère des Affaires étrangères de Belgique et y sert son pays avec une haute distinction depuis plus d'un demi-siècle, ayant passé par tous les grades, depuis celui d'attaché jusqu'à celui d'envoyé extraordinaire et ministre plénipotentiaire. et franchi tous les échelons de la hiérarchie jusqu'à celui de secrétaire général, où il est placé depuis longtemps déjà. Il a pris, en cette qualité, une part prépondérante à tous les travaux qui ont fixé le régime commercial de la Belgique, à toutes les négociations qui ont préparé ses traités de commerce et, notamment, à l'élaboration des traités du 12 mai et du 16 juillet 1863, relatifs à l'affranchissement de l'Escaut; a présidé, en 1874, la Conférence internationale dont est émanée la célèbre Déclaration de Bruxelles sur les règles et les usages de la guerre; est l'un des principaux auteurs de l'Acte général de la Conférence africaine de Berlin (1885); a été choisi, en 1889, comme arbitre dans le conflit anglo-allemand au sujet de l'île de Lamu; enfin, a dirigé, en 1890 et 1891, les travaux de la Conférence antiesclavagiste de Bruxelles et mené jusqu'au bout les négociations relatives à la ratification de ces importants travaux. M. Lambermont a reçu, en récompense des éminents services qu'il a rendus à la Belgique, les titres de baron et de Ministre d'État.

LAMMASCH (Heinrich), à Vienne,

Associé de l'Institut en 1887; membre depuis 1891.

V. *Annuaire*, t. IX, p. 383; t. XII, p. 310.

Né à Seitenstetten (Autriche), en 1853; docteur en droit de l'université de Vienne en 1876, *privat-docent* en 1878, et en 1882 professeur extraordinaire à cette même université; professeur ordinaire de droit pénal, de droit des gens et de philosophie du droit à l'université d'Insbruck, en 1885; professeur de droit pénal et de droit international à l'université de Vienne, depuis 1889.

PRINCIPALES PUBLICATIONS

Das Moment objectiver Gefährlichkeit im Begriffe des Verbrechensversuches (L'élément du danger objectif dans la conception de la tentative de crime); Vienne, 1879.

Das Recht der Auslieferung wegen politischen Verbrechen; Vienne, 1884. — Trad. française par MM. Weiss et Louis Lucas, Paris, 1885.

Auslieferungspflicht und Asylrecht; Leipzig, 1887.

Rechtshilfe und Auslieferungsverträge, dans le *Handbuch des Völkerrechtes* de Holtzendorff, III, 1887.

Nombreux articles et monographies dans la *Zeitschrift für Privat- und öffentl. Recht* de Grünhut, dans la *Zeitschrift für Strafrechtswissenschaft* de Liszt, dans les *Juristiche Blätter*, dans l'*Archiv des öffentlichen Rechts* de Laband et Stœrk, etc.

LARDY (Charles-Édouard), à Paris,

Associé de l'Institut depuis 1891.

V. *Annuaire*, t. XI, p. 501.

Né à Neuchâtel (Suisse), le 27 septembre 1847. Étudia le droit en Suisse, en Allemagne et en France. Docteur en droit le 27 juillet 1867; avocat à la cour d'appel de Neuchâtel en 1868; premier secrétaire de la légation de Suisse en France, 1er janvier 1869; conseiller de légation en 1872; commissaire de la Suisse aux Conférences monétaires latines ou universelles de Paris, en 1874, 1878, 1881 et 1885, et à la Conférence pour la protection de la propriété industrielle en 1883; commissaire de la Suisse pour la négociation du traité de commerce avec la France, ainsi que de cinq conventions sur l'établissement, la propriété littéraire, la propriété industrielle, etc. (1881-1882). Commissaire général adjoint de la Suisse à l'Exposition universelle de Paris, 1878; envoyé extraordinaire et ministre plénipotentiaire en France depuis 1883; membre de la Cour de cassation militaire de la Confédération suisse, 1891.

PRINCIPALES PUBLICATIONS

Le droit international codifié, traduction de l'ouvrage de Bluntschli: *Das moderne Völkerrecht als Rechtsbuch dargestellt*. Paris, 1re édition,

1870, avec préface d'Éd. Laboulaye. — 2e édition, 1874, avec préface de Molinari. — 3e édition, 1881. — 4e édition, 1886, avec une biographie de Bluntschli par A. Rivier.

Les législations civiles des cantons suisses en matière de tutelle, de régime matrimonial quant aux biens et de succession; Neuchâtel, 1877; 2e édition, 1878.

Exposé des motifs de divers traités et conventions. Biographies. Discours. Rapports sur les questions monétaires.

* LAWRENCE (T.-J.), à Cambridge).

Associé de l'Institut depuis 1885.

V. *Annuaire*, t. VIII, p. 352.

Le Rév. Lawrence est maître ès arts, maître ès lois, ancien *fellow* et *lecturer* en droit à *Downing college*, Cambridge; actuellement professeur de droit international (fondation Whewell), à Cambridge.

PUBLICATION

Essays on some disputed questions of modern international law; Cambridge, 1884.

LEECH (Henry Brougham), à Dublin.

Associé de l'Institut depuis 1892.

V. *Annuaire*, t. XII, p. 297.

Docteur en droit de l'université de Dublin, professeur de droit international à cette université de 1877 à 1888, époque à laquelle il y fut nommé *Regius Professor of Laws*. L'enseignement qu'il a à donner en cette qualité comprend le droit international public et privé. M. Leech a passé également par l'université de Cambridge, où il a obtenu le grade de *fellow* de Caius College.

PRINCIPALES PUBLICATIONS

An Essay on ancient international Law; Dublin, 1877.
The continuity of the Irish revolutionary movement, 1887.
Registration of title, v. Registration of assurances, 1891.

LEHR (Paul-Ernest), à Lausanne,

Associé de l'Institut en 1879; membre depuis 1887.

V. *Annuaire*, t. IV, p. 41; t. IX, p. 387; t. XII, p. 310.

Né à St-Dié (Vosges), le 13 mai 1835; a fait toutes ses études au Lycée, puis à la faculté de droit de Strasbourg; avocat en 1856, docteur en droit en 1857; secrétaire général du Consistoire supérieur et du Directoire de l'Église de la Confession d'Augsbourg de France, de 1857 à 1868; député au Consistoire supérieur depuis 1868, jusqu'à l'annexion de l'Alsace à l'Allemagne. Professeur de législation comparée, d'histoire du droit et d'encyclopédie juridique à l'Académie de Lausanne (extraordinaire, novembre 1870; ordinaire de 1874 à 1884; honoraire, 1888); professeur honoraire de l'université de Lausanne depuis 1891. Conseil de l'Ambassade de France en Suisse depuis 1877. Membre correspondant de la Société de législation comparée de Paris, des Académies de législation de Toulouse et de Madrid, de l'Académie de Stanislas à Nancy, de la Société industrielle de Mulhouse, de la Société d'émulation des Vosges; membre correspondant étranger de l'Académie royale des sciences de Lisbonne (classe des sciences morales et politiques) depuis 1890; Secrétaire général de l'Institut de droit international depuis 1892.

PRINCIPALES PUBLICATIONS

Études sur l'histoire et la généalogie de quelques-unes des principales maisons souveraines (d'origine germanique); 1 vol. in-4°, avec 7 photographies de sceaux, Paris, 1866.

Dictionnaire d'administration ecclésiastique à l'usage des deux Églises protestantes de France (suivi d'un aperçu de la constitution des mêmes Églises dans les principaux États de l'Europe); 1 vol. in-8°, Paris, 1869.

Éléments de droit civil germanique (Allemagne, Autriche, Suisse allemande); 1 vol. in-8°, Paris, 1875.

Le code civil du canton de Glaris, traduit en français et annoté, *Annuaire de législation étrangère*, t. IV; Paris, 1875.

Des divers régimes hypothécaires de la Suisse, d'après le mémoire allemand de M. le professeur P. Fr. de Wyss, de Bâle; in-8°, Fribourg, 1876.

Éléments de droit civil russe (Russie, Pologne, provinces baltiques); t. Ier, Paris, 1877; t. II, Paris, 1890.

Éléments de droit civil espagnol; 1re partie (Droit civil jusqu'en 1878), 1 vol., Paris, 1880; 2e partie (Droit civil depuis 1878), 1 vol., Paris, 1890.

Le traité franco-suisse du 15 juin 1869; in-8e, Lausanne, 1878.

La Handfeste de Fribourg dans l'Uechtland de 1249 (les trois textes originaux, traduction et commentaire); 1 vol. in-8e, Lausanne, 1880.

Éléments de droit civil anglais (Ouvrage récompensé par l'Académie des sciences morales et politiques); 1 fort vol. in-8e, Paris, 1885.

Manuel des actes de l'état civil en droit français et étranger (en collaboration avec M. Joseph Crépon); 1 vol. in-12, Paris, 1887.

Principes de la politique, par M. F. de Holtzendorff. Traduction française. 1 vol. in-8e, Hambourg, 1887.

Manuel théorique et pratique des agents diplomatiques et consulaires; 1 vol. in-12, Paris, 1888.

Code de commerce portugais de 1888, traduit et annoté; 1 vol. in-8e, Paris, 1889. (*Collection des principaux codes étrangers,* publiée aux frais de l'État.)

Code civil du canton de Zurich de 1887, traduit et annoté; 1 vol. in-8e, Paris, 1890 (même *Collection).*

Traité élémentaire de droit civil germanique; 2 vol. in-8e, Paris, 1892.

M. Lehr est chargé, en outre, dans le *Répertoire général et alphabétique du droit français,* de tout le droit comparé (public, civil et pénal).

Nombreux articles de législation comparée et de droit international dans la *Grande Encyclopédie* (H. Lamirault et Cie); dans la *Zeitschrift für internationales Privat- und Strafrecht* de Böhm; dans le *Journal du droit international privé;* dans la *Revue de droit international;* dans l'*Annuaire de Législation étrangère;* dans la *Revue encyclopédique;* dans la *Nouvelle Revue historique de droit,* etc.

Nombreux ouvrages historiques, généalogiques et numismatiques sur l'Alsace.

Nombreuses brochures sur le droit pénal et commercial de la Russie, de l'Espagne et du Portugal (in-8e, Paris, de 1875 à 1888).

* LŒNING (Edgar) à Dorpat.

Associé de l'Institut depuis 1874.

V. *Annuaire,* t. IV, p. 43.

Né à Paris, en 1843; professeur de droit public et administratif à l'université de Strasbourg, depuis la restauration de cette université en 1872; professeur ordinaire de droit public et international à l'université de Dorpat, depuis mars 1877.

PRINCIPALES PUBLICATIONS

Deutsches Staatswörterbuch, auf Grundlage des Staatswörterbuch von Bluntschli und Brater neu bearbeitet (Dictionnaire politique), 1869-1875.

Zeitschrift für badisches Verwaltungsrecht (Revue de droit administratif badois), 1869-1871.

Die Verwaltung des Generalgouvernements in Elsass. Ein Beitrag zur Geschichte des Völkerrechts im neunzehnten Jahrhundert; Strasbourg, 1874.

Der Vertragsbruch; t. Ier, Strasbourg, 1876.

Histoire du droit ecclésiastique en Allemagne (en allemand); 2 vol. Strasbourg, 1878.

Die Haftung des Staats aus rechtswidrigen Handlungen seiner Beamten nach deutsches Privat- und Staatsrecht; Dorpat, 1879.

Lehrbuch des deutschen Verwaltungsrecht; 1 vol., Leipzig, 1884.

Articles divers dans la *Revue de droit international*, dans les *Preussische Jahrbücher*, dans la *Zeitschrift für Gesetzgebung und Praxis* de V. Hartmann, etc.

LUEDER (Carl-Christian-Johann-Friedrich-Ludwig), à Erlangen,

Membre de l'Institut depuis 1877.

V. *Annuaire*, t. IV, p. 52; t. XII, p. 311.

Né le 2 septembre 1834, à Celle (Hanovre); a fait ses études à Gœttingue, Berlin et Paris; docteur en droit à Gœttingue en 1857; privat-docent, puis professeur extraordinaire aux universités de Halle et de Leipzig; professeur ordinaire à Erlangen depuis 1874 (droit pénal, procédure pénale, encyclopédie et méthodologie du droit, philosophie du droit, droit rural, droit international); membre du *Spruchcollegium* de cette université.

PRINCIPALES PUBLICATIONS

Das Souveränitätsrecht der Begnadigung; Leipzig, 1860.

Die Verbrechen gegen das Vermögen. — 1. Die Vermögensbeschädigung; Leipzig, 1867.

Grundriss zu Vorlesungen über Deutsches Strafrecht; Leipzig, 1872; 2e édition, Erlangen, 1877.

Der neueste Codifications-Versuch auf dem Gebiete des Völkerrechts, Kritische Bemerkungen zu den russichen Vorschlägen für den auf den 27. Juli 1874 nach Brüssel einberufenen internationalen Congress; Erlangen, 1874.

Die Genfer Convention; Erlangen, 1876. En français sous le titre: *La convention de Genève au point de vue historique, critique et dogmatique*. Traduit par les soins du comité international de la Croix-Rouge. — Erlangen, Paris, Bruxelles, 1876.

Das Strafgesetzbuch für das Deutsche Reich vom 15. Mai 1871 nach der Novelle vom 26. Februar 1876 (Handausgabe); Erlangen, 1876.

Grundriss zu Vorlesungen über deutsches Strafprocessrecht; Erlangen, 1881.

Krieg und Kriegsrecht im Allgemeinen; — *Das Landkriegsrecht im Besonderen*, dans le *Handbuch des Völkerrechts* de Holtzendorff, 1889, t. IV, p. 169-544.

Plusieurs dissertations, articles et notices de critique sur des questions de droit privé, pénal et international dans l'*Archiv für Strafrecht* de Goldammer; dans le *Gerichtssaal*; dans le *Litterarisches Centralblatt* de Zarncke; dans le supplément scientifique de la *Leipziger Zeitung*, etc.

LYON-CAEN (Charles-Léon), à Paris,

Associé de l'Institut en 1880; membre depuis 1885.

V. *Annuaire*, t. V, p. 220; t. IX, p. 388; t. XII, p. 311.

Né à Paris, le 25 décembre 1843. Docteur en droit de la faculté de Paris; reçu le premier au concours d'agrégation de 1867. Professeur agrégé à la Faculté de droit de Nancy, de 1867 à 1872 (droit romain, droit civil), à la faculté de droit de Paris depuis 1872 (droit commercial et industriel); professeur titulaire, depuis 1881. Professeur de législation commerciale comparée à l'École des sciences politiques, depuis 1875. Membre correspondant des Académies de législation de Toulouse et de Madrid, de la Société d'économie politique de Paris, de plusieurs commissions législatives extraparlementaires, du Conseil supérieur du travail; délégué du gouvernement français aux Congrès d'Anvers (1885) et de Bruxelles (1888).

PRINCIPALES PUBLICATIONS

De la condition légale des sociétés étrangères en France et de leurs rapports avec leurs actionnaires, porteurs d'obligations et autres créanciers; 1 vol. in-8°, 1870.

Traduction annotée du *Code d'instruction criminelle autrichien de 1873*, publiée avec M. Edmond Bertrand (*Collection des principaux codes étrangers*); Paris, 1875.

Code de commerce allemand et loi allemande sur le change, traduits en collaboration avec MM. Gide, Flach et Dietz *(Collection des principaux codes étrangers)*; Paris, 1882.

Précis de droit commercial, publié en collaboration avec M. Renault; 2 vol. in-8° de 200 p., Paris, 1884.

Manuel de droit commercial; 1 vol. in-8°, 1887, publié en collaboration avec M. Louis Renault.

Traité de droit commercial (avec M. L. Renault) en cours de publication; t. I à III parus. Paris, 1888-1892.

Lois françaises et étrangères sur la propriété littéraire et artistique (avec M. P. Delalain); 2 vol. in-8°, publiés sous la direction du Comité de législation étrangère, avec le concours du Cercle de la librairie, Paris, 1889.

Nombreux articles, dissertations et monographies dans la *Revue de droit international*, dans les *Annales de droit commercial*, dans les *Annales de l'École des sciences politiques*, dans la *Revue internationale de l'Enseignement*, dans le *Bulletin de la Société de législation comparée*, dans l'*Annuaire de législation étrangère*, dans le *Journal des Sociétés*, dans le *Journal du droit international privé*, dans la *Revue critique de législation*, dans le *Recueil de jurisprudence* de Sirey, dans le *Journal du Palais*, etc.

* MALUQUER Y SALVADOR (José), à Madrid,

Associé de l'Institut depuis 1891.

V. *Annuaire*, t. XI, p. 502.

Docteur en droit, avocat à Madrid, professeur auxiliaire de la faculté de droit de l'université centrale, membre et ancien bibliothécaire de l'Académie royale de jurisprudence et législation de Madrid, membre de l'Association des avocats de Lisbonne et du Collège des avocats de Costa-Rica et de Lima (Pérou).

PRINCIPALES PUBLICATIONS

Reseña historica de la Real Academia matritense de Jurisprudencia y Legislacion; Barcelone, 1884.

El derecho hispano-americano en la Bibliografia española; Madrid, 1887.

Las leyes y sus efectos (Commentarios al titulo preliminar del Codigo civil español); Madrid, 1889.

Anuario diplomatico y consular español; Madrid, 1889.

Diverses monographies sur le congrès international de 1880, pour la protection de la propriété littéraire, sur l'unification du droit civil, commercial et maritime, sur les relations diplomatiques des républiques de Costa-Rica et de l'Équateur, etc.

* MARQUARDSEN (Heinrich), à Erlangen.

Membre de l'Institut depuis 1874.

V. *Annuaire*, t. IV, p. 55.

Né à Slesvig, en 1826; membre du *Reichstag* allemand et de la diète bavaroise; successivement professeur de droit criminel, de droit des gens, de droit constitutionnel et politique aux universités de Heidelberg et d'Erlangen; membre de la commission impériale de justice chargée de la réforme de la législation; actuellement professeur de droit constitutionnel allemand et membre du *Spruchcollegium* à Erlangen; délégué du gouvernement bavarois au Congrès pénitentiaire de Londres en 1873.

PRINCIPALES PUBLICATIONS

Kommentar zum Reichspressgesetz vom 7. Mai 1874; Berlin, 1875.

Der Trentfall. Zur Lehre von der Kriegscontrebande und dem Transport der Neutralen. Mit den Aktenstücken und Präcedenzfällen; Erlangen, 1862.

Grundzüge des Englischen Beweisrechts (Law of Evidence), nach W. M. Best; Heidelberg, 1851.

Ueber Haft und Bürgschaft bei den Angel-Sachsen; Erlangen, 1852.

Einleitung in das Studium der Sociologie, de Spencer, éd. par Marquardsen; 2 vol., Leipzig, 1880.

Handbuch des öffentlichen Rechts; plusieurs vol. depuis 1885; Fribourg en Brisgau.

Articles nombreux sur le droit public et international dans le *Staatslexicon* de Rotteck et Welcker (3e édition); dans le *Staatswörterbuch* de Bluntschli; dans la *Kritische Zeitschrift für die gesammte Rechtswissenschaft*, éditée par Brinkmann, Marquardsen et autres; dans les *Preussische Jahrbücher*, etc.

MARTENS (Frédéric de), à St-Pétersbourg,

Membre de l'Institut depuis 1874.

V. *Annuaire*, t. IV, p. 56; t. IX, p. 388; t. XII, p. 312.

Né à Pernau (Provinces Baltiques), en 1845; dès 1855, à Saint-Pétersbourg, à l'Institut des orphelins et à l'université; candi-

dat en sciences juridiques en 1867; licencié en droit international en 1869; professeur de droit international à l'université impériale de Saint-Pétersbourg en 1871; professeur de droit public à l'École impériale de droit, dès la même année; attaché au ministère des Affaires étrangères de Russie, depuis 1868; membre permanent du Conseil de ce ministère; délégué du gouvernement à la Conférence de Bruxelles en 1874, et à diverses autres conférences et congrès, notamment à la Conférence antiesclavagiste de Bruxelles (1889-1890); vice-président de l'Institut en 1885.

PRINCIPALES PUBLICATIONS

Les droits de la propriété privée pendant la guerre (en russe); Saint-Pétersbourg, 1869.

Les consulats et la juridiction consulaire en Orient (en russe), 1873. — Cet ouvrage a été traduit en allemand sous le titre: *Das Consularwesen und die Consularjurisdiction im Orient*; Berlin, 1874.

Recueil des traités et conventions conclus par la Russie avec les puissances étrangères, publié par ordre du ministère des Affaires étrangères (en russe et en français); dix volumes ont paru à Saint-Pétersbourg, de 1874 à 1892.

La guerre d'Orient et la conférence de Bruxelles (en russe); Saint-Pétersbourg, 1879.

La Russie et l'Angleterre dans l'Asie centrale (*Revue de droit international de* 1879). — Cette étude, tirée à part, a été traduite en anglais, en allemand et en russe.

Traité de droit international; 3 vol., Paris, 1883-1887. — Éditions russe et allemande en 2 volumes.

Nombreux articles et monographies dans le *Journal du Ministère de l'Instruction publique* de Russie, dans la *Revue de droit international*, dans le *Recueil des sciences politiques* de Bésobrasof, dans le *Recueil militaire*, dans la *Revue* russe *du droit civil et criminel*, etc.

MARTENS-FERRÃO (JEAN-BAPTISTE DE), à Rome,

Associé de l'Institut en 1882; membre depuis 1891.

V. *Annuaire*, t. VI, p. 326; t. XII, p. 312.

Après des études brillantes, M. Jean-Baptiste da Silva Ferrão de Carvalho Martens a été nommé professeur à Coïmbre. Gouverneur des princes et conseiller d'État (1874). Député, puis pair du royaume; vice-président de la Chambre des pairs depuis 1870. Ministre des Cultes et de la Justice en 1859 et 1860, de l'Intérieur en 1866 et 1867. Procureur général de la couronne et des finances en 1868, puis procureur général près la Cour suprême. Actuellement ambassadeur de Portugal près le Saint-Siège. Membre de l'Académie royale des sciences de Lisbonne, depuis 1855, et son ancien vice-président; membre émérite par distinction de l'Association des avocats de Lisbonne.

M. de Martens-Ferrão a fait partie, comme membre et rapporteur, de plusieurs commissions importantes, entre autres de celle pour la revision du code civil. Il a présenté divers projets de loi sur l'organisation hypothécaire, la réforme judiciaire, la réforme pénitentiaire, etc.

PRINCIPALES PUBLICATIONS

Essai sur la philosophie du droit; Coïmbre, 1854.

Le Code hypothécaire; 1 vol., 1855.

La question portugaise du Congo (en français); Lisbonne, 1884.

L'Afrique (la question soulevée dernièrement entre l'Angleterre et le Portugal), dans les *Archives diplomatiques*, 1890, et, à part, Rome, même année.

Nombreux travaux juridiques et diplomatiques publiés dans les recueils officiels du royaume; discours parlementaires; consultations, rapports et mémoires divers.

* MARTIN (W.-A.-P.), à Péking,

Associé de l'Institut en 1882; membre depuis 1891.

V. *Annuaire*, t. VI, p. 326.

Né aux États-Unis, le 10 avril 1827; docteur en théologie, 1861; docteur en droit, 1870; membre correspondant de la Société orientale d'Amérique, de la Société asiatique de Chine, de l'École des langues orientales de Paris, de l'Académie des sciences de San-Francisco, de la Société géographique de New-York, etc. Missionnaire en Chine en 1850, attaché comme interprète à la légation des États-Unis en Chine en 1858-1859, chargé de la formation d'interprètes pour le gouvernement chinois à Péking en 1865, professeur de droit international et d'économie politique au collège impérial de Tungwen (École diplomatique) en 1867; président dudit collège depuis 1869.

PRINCIPALES PUBLICATIONS

Nombreux ouvrages en chinois et en anglais, entre autres :

En chinois : *Traité des évidences du christianisme*, 1855.

Traduction du *Droit international* de Wheaton, 1865.

Traduction du *Guide diplomatique* de Martens, 1878.

Traduction de l'*Introduction à l'étude du droit international* de Woolsey, 1875.

Traduction du *Droit international codifié* de Bluntschli, 1880.

Traduction de l'*Économie politique* de Fawcett, 1880.

MARTITZ (Ferdinand-Charles-Louis de), à Tubingue.

Associé de l'Institut en 1882 ; membre depuis 1891.

V. *Annuaire*, t. VI, p. 327 ; t. IX, p. 389 ; t. XII, p. 312.

Né à Insterbourg (Prusse orientale), le 27 avril 1839, M. de Martitz a fait ses humanités au gymnase d'Elbing et son droit à l'université de Kœnigsberg, jusqu'en 1862 ; après un stage judiciaire de quelques mois, il reprit les études théoriques à Leipzig, de 1862 à 1864. Agrégé à l'université de Kœnigsberg en 1864, il fut nommé professeur extraordinaire à cette même université en 1868 ; professeur ordinaire de droit ecclésiastique et de droit international à Fribourg en 1872. Il occupe la chaire de droit public de l'empire et des États d'Allemagne et de droit international, à Tubingue, depuis 1875.

PRINCIPALES PUBLICATIONS

Das eheliche Güterrecht des Sachsenspiegels und der verwandten Rechtsquellen, 1867.

Betrachtungen über die Verfassung des norddeutschen Bundes, 1868.

Das Recht der Staatsangehörigkeit im internationalen Verkehr ; Leipzig, 1875.

Die Hoheitsrechte über den Bodensee, 1885.

Das internationale System zur Unterdrückung des Afrikanischen Sklavenhandels in seinem heutigen Bestande, 1885.

Internationale Rechtshilfe in Strafsachen, t. 1er, 1888.

Die Verträge des Königreichs Württemberg über internationale Rechtshilfe, 1889.

Monographies diverses dans la *Zeitschrift für Rechtsgeschichte*, dans les *Annalen für das deutsche Reich* de Hirth, dans la *Zeitschrift für die gesammte Staatswissenschaft*, dans la *Revue de droit international*, etc.

MATZEN (Henrik), à Copenhague,

Associé de l'Institut depuis 1892.

V. *Annuaire*, t. XII, p. 297.

Né le 28 décembre 1840, à Vatnys, dans le pays d'Angeln (Slesvig). Après avoir fait ses études au gymnase de Flensborg, M. Matzen fréquenta l'université de Copenhague et y devint candidat en droit en 1863; l'université lui conféra en 1867 une médaille d'or, pour un ouvrage qui parut, deux ans plus tard, sous le titre de *Histoire du droit d'hypothèque en Danemark*. De 1868 à 1870, il étudia aux universités de Paris, de Zurich et de Vienne. Le 29 avril 1870, professeur de droit constitutionnel, d'histoire du droit et de droit des gens à l'université de Copenhague. En 1879, docteur en droit, *honoris causâ*, à l'occasion de la fête jubilaire de la création de l'université en 1479 et en récompense d'un ouvrage en deux volumes sur l'histoire de cette université. La même année, sénateur élu par les électeurs de la ville de Copenhague; en 1883, membre extraordinaire de la Cour suprême du royaume. Depuis 1882, M. Matzen joint à ses autres enseignements un cours de droit ecclésiastique au séminaire théologique de l'université. En 1892, il a été élu recteur de l'université de Copenhague pour un an (1892-1893).

PRINCIPALES PUBLICATIONS

Histoire du droit d'hypothèque en Danemark, 1869.

Droit public danois, 3 vol. (plusieurs éditions).

Histoire de l'université de Copenhague depuis sa fondation; 2 vol., 1879.

Manuel de droit ecclésiastique danois; 1 vol., 1889.

M. Matzen a publié, en outre, des leçons sur le *Droit de propriété*, dans l'*Encyclopédie juridique du Nord*, et des dissertations sur le *Droit public et naval*, dans les *Procès-verbaux des sessions* des jurisconsultes du Nord. Il est l'un des auteurs de la nouvelle loi maritime scandinave.

MEILI (Frédéric), à Zurich,

Associé de l'Institut depuis 1887.

V. *Annuaire*, t. IX, p. 383; t. XII, p. 313.

Né le 12 avril 1848; a fait ses études à Zurich, Leipzig, Berlin, Iéna, où il a pris le grade de docteur en 1870, et à Paris;

avocat à Zurich depuis 1871; *privat-docent* à l'université de Zurich et à l'École polytechnique fédérale en 1880, professeur extraordinaire à l'université en 1885; professeur ordinaire de droit international privé et de droit comparé, depuis 1890.

PRINCIPALES PUBLICATIONS

Das Telegraphenrecht; Zurich, 1871; 2e éd., 1873.

Ueber den Gesetzentwurf betreffend das Zürcherische Gerichtswesen Zurich, 1873.

Die Lehre der Prioritätsactien; Zurich, 1874.

Die Haftpflicht der Postanstalten, vergleichende Studien über die Gesetzgebung der Schweiz und der Nachbarstaaten; Leipzig, 1877.

Ueber die Frage des Schutzes der Erfindungen, sowie der Marken, Muster und Modelle in der Schweiz; Berne, 1878.

Das Pfand- und Concursrecht der Eisenbahnen, vergleichende Studien; Leipzig, 1879.

Die Schuldexecution und der Concurs gegen Gemeinden; Zurich, 1880.

Der Civil- und Strafprocess des Cantons Zurich und des Bundes; Tome I, Zurich, 1882.

Das Telephonrecht, eine rechtsvergleichende Abhandlung; Leipzig, 1885.

Rechtsgutachten und Gesetzentwurf betreffend die Schuldexecution und den Concurs gegen Gemeinden, im Auftrage des Schweizerischen Justizdepartements ausgearbeitet; Berne, 1885.

Internationale Eisenbahnverträge, und speciell die Berner Convention über das internationale Eisenbahnfrachtrecht; Hambourg, 1887.

Geschichte und System des internationalen Privatrechts im Grundriss; 1 vol., Leipzig, 1892.

Die neuern Aufgaben der modernen Jurisprudenz; 1 vol., Vienne, 1892.

Die Telegraphie und Telephonie in ihrer rechtlichen Bedeutung für die kaufmännische Welt; 1 vol., Vienne, 1892.

En outre, divers travaux publiés dans la *Revue de droit commercial* de Goldschmidt, dans la *Revue de législation et de droit suisses*, dans la *Revue de la Société des Juristes bernois*, dans la *Revue de droit suisse*, etc.

MEYER (Georg), à Heidelberg,

Associé de l'Institut depuis 1891.

V. *Annuaire*, t. XI, p. 502.

Né le 21 février 1841, à Detmold. En 1863, docteur en droit de l'université de Heidelberg; en 1868, *privat-docent*, et, en

1872, professeur ordinaire à l'université de Marburg; en 1875, professeur ordinaire à l'université d'Iéna; en 1880, professeur à l'université de Heidelberg; de 1881 à 1890, membre du Reichstag allemand.

PRINCIPALES PUBLICATIONS

Das Recht der Expropriation; Leipzig, 1868.

Grundzüge des Norddeutschen Bundesrechtes; Leipzig, 1868.

Staatsrechtliche Erörterungen über die deutsche Reichsverfassung; Leipzig, 1872.

Lehrbuch des deutschen Staatsrechts; 1re édit., Leipzig, 1858; 3e édit., 1890.

Lehrbuch des deutschen Verwaltungsrechtes; 2 vol., Leipzig, 1883-1885.

Die staatsrechtliche Stellung der deutschen Schutzgebiete; Leipzig, 1888.

Collaboration au recueil de Marquardsen (*Handbuch des öffentlichen Rechtes*: Staatsrecht des Grossherzogthums Sachsen-Weimar), au *Handbuch der politischen Œconomie* de Schönberg (Grundbegriffe, Wesen und Aufgabe der Verwaltungslehre; die Behördenorganisation der Verwaltung des Innern), au *Wörterbuch des deutschen Verwaltungsrechtes* de Stengel, au *Handwörterbuch der Staatswissenschaften* de Conrad, et à divers journaux et revues (*Zeitschrift für das Privat- und öffentliche Recht, Zeitschrift der Savigny-Stiftung, Neue Heidelberger Jahrbücher, Zeitschrift für deutsche Gesetzgebung*, etc.).

MONTLUC (LÉON-PIERRE-ADRIEN DE), à Douai,

Associé de l'Institut en 1875; membre depuis 1885.

V. *Annuaire*, t. IV, p. 58; t. XII, p. 313.

Né au château des Rouxières, canton de Vitré, Ille-et-Vilaine, le 9 juillet 1847; avocat; docteur en droit; licencié ès-lettres; sous-préfet de Brest en 1877, préfet du Morbihan en 1879; ensuite conseiller de cour d'appel, successivement à Grenoble, Angers et Douai; membre du comité central de la Ligue de la paix; maire de Fougères (Ille-et-Vilaine).

PRINCIPALES PUBLICATIONS

Des assurances sur la vie, ouvrage couronné par la faculté de droit de Paris; 1 vol., Paris, 1867.

L'esclavage à Cuba; 1 vol., Paris, 1869.

L'affaire du ravitaillement de Paris; 1 vol., Auxerre, 1870.

Correspondance de Juarez; 1 vol., Paris, 1885.

Examen critique du Code civil de Mexico (en espagnol); 1 vol., Mexico, 1873.

Droits et devoirs des nations policées à l'égard de celles qui ne le sont pas; Vannes et Ashford (Angleterre), 1890.

Les sociétés coopératives de production; Douai, 1891.

Nombreux articles et monographies, spécialement sur les législations hispano-américaines, le droit international et l'organisation judiciaire, dans le *Bulletin de la société de Législation comparée;* dans l'*Annuaire de Legislation étrangère;* dans la *Revue de droit international,* dans le *Droit populaire.* dans la *Revue de la réforme judiciaire,* dans la *Basoche,* etc.

MOORE (J.-B.), à New-York,

Associé de l'Institut depuis 1891.

V. *Annuaire,* t. XI, p. 503; t. XII, p. 313.

Né à Smyrne, Delaware, États-Unis d'Amérique, le 3 décembre 1860. Après avoir reçu sa première instruction dans les écoles privées, il étudia à l'université de Virginie, à partir d'octobre 1877. A la fin de 1880, il aborda l'étude du droit; avocat de 1883 à 1885, où il entra, après concours, dans l'administration du département d'État des États-Unis. En août 1886, troisième secrétaire adjoint d'État. En 1887, secrétaire de la conférence tenue entre les représentants des États-Unis, de l'Allemagne et de la Grande-Bretagne, au sujet des affaires de Samoa, et, en 1888, secrétaire américain de la conférence sur la pêcherie tenue à Washington entre les représentants des États-Unis et de la Grande-Bretagne. Nommé, en avril 1891, à la chaire nouvellement créée de droit international à Columbia College, New-York.

PRINCIPALES PUBLICATIONS

Exterritorial crime; Washington, 1887.

Rapport à la conférence internationale américaine au sujet de l'extradition, 1889; 2e édition, 1890.

Extradition and Interstate Rendition; 2 vol., Boston, 1891.

The United States and international arbitration.

Asylum in legations and consulates and in vessels (collection d'*Essays*).

En préparation: *History and Digest of the arbitrations to which the United States has been a party* (en plusieurs volumes).

MOYNIER (Gustave), à Genève,

Membre fondateur de l'Institut.

V. *Annuaire*, t. IV, p. 59; t. IX, p. 339.

Né à Genève, le 21 septembre 1826; licencié en droit de la faculté de droit de Paris, en 1850; avocat à Genève; tour à tour vice-président et président de la Société genevoise d'utilité publique (1857-1860), qu'il a représentée dans les Congrès internationaux de bienfaisance de Bruxelles (1856), de Francfort (1857), de Londres (1862), et dans le Congrès des sciences sociales à Berne (1865); président de la Société suisse d'utilité publique, en 1863; président de la Société suisse de statistique, de 1863 à 1864; l'un des représentants officiels de la Confédération suisse dans les Congrès internationaux de statistique de Florence (1867) et de La Haye (1869); désigné comme tel pour les Congrès de Berlin (1863) et de Saint-Pétersbourg (1872), auxquels il n'a pu se rendre; président, dès l'origine, du Comité international de la Croix rouge, fondateur de l'œuvre des secours aux militaires blessés; à ce titre, président de la première Conférence internationale de la Croix rouge à Genève 1863; vice-président de celles de Paris (1867) et de Berlin (1869); enfin, l'un des représentants officiels de la Confédération suisse aux deux conférences diplomatiques de Genève, d'où est sortie la Convention pour l'amélioration du sort des militaires blessés dans les armées en campagne (22 août 1864), ainsi que le projet d'articles additionnels à cette convention (20 octobre 1868); délégué, en 1877, par le comité national suisse, à la Conférence internationale de Bruxelles pour l'exploration et la civilisation de l'Afrique centrale. Président d'honneur des Conférences internationales de la Croix rouge de Carlsruhe (1887) et de Rome (1892); correspondant de l'Institut de France (Académie des sciences morales et politiques), 1886; consul général de l'État du Congo en Suisse, 1890; trésorier de l'Institut de droit international de 1878 à 1887, président en 1892.

PRINCIPALES PUBLICATIONS

Les institutions ouvrières de la Suisse, mémoire rédigé à la demande et publié aux frais de la Confédération, pour l'exposition universelle de Paris; Genève, 1867.

La guerre et la charité, traité théorique et pratique de philanthropie appliquée aux armées en campagne (Ouvrage composé en collaboration avec le Dr Appia; couronné au concours ouvert par le Comité central prussien de la *Croix rouge)*; Genève, 1867.

Étude sur la convention de Genève; Paris, 1870.

La Croix rouge, son passé et son avenir; 1 vol. in-16, Paris, 1882.

La question du Congo devant l'Institut de droit international; 1883, br. in-8°.

La fondation de l'État indépendant du Congo au point de vue juridique; Paris, 1887, br. in-8°.

L'Institut de droit international; Paris, 1890.

Conférence sur la Convention de Genève; Genève, 1891.

Les bureaux internationaux des unions universelles; 1 vol. in-8°, Genève, 1892.

Un grand nombre d'opuscules relatifs à des questions philanthropiques et spécialement à l'œuvre de la Croix rouge.

Pendant dix ans, de 1858 à 1867, M. Moynier a dirigé la publication du *Bulletin périodique de la Société genevoise d'utilité publique* (4 volumes in-8° de 700 pages) qu'il a fondé et, de 1879 à 1889, celle du journal (mensuel) *l'Afrique explorée et civilisée;* il dirige, depuis 1869, la publication du *Bulletin international de la Croix rouge* (trimestriel).

NYS (ERNEST), à Bruxelles,

Associé de l'Institut en 1882; membre depuis 1891.

V. *Annuaire*, t. VI, p. 327; t. XII, p. 314.

Né à Courtrai, le 27 mars 1851, M. Nys a fait ses études à Gand et les a complétées à Heidelberg, Leipzig et Berlin. Docteur en droit et ès-sciences politiques et administratives; docteur en droit *honoris causâ* de l'université d'Édimbourg. Secrétaire adjoint de l'Institut en 1880; secrétaire en 1885. Juge au tribunal de première instance d'Anvers et, aujourd'hui, de Bruxelles; professeur à l'université de cette dernière ville.

PRINCIPALES PUBLICATIONS

Le droit international et la papauté. — Ce travail, publié d'abord dans la *Revue de droit international*, t. X, a été traduit en anglais par le Rév. Ponsonby A. Lyons *(The papacy considered in relation to international law)*; Londres, 1879.

La guerre maritime; Bruxelles, 1881.

Le droit de la guerre et les précurseurs de Grotius; Bruxelles, 1882.

L'arbre des batailles d'Honoré Bonet; Bruxelles, 1883.

Les origines de la diplomatie et le droit d'ambassade jusqu'à Grotius; Bruxelles, 1884.

Principes de droit international, de J. Lorimer, traduction française; Bruxelles, 1885.

Notes pour servir à l'histoire littéraire et dogmatique du droit international en Angleterre; Bruxelles, 1888.

Principes de droit naturel, de J. Lorimer, traduction française; Bruxelles, 1890.

Les initiateurs du droit public moderne; Bruxelles, 1891.

Les théories politiques et le droit international en France jusqu'au XVIIIe siècle; Paris et Bruxelles, 1891.

Collaboration à la *Revue de droit international*, à la *Société nouvelle*, à la *Law Quarterly Review*, à la *Juridical Review*.

*OLIVART (R. DE DALMAU DE OLIVART, marquis D'), à Barcelone,

Associé de l'Institut depuis 1888.

V. *Annuaire*, t. X, p. 300.

Né à Borjas Blancas, le 15 septembre 1861; docteur en droit de l'université de Madrid; depuis 1885, membre correspondant de l'Académie royale des sciences morales et politiques de Madrid; avocat du barreau de Barcelone; président à vie de l'Académie *El Iris Borjense*; professeur, membre de la Commission universitaire pour les examens de licencié en droit (enseñanza libre) à l'université centrale de Madrid; rapporteur pour les sujets de droit international au Congrès juridique espagnol de 1888; aujourd'hui, avocat à Barcelone.

PRINCIPALES PUBLICATIONS

Catalina de Aragon y Carolina de Brunswick. Estudio historico; Barcelone, 1881.

La Posesion — Apuntes y fragmentos de una nueva teoria possesoria. — Su nocion en el derecho abstracto; 2 vol. in-8°, Barcelone et Madrid, 1884.

Manual de derecho internacional publico y privado, avec réimpression des deux *Relectiones* de Victoria: *de Indis* et *de Jure belli*, 1 vol. in-8° (en deux fascicules); Madrid, 1886-1887.

Tratado y notas de derecho internacional publico; 2 vol. in-8°, Madrid et Barcelone, 1887-1888.

Programa de derecho internacional publico; 1 vol. in-8°, non dans le commerce, 1888.

Catalogue de mes livres. — *Contribution à la littérature actuelle du droit des gens*; 1 vol. in-18 (sous presse).

En outre, plusieurs articles dans des revues et journaux scientifiques ou politiques.

OLIVECRONA (Samuel-Rodolphe-Detlev-Canut d'), à Stockholm,

Membre de l'Institut depuis sa fondation.

V. *Annuaire*, t. IV, p. 63; t. IX, p. 330; t. XII, p. 314.

Né à Mässvik, province de Wermland, le 7 octobre 1817; docteur en philosophie en 1839; licencié en droit en 1842; secrétaire de la commission pour la réforme de l'acte de l'Union suédo-norvégienne en 1844; agrégé à la faculté de droit d'Upsal en 1847; juge suppléant au tribunal de première instance en 1848; professeur de droit civil dans la même faculté en 1852; recteur de l'université d'Upsal en 1861-1862; docteur en droit de la même université en 1863; conseiller à la Cour suprême du royaume de Suède depuis 1868. Membre de la Diète, dans l'ordre de la noblesse, de 1858 à 1860, de 1862 à 1863, de 1865 à 1866. Correspondant de l'Institut de France (Académie des sciences morales et politiques) et de l'Académie de jurisprudence de Madrid; associé de l'Académie royale des sciences, des lettres et des beaux-arts de Belgique; membre étranger de l'Académie hongroise de Buda-Pest; membre de l'Association Howard à Londres.

PRINCIPALES PUBLICATIONS

Om de kännetecken, hvilka karakterisera tjufnadsbrott (Sur les caractères essentiels du délit de vol); in-8°, Upsal, 1846.

Om makars giftorätt i bo (De la communauté des biens entre époux); Upsal, 1851; 3e édition, considérablement augmentée, Upsal, 1858. — La première partie, historique, a été traduite en français dans la *Revue historique de droit français et étranger*, 1865. — 4e édition en deux vol. in-8°, Upsal, 1876-1878.

Om den juridiska undervisningen vid Universitetet i Upsala, och om den juridiska Facultetens förflyttande till Stockholm (De l'enseignement du droit à l'université d'Upsal, et du transfert de la faculté de droit à Stockholm); Upsal, 1850; 2e édition, même année, in-8°.

Bidrag till den Svenska konkurslagstiftningens historia (Matériaux pour servir à l'histoire du droit suédois en matière de faillite); Upsal, 1862, in-8°.

Blick pa den juridiska undervisningens närvarande tillstand i England (Aperçu de l'enseignement du droit en Angleterre); Upsal, 1862, in-8°.

Om Dödsstraffet (De la peine de mort); 1re éd., Upsal, 1866; trad. française, Paris, 1868, in-8°; — 2e éd., Upsal, 1891, trad. française par M. Ludovic Beauchet, 1 vol. in-8°, Paris, 1893.

Statistiska notiser om Dödsstraffets tillämpande i Norge; Stockholm, 1869. — Traduction française sous le titre de *Notices statistiques sur l'application de la peine de mort en Norvège*; Stockholm, 1870. Traduction norvégienne; Christiania, 1871, in-8°.

Om orsakerna till aterfall till brott och om medlen att minska detsa orsakers skadliga verkningar; Stockholm, 1872. — Édition française sous le titre de: *Des causes de la récidive et des moyens d'en restreindre les effets*; Stockholm, 1873. Traduction italienne: *Della Recidiva*, par M. Jules Lazzarini, Pavie, 1876, in-8°.

Akerbrukskolonien eller förbättrings-anstalten i Val d'Yèvre (La colonie agricole pénitentiaire de Val d'Yèvre); Stockholm, 1873, 2e édition, in-8°.

Akerbrukskolonien i Mettray (La colonie agricole pénitentiaire de Mettray); Stockholm, 1873, in-8°.

Testamentsrätten (Règles du Testament); 1 vol. in-8°, Stockholm, 1880.

Om en reform i afseende på de juridiska studierna och examina vid Universitetet Upsala (Sur une réforme de l'enseignement des examens du droit dans l'université d'Upsal); Stockholm, 1886.

En outre, un grand nombre d'articles sur divers sujets insérés dans les Revues suédoises, *Juridiska Föreningens Tidskrift* et *Tidskrift för Lagstiftning och Förvaltning;* dans l'*Allgemeine Deutsche Strafrechtszeitung*, dans la *Revue de droit international*, le *Journal du droit international privé*, et dans la *Nouvelle Revue historique de droit français et étranger*.

OLIVI (Ludovico), à Modène,

Associé de l'Institut depuis 1891.

V. *Annuaire*, t. XI, p. 504.

Né à Trévise (Vénétie), le 10 octobre 1847; docteur en droit de l'université de Padoue en 1871. En 1877, privat-docent à l'université de Pise, où il donna des leçons sur la diplomatie et l'histoire des traités jusqu'en mars 1879. Chargé à cette époque du cours de droit international à l'université de Modène, il y fut nommé, à la suite d'un concours, professeur extraordinaire le 20 février 1882, et promu professeur ordinaire le 6 janvier 1880. De 1879 à 1881, il enseigna, en outre, dans la même université, le droit civil et, depuis 1885, le droit ecclésiastique dans ses rapports avec les lois italiennes. Membre de l'Académie royale des sciences, lettres et arts de Modène depuis 1882. Membre correspondant, depuis 1888, de la députation royale pour les études d'histoire nationale dans les provinces de Modène et de Parme. Membre de la Société d'histoire diplomatique depuis 1887. Membre ordinaire de l'Athénée de Trévise depuis 1876. Conseiller communal à Trévise de 1883 à 1889.

PRINCIPALES PUBLICATIONS

Cenni storici e critici sulla convenzione di Ginevra; Modène, 1879, 1 vol.

Le associazioni anarchiche e il diritto internazionale (mémoire couronné), dans les *Memorie della R. Academia di scienze, lettere ed arti*; Modène, 1891.

Des arbitrages internationaux et d'une cour internationale permanente, dans les actes du *Congrès scientifique international des catholiques tenu à Paris en 1888*; Paris, 1889.

Des capitulations des États musulmans; *ibid.*

Très nombreux articles et monographies juridiques dans l'*Archivio giuridico*, dans la *Rassegna nazionale* de Florence, dans l'*Annuario delle scienze giuridiche* de Milan, dans la *Revue de droit international*, dans la *Revue générale du droit*, dans les *Memorie della R. Academia di scienze* de Modène, dans l'*Encyclopedia giuridica italiana* de Milan, dans les *Atti del Ateneo veneto*, dans la *Revue d'histoire diplomatique*, dans la *Rassegna italiana de Rome*, dans la *Revue catholique des institutions et du droit*, etc.

* PARIEU (MARIE-LOUIS-PIERRE-FÉLIX ESQUIROU DE), à Paris,

Membre de l'Institut depuis sa fondation, membre honoraire depuis 1887.

V. *Annuaire*, t. IV, p. 65.

Né à Aurillac, le 13 avril 1815; docteur en droit, après des études faites à Paris et à Strasbourg; représentant du Cantal à l'Assemblée constituante de 1848, puis à l'Assemblée législative; ministre de l'Instruction publique, 1849-1851; président de la section des finances au conseil d'État, vice-président du conseil d'État de 1855 à 1870; ministre président du conseil d'État dans le cabinet Ollivier; membre du conseil général du Cantal, 1848-1877; sénateur du Cantal depuis 1876.

M. de Parieu est membre de l'Académie des sciences morales et politiques depuis 1856; de l'Académie des sciences, belles-lettres et arts de Clermont; de l'Académie de législation de Toulouse, de la Société d'économie politique de Paris; il a été vice-président de l'Institut de droit international dès sa fondation, président en 1877-1878 et 1878-1879.

PRINCIPALES PUBLICATIONS

Études historiques et critiques sur les actions possessoires; Paris, 1850.

Histoire des impôts généraux sur la propriété et le revenu, 1856.

Traité des impôts considérés sous le rapport historique, économique et politique en France et à l'étranger; 5 vol., 1862-1864; 2e édit., 4 vol., 1866-1867.

Principes de la science politique, 1870; 2e édition, 1875.

Histoire de Gustave-Adolphe; 1 vol. in-12, Paris, 1875.

La politique française dans la question monétaire cosmopolite; Paris, 1875.

Nombreux articles de jurisprudence, d'histoire, d'économie politique publiés dans le *Journal des économistes*, la *Revue contemporaine*, la *Revue européenne*, la *Revue de France*, le *Contemporain*, *le Correspondant*, etc.

*PERALTA (MANUEL-M. DE), à Madrid,

Associé de l'Institut depuis 1891.

V. *Annuaire*, t. XI, p. 508.

Né à Costa-Rica. A rempli successivement les fonctions de secrétaire de légation, de chargé d'affaires, d'envoyé extraordinaire et ministre plénipotentiaire de Costa-Rica en Allemagne, Belgique, Espagne, États-Unis, France et Grande-Bretagne, ainsi que près du Saint-Siège. Membre du congrès international réuni à Paris pour l'étude du canal interocéanique et vice-président du congrès américaniste de Madrid de 1881. Membre d'honneur de l'Association littéraire et artistique internationale de Paris. Membre de la Société d'histoire diplomatique de Paris, des Sociétés de géographie de Madrid, de Lisbonne, de Paris et de New-York, de l'Académie royale espagnole et de l'Académie d'histoire de Madrid.

PRINCIPALES PUBLICATIONS

Memoria geografica sobre la republica de Costa-Rica.

Costa-Rica, its climate, constitution and resources, Londres.

El rio de San Juan de Nicaragua; derechos historicos de sus riberenos; Madrid, 1882.

Costa-Rica, Nicaragua y Panama en el siglo XVI, su historia, sus limites; Madrid, 1883.

Costa-Rica y Columbia de 1573 à 1887. *Examen historico de la cuestion de limites entre Costa-Rica y Columbia*; Madrid, 1886.

El canal interoceanico de Nicaragua y Costa-Rica en 1620 y en 1887; Bruxelles, 1887.

PERELS (F.), à Berlin.

Associé de l'Institut en 1879; membre depuis 1885.

V. *Annuaire*, t. IV, p. 66; t. XII, p. 314.

Conseiller intime actuel d'amirauté, conseiller rapporteur chargé des affaires judiciaires, auditeur de l'Amirauté, à Berlin. Pendant plusieurs années, professeur de droit maritime et de droit international à l'Académie des officiers de marine. Actuellement, directeur au ministère impérial de la Marine.

PRINCIPALES PUBLICATIONS

Das internationale öffentliche Seerecht der Gegenwart; 1 vol. in-8°, Berlin, 1882. — Trad. en français par L. Arendt, en 1884, et en russe, la même année, par Lilienfeld.

Handbuch des allgemeinen öffentlichen Seerechts im deutchen Reiche; 1 vol. in-8°, Berlin, 1884.

Auslieferung desertirter Schiffsmannschaften, 1883.

Rechtsstellung der Kriegsschiffe in fremden Hoheitswässern, 1886.

Das Reichsbeamtengesetz, erläutert (avec M. Spilling); 1 vol., 1890.

Divers mémoires scientifiques dans le *Marine Verordnungsblatt.*

PIERANTONI (Augusto), à Rome,

Membre fondateur de l'Institut.

V. *Annuaire*, t. IV, p. 67.

Né à Chiéti, Abruzzes, le 24 juin 1840; professeur de droit constitutionnel et de droit international à l'université de Modène, puis à l'université de Naples; avocat aux cours de cassation du royaume d'Italie; député au Parlement italien pendant quatre législatures; conseiller du Contentieux diplomatique près le ministère des Affaires étrangères; actuellement sénateur et professeur de droit international à l'université de Rome; professeur *honoris causâ* de l'université d'Oxford; membre d'un grand nombre d'académies et sociétés savantes; président de l'Institut en 1882.

PRINCIPALES PUBLICATIONS

Dell' abolizione della pena di morte; Turin, 1865.

Il progresso del diritto pubblico e delle genti; Modène, 1866.

Storia degli studi del diritto internazionale in Italia; Modène, 1870. — Traduction allemande par Leone Roncali; Vienne 1872.

La questione Anglo-Americana dell'Alabama, studio di diritto internazionale pubblico e marittimo, 1870.

I fiumi e la Convenzione internazionale di Mannheim. — Memoria di diritto internazionale. — Trois éditions.

Examen comparé de la législation française et de la nouvelle loi italienne sur le notariat, Gand. — Traduction allemande par M. Strauch, Heidelberg.

La revisione del Trattato di Parigi, considerazioni politico-giuridiche; Florence, 1871.

La Chiesa cattolica nel Diritto; Florence, 1871.

Gli Arbitrati internazionali e il Trattato di Washington; Naples, 1872.

Movimento storico della legislazione intorno l'abolizione della pena di morte dall' anno 1865 sino 1872; Rome.

Trattato di diritto costituzionale; Naples, 1873.

Traduction italienne du Code de Droit international de M. D. Dudley Field, avec introduction intitulée: *La riforma del diritto delle genti e l'Istituto di diritto internazionale di Gand*; Naples, 1874.

Alberigo Gentili, la sua vita, i sui tempi, le sue opere.

Storia del diritto internazionale nel secolo XIX; Naples, 1876.

La pena di morte negli stati moderni.

Il Juramento (storia, leggi, politica); 1 vol., Rome, 1883.

Trattato di diritto internazionale, 1er volume intitulé: *Prolegomeni e parte storica*; Rome, 1884. (Ce volume sera suivi de deux autres.)

La prova delle leggi straniere; il Codice dei Codici. Proposta.

Della capacita giuridica dei corpi morali stranieri in Italia.

Il diritto internazionale civile nel Codice francese e nell' italiano.

Nombreux discours prononcés au Parlement d'Italie sur diverses questions importantes, touchant au droit international et à la politique extérieure de l'Italie.

PRADIER-FODÉRÉ (Paul-Louis-Ernest), à Lyon,

Associé de l'Institut en 1879; membre depuis 1882.

V. *Annuaire*, t. IV, p. 69; t. IX, p. 390; t. XII, p. 315.

Né à Strasbourg, le 11 juillet 1827; a étudié à Strasbourg et pratiqué le barreau à Paris; professeur de droit public au Collège arménien de Paris; professeur à l'École des sciences politiques; appelé, en 1874, à Lima avec la mission de fonder, d'organiser et de diriger en l'université de cette ville une faculté des sciences politiques et administratives; actuellement, conseiller à la cour d'appel de Lyon, doyen honoraire de la faculté des sciences politiques et administratives de l'université de Lima, et professeur honoraire de l'École libre des sciences politiques de Paris.

PRINCIPALES PUBLICATIONS

Éléments de droit public et d'économie politique; 1 vol., 1865.

Précis de droit administratif; 1 vol., 1882.

Précis de droit commercial; 1 vol., 1866.

Le Droit de la Guerre et de la Paix, par Grotius. Nouvelle traduction avec notes; 3 vol., 1867.

Le Droit des Gens, par Vattel. Nouvelle édition précédée d'un Essai et d'une dissertation; 3 vol., 1863.

Nouveau droit international public, par Fiore; traduction et annotations; 1 vol., 1868.

Droit international privé, par Fiore; traduction et annotations; 1 vol., 1875.

Principes généraux de Droit, de Politique et de Législation; 1 vol., 1879.

Commentaire sur le Code de Justice militaire; 1 vol., 1873.

Rapport à M. le Président de la république du Pérou sur l'institution d'une faculté des sciences politiques et administratives de San Marcos; Lima, 1874.

Compendio del curso de Enciclopedia del Derecho, professé à la faculté des sciences politiques et administratives de Lima; Lima.

Compendio del curso de Derecho administrativo, professé en la même faculté.

Cours de droit diplomatique; 2 forts vol. in-8°, 1880.

Traité de droit international public européen et américain; 1885-1887, 5 forts vol. in-8°; le t. VI est sous presse, et le t. VII et dernier est en préparation.

Nombreux articles et monographies, notamment dans le *Journal de droit administratif*, la *Revue pratique*, le *Journal du droit international privé*, la *Revue de droit international*, etc.

* PRINS (Adolphe), à Bruxelles.

Associé de l'Institut depuis 1880.

V. *Annuaire*, t. V, p. 221.

Né en 1845. Professeur de droit criminel à l'université de Bruxelles depuis 1878; inspecteur général des prisons de Belgique ; secrétaire de l'Institut de 1880 et 1883.

PRINCIPALES PUBLICATIONS

Instruction criminelle. Réforme de l'instruction préparatoire en Belgique (en collaboration avec M. H. Pergaméni); Bruxelles, 1871.

Le mouvement pour l'amélioration des rapports internationaux; Bruxelles, 1873.

De l'appel dans l'organisation judiciaire répressive, étude historique et critique; Bruxelles, 1875.

Des droits de souveraineté de l'État sur l'Église; Bruxelles, 1874.

Du développement politique de l'ancien droit national; Bruxelles, 1875.

Le jury moderne et l'organisation judiciaire; Bruxelles, 1877.

Résumé du cours de droit pénal; Bruxelles, 1878.

Étude comparative sur la procédure pénale à Londres et en Belgique; Bruxelles, 1879.

Les luttes du libre examen et du dogmatisme au moyen âge; Bruxelles, 1879.

L'autorité dogmatique dans l'éducation de l'humanité; Bruxelles, 1878.

Essai sur la criminalité d'après la science moderne; Bruxelles, 1880.

Les défaillances de l'état moderne et la démocratie au moyen âge; Bruxelles, 1881.

Le Régime représentatif et le suffrage universel; Bruxelles, 1882.

Divers articles dans la *Revue de droit international*, et dans d'autres journaux et revues.

REAY (Donald-James Mackay, baron Reay de Reay, baron Durness, lord).

Associé de l'Institut en 1882; membre depuis 1892.

V. *Annuaire*, t. VI, p. 328; t. XII, p. 315.

Né à La Haye en 1839; docteur en droit à Leyde en 1861 ; attaché à la légation des Pays-Bas à Londres, de 1862 à 1865 ; employé au ministère des Colonies à La Haye, de 1865 à 1869. En 1869, président de l'exposition internationale d'Amsterdam, qui avait pour but l'amélioration du sort des classes ouvrières, et président du jury de cette exposition. Membre de la commission d'examen des employés diplomatiques néerlandais, chargé spécialement de l'examen en droit international public. Membre de la seconde chambre des États généraux, de 1871 à 1877; rapporteur, entre autres, des lois consulaires, des lois sur l'extradition des criminels, sur les sociétés anonymes, sur les sociétés coopératives; membre de la commission d'enquête sur la marine marchande. Naturalisé Anglais en 1877. Membre de la Chambre des lords depuis 1881. Secrétaire pour l'étranger de la Société de géographie, 1881. Président de la Société pour l'étude des sciences sociales, 1880-1881. Délégué à la Conférence monétaire de 1881 pour les Indes britanniques. Gouverneur de Bombay de 1885 à 1890.

PUBLICATIONS

Nombreux discours, rapports, etc., sur des questions économiques, commerciales ou industrielles, sur des questions internationales, relativement à son administration à Bombay et à la question de la fédération impériale de l'Empire britannique.

Report to the secretary of state for India on the International monetary conference (1881); Londres, 1882.

L'administration de lord Reay aux Indes a fait l'objet d'un ouvrage spécial de sir William Hunter; Bombay, 1888-1890.

RENAULT (Louis), à Paris,

Associé de l'Institut en 1875; membre depuis 1882.

V. *Annuaire*, t. IV, p. 69; t. XII, p. 315.

Né à Autun, le 21 mai 1843; agrégé des facultés de droit en 1868, attaché de 1868 à 1873 à la faculté de droit de Dijon, où il a fait les cours de droit romain et de droit commercial; attaché en 1873 à la faculté de droit de Paris, où il a été chargé depuis 1874 du cours de droit des gens; professeur de droit international à l'École libre des sciences politiques depuis 1874; professeur titulaire de droit des gens à la faculté de Paris depuis 1882; chargé en 1885 et en 1886 d'un cours de droit des gens à l'École supérieure de guerre; vice-président de l'Institut en 1888; jurisconsulte du ministère des Affaires étrangères de France.

PRINCIPALES PUBLICATIONS

Étude sur la loi du 23 janvier 1874 relative à la surveillance de la haute police, 1874.

Étude sur le progrès de réforme judiciaire en Egypte, 1875.

De la succession ab intestat des étrangers en France et des Français à l'étranger, 1876.

Étude sur les rapports internationaux: la Poste et le Télégraphe, 1877.

Étude sur la propriété littéraire et artistique au point de vue international, 1878.

Introduction à l'étude du droit international, 1878.

De l'extradition en Angleterre, 1879.

Précis de droit commercial (avec M. Lyon-Caen); 2 vol. in-8°, Paris, 1884.

Traité de droit commercial (avec M. Lyon-Caen), en cours de publication; 3 vol. parus, Paris, 1888-1892.

M. L. Renault dirige, depuis 1880, les *Archives diplomatiques*, recueil international de diplomatie et d'histoire, fondé en 1861.

Collaboration active à plusieurs revues juridiques, au *Bulletin de la Société de Législation comparée*, à la *Revue de droit international*, au *Journal du droit international privé*, à la *Grande Encyclopédie* (Lamirault et Cie), etc.

RIVIER (ALPHONSE-PIERRE-OCTAVE), à Bruxelles,

Membre auxiliaire (associé) de l'Institut en 1873; membre depuis 1878.

V. *Annuaire*, t. IV, p. 70; t. X, p. 303; t. XII, p. 316.

Né à Lausanne, le 9 novembre 1835; a fait ses études à Lausanne, Genève, Berlin et Paris; licencié en droit de l'académie de Lausanne; docteur en droit de l'université de Berlin (1858); *Privat-Docent* dans la même université en 1862; professeur à l'université de Berne de 1863 à 1867; professeur à l'université de Bruxelles depuis 1867; recteur en 1874-1875. Consul général de la Confédération suisse en Belgique. Membre correspondant de l'Institut national genevois (1865) et de l'Académie de jurisprudence de Madrid (1873); associé de l'Académie royale de Belgique (1873); membre honoraire de la Société suisse des juristes. Secrétaire de l'Institut de droit international en 1874, secrétaire-général de 1878 à 1887, président de 1888 à 1891.

PRINCIPALES PUBLICATIONS

Untersuchungen über die cautio praedibus praediisque; Berlin, 1863.

Introduction historique au Droit romain; Bruxelles, 1871-1872; 2e éd., 1880.

Berichte burgundischer Agenten in der Schweiz, 1619-1629; Zurich, 1875.

Traité élémentaire des successions à cause de mort en droit romain; Bruxelles, 1878.

Éléments du droit international privé, ou du conflit des lois, par M. Asser. Ouvrage traduit, complété et annoté. Paris, 1884.

Literar-historische Uebersicht der Systeme und Theorien des Völkerrechts seit Grotius (au tome Ier du *Handbuch des Völkerrechts*, publié sous la direction de Holtzendorff); Berlin, 1885. — Nouvelle édition, en français, sous le titre: *Esquisse d'une histoire littéraire des systèmes et méthodes du droit des gens, depuis Grotius jusqu'à nos jours*; Hambourg, 1889.

Programme d'un cours de droit des gens, pour servir à l'étude privée et aux leçons universitaires; Bruxelles et Paris, 1889.

Lehrbuch des Völkerrechts; 1 vol. in-8e, Stuttgart, 1889.

Précis du droit de famille romain; 1 vol. in-8e, Paris, 1891.

Discours, notices nécrologiques et publications de circonstance; articles dans le *Bulletin* de l'Académie de Belgique, dans la *Revue de droit international* (dont M. Rivier a été rédacteur en chef pendant plusieurs années à partir de 1878), dans la *Bibliothèque universelle* de Lausanne et dans plusieurs autres revues, journaux et recueils.

* ROGUIN (Ernest), à Lausanne,

Associé de l'Institut depuis 1891.

V. *Annuaire*, t. XI, p. 508.

Né à Yverdon (Suisse), le 27 mai 1851. A fait ses études de droit à Lausanne et à Leipzig. En 1874, attaché à M. Kern, ministre de Suisse à Paris. Après quelques mois de stage, secrétaire de M. Lardy, alors secrétaire de la légation. Le 10 novembre 1874, licencié en droit de l'Académie de Lausanne. Avocat du barreau vaudois, 1878. Rappelé en 1880 à la légation de Suisse à Paris, il y resta quatre ans en qualité de secrétaire, puis de conseiller de légation. En juin 1884, il succéda à M. Lehr, démissionnaire, dans la chaire de droit comparé à l'académie de Lausanne. Nommé d'abord professeur extraordinaire, il est actuellement professeur ordinaire à l'université, chargé d'enseigner principalement le droit international privé, le droit civil français et la législation comparée.

PRINCIPALES PUBLICATIONS

Mémoire couronné (1er prix) par la Société suisse des juristes sur l'*Article 59 de la Constitution fédérale*, relatif au for en matière de réclamation personnelle; Lausanne, 1880.

La règle de droit, étude de science juridique pure; 1 vol., Lausanne, Paris et Leipzig, 1891.

Conflits des lois suisses en matières internationales et intercantonales. Commentaire du traité franco-suisse du 15 juin 1869; 1 vol. de 920 pages, Lausanne, Paris et Leipzig, 1891.

Collaboration active au *Journal du droit international privé* et à plusieurs autres recueils scientifiques.

ROLIN (Albéric), à Gand.

Membre auxiliaire (associé) de l'Institut en 1873; membre depuis 1883.

V. *Annuaire*, t. IV, p. 71; t. XII, p. 316.

Né à Mariakerke près Gand, le 16 juillet 1843; avocat près la cour d'appel de Gand depuis le 16 octobre 1864; élu secrétaire de l'Institut de droit international en 1874, après avoir pris part à sa fondation en qualité de secrétaire adjoint. M. Rolin, qui est déjà chargé depuis plusieurs années à l'université de Gand du cours de droit criminel, y a été nommé, en outre, professeur de droit international privé, lorsque, en 1890, cet enseignement a été organisé dans les universités belges.

PRINCIPALES PUBLICATIONS

Mémoire pour la princesse Georges Bibesco défenderesse et le prince Bibesco intervenant contre le prince de Bauffremont demandeur devant le tribunal de première instance de Charleroi; Gand, 1879.

Traduction française du *Projet d'un Code international* de M. Dudley Field; 1 vol. in-8°, Gand, 1882.

M. Albéric Rolin a publié plusieurs articles et notices dans la *Revue de droit international et de législation comparée*. Son *Étude sur l'état actuel de la question de la peine de mort* a été traduite en italien et annotée par M. le professeur Carrara; une traduction allemande en a paru dans les *Archives de droit criminel*.

ROLIN (ÉDOUARD-GUSTAVE-MARIE), à Bruxelles,

Associé de l'Institut depuis 1891.

V. *Annuaire*, t. XI, p. 509.

Né à Gand, le 23 janvier 1863; docteur en droit de l'université de Bruxelles le 20 juillet 1884; avocat à la cour d'appel de Bruxelles en 1887; a fonctionné comme secrétaire adjoint, rédacteur des procès-verbaux de l'Institut dans les sessions de Turin (1882), Munich (1883), Bruxelles (1885), Heidelberg (1887) et Lausanne (1888); secrétaire de la rédaction de la *Revue de droit international et de législation comparée* de 1887 à 1889, l'un de ses rédacteurs de 1890 à 1892, rédacteur en chef depuis 1892; trésorier de l'Institut depuis 1887, secrétaire depuis 1891; auditeur au Conseil supérieur de l'État indépendant du Congo (1889).

PUBLICATIONS

Diverses notices dans la *Revue de Droit international* et dans quelques journaux.

Rédacteur des tomes VIII, IX, X et XI de l'*Annuaire* de l'Institut.

Note sur l'introduction du veto royal suspensif dans la Constitution belge (extrait de la *Revue sociale et politique*), in-8°, Bruxelles, 1892.

* ROLIN-JAEQUEMYNS (GUSTAVE), à Bangkok,

Membre fondateur de l'Institut; président d'honneur depuis 1892.

V. *Annuaire*, t. IV, p. 71; t. IX, p. 391.

Né à Gand, le 31 janvier 1835; docteur en droit et en sciences politiques et administratives depuis 1857; membre de l'Académie de Belgique, de l'Académie de jurisprudence de Madrid, de l'Institut canadien, de la Société zélandaise de littérature, etc.; l'un des fondateurs et rédacteur en chef, de 1869 à 1878 et de 1887 à 1892, de la *Revue de droit international et de législation comparée*; principal fondateur et premier secrétaire général de l'Institut de droit international (1874-1878); président en 1879 et 1885; de nouveau, secrétaire général de 1887 à 1892; président d'honneur en 1892. *Doctor of Laws, honoris causâ*, de l'université d'Édimbourg en 1878; de celle d'Oxford, en 1880.

Le 11 juin 1878, M. Rolin a été élu membre de la Chambre des Représentants de Belgique et l'est resté jusqu'en 1880. Ministre de l'Intérieur, de juin 1878 à juin 1884. Depuis 1892, *general adviser to the siamese Government*, ministre des Affaires étrangères, à Bangkok.

PRINCIPALES PUBLICATIONS

De la réforme électorale. Examen des moyens à employer dans les gouvernements représentatifs pour assurer la liberté des élections et la sincérité des votes; Bruxelles, 1865, in-8°.

Voordrachten over de grondwet (Conférences, en langue flamande, sur la Constitution belge); Gand, 1867, in-16; 2e édit., 2 vol., Gand, 1871 et 1872, in-16.

De l'étude de la législation comparée et du droit international, 1869.

Quelques observations sur les concessions de chemins de fer, au point de vue du droit international, 1869.

De quelques manifestations de l'opinion publique en Europe au sujet des brevets d'invention, 1869.

La guerre actuelle dans ses rapports avec le droit international; Bruxelles, Paris et Berlin, décembre 1870.

Second essai sur la guerre franco-allemande dans ses rapports avec le droit international; Bruxelles, Paris et Berlin, 1871.

De la neutralité de la Grande-Bretagne pendant la guerre civile américaine, 1871.

Quelques mots sur la phase nouvelle du différend anglo-américain, 1872.

De la nécessité d'organiser une institution scientifique permanente pour favoriser l'étude et les progrès du droit international, 1873.

En outre, nombreux articles, discours, correspondances, etc., publiés dans divers journaux, dans les comptes-rendus de l'*Association internationale pour le progrès des sciences sociales, des Congrès de Bienfaisance, de Statistique, de Littérature néerlandaise,* etc. Nombreuses notices, monographies et chroniques dans la *Revue de droit international* et brochures sur diverses questions internationales.

* ROMERO Y GIRON (Vicente), à Madrid,

Associé de l'Institut depuis 1891.

V. *Annuaire,* t. XI, p. 510.

Ancien ministre de Grâce et Justice et sénateur du royaume d'Espagne; ancien vice-président de l'Académie royale de jurisprudence de Madrid et *académicien de mérite* (academico de merito) de la même compagnie.

PRINCIPALES PUBLICATIONS

Revista de los tribunales, journal de législation, de doctrine et de jurisprudence, paraissant depuis 1878.

Codigo civil español comentado; 5 vol., Madrid, 1890-1891.

Coleccion de las instituciones juridicas y politicas de los pueblos modernos (en collaboration).

M. Romero y Giron a encore publié, en collaboration avec M. A. Garcia y Moreno, une traduction espagnole, annotée, en 3 vol., du *Traité de droit international privé* de M. P. Fiore. La 2e édition a paru à Madrid en 1889.

La cuestion de las Carolinas ante el derecho, 1885.

* ROSZKOWSKI (Gustav), à Léopol,

Associé de l'Institut en 1882; membre depuis 1891.

V. *Annuaire*, t. VI, p. 328.

Né le 7 avril 1847; a fait ses études au lycée et à l'université de Varsovie; licencié en droit en 1868. En 1869 et 1870, a continué l'étude du droit à Berlin, Leipzig, Iéna, Heidelberg et Paris. En 1870, après avoir fait son doctorat, avocat à la cour de Varsovie, jusqu'en 1878, où il a été nommé professeur de droit international à l'université de Léopol.

PRINCIPALES PUBLICATIONS

Ueber das Wesen des Eigenthums; Fribourg, 1870.

Système de philosophie du droit; Varsovie, 1873.

Programme du cours de philosophie du droit; Cracovie, 1871.

Du communisme et du socialisme; Cracovie, 1872.

Des ambassades et des consulats; Varsovie, 1872.

Coup d'œil sur les systèmes de la philosophie du droit; Varsovie, 1872.

Droit canonique matrimonial (de Schulte; traduction); Varsovie, 1878.

Histoire de la philosophie du droit et de l'État (de Walter; traduction); Varsovie, 1878.

Notion de la philosophie du droit; Léopol, 1879.

De l'organisation de l'Union internationale des États; Léopol, 1880.

Le système et le problème de l'encyclopédie de droit; Léopol, 1881.

Les moyens préventifs internationaux contre les nihilistes; Léopol, 1881.

Sur l'asile et l'extradition, particulièrement en Autriche-Hongrie Varsovie, 1882.

Traduction du *Droit des gens* de M. de Neumann.

Toutes ces publications, sauf la première, sont en polonais.

Nombreuses monographies sur des questions de philosophie du droit et de droit international.

* RYDIN (HERMAN-LUDVIG), à Upsal,

Associé de l'Institut depuis 1885.

V. *Annuaire*, t. VIII, p. 353.

M. Rydin est né le 13 août 1822, à Jönköping (Suède), où son père était membre du tribunal de première instance. Étudiant à l'université d'Upsal (1840); docteur en philosophie en 1848; candidat en droit en 1851; docteur en droit et professeur de droit constitutionnel et de droit international à la même université en 1855. Membre de la première Chambre de Suède (1867-1875), et de la seconde Chambre (1876-1879, 1882-1884 et 1885).

PRINCIPALES PUBLICATIONS

Bidrag till Svenska skogslagstifpringens historia (Matériaux pour servir à l'histoire de la législation forestière de la Suède); Upsal, 1853.

Om Svenska folkets beskattningsrätt (Du droit du peuple suédois de s'imposer lui-même); Upsal, 1855.

Om yttrandefriket och tryckfriket (De la liberté de la parole et de celle de la presse); Upsal, 1859.

Föreningen mellan Sverige och Norge från historisk och statsrättsly synpunkt (De l'union entre la Suède et la Norvège au point de vue historique et constitutionnel); Upsal, 1863.

Svenska Riksdagen (Le parlement suédois); Upsal, 1873-1879, en 3 vol.

Unionen och Konungens Sanktionsrätt i norska grundlags-frågor; Upsal, 1885.

Un grand nombre d'articles dans diverses revues ou journaux.

SACERDOTI (ADOLFO), à Padoue,

Associé de l'Institut en 1888; membre depuis 1878.

V. *Annuaire*, t. IV, p. 73; t. X, p. 392; t. XII, p. 317.

Né à Padoue, le 20 septembre 1844; docteur en droit de l'université de Padoue en 1867; professeur libre de droit commercial à l'université de Padoue de 1871 à 1878; professeur de droit commercial à l'université de Modène en 1878; appelé, en 1881, en la même qualité à celle de Padoue.

Depuis 1881, M. Sacerdoti est professeur ordinaire, et chargé depuis deux ans, outre son cours ordinaire de droit commercial, d'un cours de procédure civile et d'organisation judiciaire.

PRINCIPALES PUBLICATIONS

Della rescissione dei contratti per lesione; Venise, 1868.

Della unificazione internazionale del sistema monetario; Padoue, 1869.

Osservazioni sul libro I, titolo IX, capo I, del progetto di riforma del codice di commerzio intorno alle cambiali; Bologne, 1874.

Voti per la riforma nell' ordinamento legislativo delle società per azioni; Padoue, 1875.

Della compensazione delle obbligazioni: principe e lore applicazioni, specialmente in materia mercantile; Bologne, 1876.

Il contratto d'assicurazione; 1er vol., Padoue, 1874; 2e vol., Padoue, 1878.

Del fallimento. Teoria fondamentale; Padoue, 1881.

Alcune proposte per il coordinamento e l'attuazione del Codice di commercio; Padoue, 1882.

Sull' estensione dell' istituto del fallimento ai non commercianti; Padoue, 1882.

Diritto dei creditori per gli atti compiuti dal fallito anteriormente alla dichiarazione del fallimento; Padoue, 1885.

Sulla esistenza autonoma del diritto commerciale; Padoue, 1885.

Il periodo critico del fallimento secondo il Codice di commercio italiano; Pise, 1885.

Sopra alcune riforme del Codice di commercio in materia cambiaria; Venise, 1887.

Teoria della cambiale da prendersi a base d'una legge cambiaria uniforme per i vari stati; Milan, 1888.

Contra un codice unico delle obbligazioni; Padoue, 1890.

Riposte al questionario ministeriale per le riforme da introdursi nel Codice di commercio; Padone, 1891.

Le Società cooperative ed il Codice di commercio; Padoue, 1891.

Nombreuses monographies et articles importants de droit commercial, dans l'*Encyclopedia giuridica italiana*, publiée sous la direction de Mancini, et dans diverses Revues.

* SCOTT (JOHN), au Caire,

Associé de l'Institut depuis 1891.

V. *Annuaire*, t. XI, p. 511.

Né à Londres, en 1841; bachelier et maître ès arts de l'université d'Oxford; reçu avocat à Londres en 1865; nommé conseiller anglais aux tribunaux mixtes d'Égypte en 1874, vice-président en 1879; conseiller à la Cour suprême de Bombay en 1882; conseiller judiciaire près le gouvernement égyptien en 1891.

PUBLICATION

Traité des lettres de change; Londres, 1861.

SEIJAS (RAFAEL-F.), à Caracas,

Associé de l'Institut depuis 1891.

V. *Annuaire*, t. XI, p. 510.

Docteur en droit; entra en 1846 au ministère des Affaires étrangères du Vénézuéla, dont il fut ensuite secrétaire et où il remplit à diverses reprises les fonctions de ministre. Actuellement directeur de droit étranger public au même ministère. A été chancelier de la légation de Vénézuéla en France et en Espagne.

PRINCIPALES PUBLICATIONS

El derecho internacional hispano-americano, publico y privado; Caracas, 1884, 6 vol.

El presidente; Madrid, 1891.

Practicas del ministerio venezolano de relaciones exteriores; t. I, Madrid, 1891.

* SIEVEKING (FRIEDRICH), à Hambourg,

Associé de l'Institut depuis 1892.

V. *Annuaire*, t. XII, p. 298.

Né à Hambourg, le 24 juin 1836; élève du « Johanneum » à Hambourg; a fait ses études de jurisprudence à Leipzig, à Iéna et à Gœttingen, et obtenu le grade de docteur en droit à Gœttingen en 1857; avocat à Hambourg de 1857 à 1877; sénateur de la ville libre de Hambourg, 1877-1879; depuis le 1er octobre 1879, président (en chef) de la Cour hanséatique, à Hambourg; en 1889, premier délégué de l'empire allemand aux conférences maritimes de Washington.

Auteur d'un rapport concernant les assurances maritimes, fait pour la Société des jurisconsultes allemands *(Deutscher Juristentag)*. Cfr. *Verhandlungen des XIXten Deutschen Juristentages*, vol. 1er (1888), p. 1-35.

STŒRK (Felix), à Greifswald,

Associé de l'Institut depuis 1888.

V. *Annuaire*, t. X, p. 301; t. XII, p. 317.

Né en Autriche; docteur en droit de l'université de Vienne; actuellement et depuis 1882, professeur à l'université de Greifswald (Prusse).

PRINCIPALES PUBLICATIONS

Option und Plebiscit bei Eroberungen und Gebietscessionen; Leipzig, 1879.

Das Verfassungsmässige Verhältniss des Abgeordneten zur Wählerschaft, Vienne, 1881.

Handbuch der deutschen Verfassungen; Leipzig, 1884.

Zur Methodik des öffentlichen Rechtes; Vienne, 1885.

Studien zur sociologischen Rechtslehre.

Fr. von Holtzendorff; Ein Nachruf; Hambourg, 1889.

Das deutsche Verfassungsrecht; — *Das europäische Völkerrecht*. nouv. édit. remaniées, dans la 5e édit. de l'*Encyclopædie* de Holtzendorff; Leipzig, 1889.

M. Stœrk a également collaboré au *Handbuch des Völkerrechts*, de M. de Holtzendorff; Hamburg, Richter, 1887.

Depuis 1886, il publie, en collaboration avec M. le Dr Paul Laband, l'*Archiv für öffentliches Recht*.

Depuis 1887, il est chargé de la continuation du grand recueil de G.-Fr. de Martens: *Nouveau Recueil général des traités*, deuxième série.

Enfin, il a collaboré, par des notices ou des articles critiques et littéraires, aux recueils, revues et journaux suivants: *Rechtslexikon*, de Holtzendorff, *Zeitschrift* de Grünhut, *Kritische Vierteljahrsschrift*, *Centralblatt* de Kirchenheim, *Juristische Blätter*, *Göttingische gelehrte Anzeigen*, *Archiv für öffentliches Recht* de Stengel, *Wörterbuch des deutschen Verwaltungsrecht*, *Handwörterbuch der Staatswissenschaft* de Löning.

Articles de droit international dans le *Journal de droit international privé*, dans les *Mittheilungen aus dem Gebiet des Seewesens* et dans la *Revue de droit international.*

STRISOWER (Leo), à Vienne,

Associé de l'Institut depuis 1891.

V. *Annuaire*, t. XI, p. 511.

Né à Brody (Galicie), le 2 octobre 1857. Après avoir fait ses études à l'université de Vienne, il y obtint le grade de docteur en 1880; depuis 1881, Privat-docent du droit des gens, à la même université; depuis 1886, avocat à Vienne et membre de la commission pour les examens des sciences politiques.

PRINCIPALES PUBLICATIONS

Die italienische Schule des internationalen Privatrechtes; Vienne, 1881.

Nombreuses chroniques et articles de droit dans la *Revue de droit international* et dans la *Zeitschrift für Privat- und öffentliches Recht der Gegenwart*.

TEICHMANN (Albrecht), à Bâle,

Associé de l'Institut depuis 1880..

V. *Annuaire*, t. V, p. 222; t. XII, p. 317.

Né le 13 octobre 1844, à Breslau (Silésie); fit son droit aux universités de Heidelberg, Leipzig et Berlin; docteur en droit de la faculté de Berlin en 1867; reçu assesseur en novembre 1872; le même jour, professeur extraordinaire à Bâle; professeur ordinaire à la même université en 1877. Correspondant de l'Académie de législation de Toulouse depuis 1880.

PRINCIPALES PUBLICATIONS

Étude sur l'affaire de Bauffremont envisagée au point de vue des législations française et allemande; Bâle, Paris, 1876.

Ueber Wandelbarkeit oder Unwandelbarkeit des gesetzlichen ehelichen Güterrechts bei Wohnungswechsel; Bâle, 1879. — Traduit en espagnol et remanié dans la *Revista general de legislacion y jurisprudencia* de Madrid, tome LVI, 1880.

Les délits politiques, le régicide et l'extradition (dans la *Revue de droit international*, vol. XI, reproduit en espagnol dans la *Revista de los tribunales*).

Die Universität Basel in den fünfzig Jahren seit ihrer Reorganisation in J. 1835 (unter Mitwirkung der Anstaltvorsteher); Bâle, 1885.

Amerbachiorum epistolæ mutuæ Bononia et Basilea datæ (*Universitati Bononiæ sacrum*); Basileæ, 1888.

En préparation:

Strafrecht der deutschen Schweiz (dans le *Strafrecht der Gegenwart*).

Articles et comptes-rendus dans la *Revue de droit international*, le *Gerichtssaal*, vol. 31 et suivants, la *Zeitschrift für vergleichende Rechtswissenschaft*, vol. II, III, la *Zeitschrift für schweiz. Gesetzgebung und*

Rechtspflege, vol. IV, l'*Allgemeine Deutsche Biographie*, le *Rechtslexicon* de Holtzendorff, le *Handbuch des deutschen Strafrechts* publié par Holtzendorff, la *Strafrechtszeitung* de Holtzendorff (1867-1872), etc.

TORRES CAMPOS (MANUEL), à Grenade,

Associé de l'Institut en 1885; membre depuis 1891.

V. *Annuaire*, t. VIII, p. 353; t. IX, p. 392; t. XII, p. 318.

Né à Barcelone, le 21 mai 1850; a reçu le grade de docteur en droit le 28 avril 1871, à l'université de Madrid, dans laquelle il avait fait ses études depuis 1868. Membre honoraire de l'Académie du notariat. Ancien membre professeur et bibliothécaire de l'Académie de jurisprudence et de législation de Madrid (1872-1880), aujourd'hui membre honoraire; bibliothécaire de l'Athénée scientifique, littéraire et artistique de Madrid (1873-1881); membre du Comité de législation étrangère au ministère de Grâce et de Justice d'Espagne (1884); professeur de droit international public et privé à l'université de Grenade (1888). Membre correspondant de la Société de législation comparée de Paris (1873); membre de la Société générale des prisons de Paris (1879); membre de la Société d'histoire diplomatique et de la Société de l'enseignement supérieur de Paris; de l'Institut de Coïmbre; de l'Institut de l'histoire du droit romain de Catane; correspondant de l'Académie nationale d'histoire du Vénézuéla.

PRINCIPALES PUBLICATIONS

Estudios de bibliografia española y extranjera del derecho y del notariado (Memoria premiada); 1 vol., Madrid, 1878.

Principios de derecho internacional privado ó de derecho extraterritorial de Europa y América en sus relaciones con el derecho civil de España (Memoria laureada); 1 vol., Madrid, 1883.

Bibliografia española contemporanea del derecho y de la politica, 1800-1880, con tres appendices relativos à la bibliografia extranjera sobre el derecho español, à la hispano-americana y à la portuguesa-brasileña, etc. Parte primera; *Bibliografia española;* 1 vol., Madrid, 1883.

Nociones de bibliografia y literatura juridicas de España; 1 vol., Madrid, 1884.

Plusieurs rapports, notices et articles dans le *Bulletin de la Société de législation comparée*, l'*Annuaire de législation étrangère*, la *Revista penale*, la *Revista de los tribunales*, la *Revista contemporaneo*, etc.

TWISS (Sir TRAVERS), à Ashford,

Membre de l'Institut en 1874; membre honoraire depuis 1891.

V. *Annuaire*, t. IV, p. 76; t. XII, p. 318.

Docteur en droit de l'université d'Oxford; jadis doyen de l'*University college* à Oxford, 1836, maintenant *honorary fellow*; membre de la Société royale de Londres depuis 1838; membre du barreau d'Angleterre, 1840; membre du Collège d'avocats de droit ecclésiastique et de droit maritime à *Doctors commons*, Londres, 1842; professeur d'économie politique à l'université d'Oxford, 1842-1847; l'un des commissaires arbitraux pour régler les frontières des provinces de New-Brunswick et du Canada en 1851; professeur de droit international au collège de la Reine à Londres, 1852-1855; l'un des commissaires royaux chargés de faire enquête et rapport sur les règlements du collège de Maynooth en Irlande, 1852-1853; professeur royal de droit à l'université d'Oxford, 1855-1871; chancelier du diocèse de Londres, 1858; grand-vicaire et chancelier de l'archevêque de Cantorbéry, 1852-1873; conseiller de la Reine et maître du Banc de Lincoln's Inn, 1858; avocat-général de l'amirauté de la Grande-Bretagne, 1862-1867; membre de la commission chargée de faire enquête et rapport au sujet des lois de neutralité, 1867; avocat-général de la Couronne, 1867-1873; l'un des commissaires royaux chargés de faire enquête et rapport touchant les lois de naturalisation et d'allégeance et les lois de mariage dans la Grande-Bretagne, l'Irlande et les colonies britanniques, 1868; un des fondateurs de l'Association pour la réforme et la codification du droit des gens, et vice-président pour l'Angleterre; vice-président de l'Institut en 1878, 1879 et 1885; chargé par le roi des Belges de rédiger une Constitution pour l'État libre du Congo, et par le gouvernement anglais d'assister à la Conférence de Berlin, de 1885, comme conseiller extraordinaire de l'ambassadeur britannique.

PRINCIPALES PUBLICATIONS

The Oregon Question examined with respect to facts and the law of nations, 1846.

View of the progress of political economy in Europe since the XVIth century, 1847.

The relations of the duchies of Schleswig and of Holstein with the crown of Denmark and the Germanic confederation, 1848.

Letter apostolic of Pope Pius IX considered with reference to the Law of England and the Law of Europe, 1851.

Lectures on the science of international law, 1856.

The rights and duties of nations in time of peace; 1re éd., 1861; 2e éd. augmentée, 1884.

The rights and duties of nations in time of war, 1863; 2e éd., 1875.

The Black-Blook of the admiralty, 1871-1876.

Appendix to the Black-Book of the admiralty, containing all the more important codes of medieval maritime Law, 1873-1876.

Des droits et des devoirs des nations en temps de paix, avec l'Acte général de la Conférence africaine de 1885; Paris, 1887.

Des droits et des devoirs des nations en temps de guerre, avec le Traité de Paris de 1856, la Convention de Genève de 1864 et les Protocoles des Conférences de Londres de 1871; Paris, 1889.

Édition officielle, annotée et commentée du traité de Bracton : *De legibus et consuetudinibus Angliæ*; 6 vol., Londres, 1879-1884.

Édition officielle du traité de R. de Glanville sur la procédure en Cour royale et devant les justiciers du roi; 1 vol., 1892.

Nombreux rapports et discours à l'Institut de droit international, à l'Association pour la réforme et la codification du droit des gens et à l'Association pour l'avancement des sciences sociales.

Nombreux articles dans la *Revue de droit international*, le *Law Magazine and Review*, l'*Academy*, le *Nautical Magazine*, la *Quaterly Review*, la *Encyclopædia britannica*, etc.

VAN DER REST (Eugène), à Bruxelles,

Associé de l'Institut depuis 1885.

V. *Annuaire*, t. VIII, p. 351.

Né à Bruxelles, le 29 novembre 1848; docteur agrégé à la faculté de droit de Bruxelles, le 27 novembre 1875; en 1877, suppléant chargé du cours de droit civil et professeur extraordinaire; professeur ordinaire de droit civil et d'économie politique, depuis 1881.

PRINCIPALES PUBLICATIONS

Platon et Aristote. Essais sur les commencements de la science politique; Bruxelles, 1875.

L'or de l'empire, de Louis Bamberger (traduit de l'allemand), 1877.

Articles divers dans l'*Atheneum belge* et dans la *Revue de droit international*.

VINCENT (Louis-Félix-René), à Paris,

Associé de l'Institut depuis 1892.

V. *Annuaire*, t. XII, p. 208.

Né à Limay (Seine-et-Oise), le 24 avril 1851; a fait ses études à Paris de 1859 à 1868; entré en 1868 à l'École navale de Brest; officier de marine de 1870 à 1877, où il donna sa démission comme enseigne de vaisseau; élève à la faculté de droit de Paris, puis à l'École libre des sciences politiques de 1878 à 1880; avocat à la cour d'appel depuis février 1881. En 1885, rédacteur du *Droit, journal des tribunaux*. En 1887, secrétaire de la rédaction du *Droit*. De juillet 1889 à novembre 1891, chargé de la rédaction en chef du même journal.

PRINCIPALES PUBLICATIONS

Dictionnaire de droit international privé (avec M. Pénaud); 1 vol. gr. in-8e, Paris, 1887; avec des suppléments, 1888-1889.

Revue pratique de droit international privé, depuis 1890.

Nombreux articles juridiques dans le *Journal du Droit international privé*, dans le *Recueil périodique du divorce*, la *Revista de derecho internacional*, le *Moniteur judiciaire de Lyon*, le *Droit*, les *Lois nouvelles*, la *Revue pratique*, la *Gazette des tribunaux*, le *Répertoire général du droit français* (Sirey), etc.

* WALLACE (Sir D. Mackenzie), à Londres,

Associé de l'Institut depuis 1878.

V. *Annuaire*, t. IV, p. 78.

Né à Paisley, le 11 novembre 1841; étudia successivement aux universités de Glasgow et d'Edimbourg et devint, en 1861, maître-ès-arts. Se destinant à la profession d'avocat, il suivit les cours des universités d'Édimbourg, de Paris, de Berlin et enfin de Heidelberg, où il obtint le grade de docteur en droit.

M. Wallace se destinait à l'enseignement et préparait une thèse en vue de se faire habiliter comme *Privat-Docent* près de l'université de Heidelberg; mais, en 1870, il se rendit en Russie, où il séjourna jusque vers la fin de 1875, se consacrant à l'étude des mœurs, des lois et des institutions de ce pays.

En 1877, à l'occasion du congrès, il fonctionna à Berlin comme correspondant du *Times*, et, vers la fin de cette année, il se rendit en la même qualité à Constantinople. Il a été, depuis, secrétaire privé du vice-roi des Indes.

PRINCIPALES PUBLICATIONS

Russia, 1877 (Études sur la Russie). — Ce livre a eu de nombreuses éditions et a été traduit en plusieurs langues. Un travail conçu sur le même plan, mais de moindre étendue, avait paru au commencement de 1877 et avait obtenu un grand succès.

* WAXEL (PLATON DE), à St-Pétersbourg,

Associé de l'Institut depuis 1891.

V. *Annuaire*, t. XI, p. 507.

Né le 14/26 août 1844 à Strelna, dans les environs de Saint-Pétersbourg. Fut obligé de passer, pour motifs de santé, neuf ans de sa jeunesse dans le Midi, et ne put commencer ses études universitaires qu'à l'âge de 26 ans. Il a cependant, à Madère et à Lisbonne, poursuivi les études commencées dans un gymnase classique de la capitale russe, et y a débuté par des publications littéraires. En 1868, il publia un volume sur les lettres, les sciences et les arts en Russie. Revenu dans le Nord, il suivit à l'université de Leipzig les cours de droit, en s'attachant spécialement au droit naturel. Promu en 1874 docteur en philosophie à la même université, il fut élu membre effectif de la Société de droit international de Saint-Pétersbourg dès sa fondation. Se trouvant depuis seize ans au service du ministère impérial russe des Affaires étrangères, il y occupe en ce moment le poste de vice-directeur de la chancellerie du ministre. M. Platon de Waxel est membre de l'Institut de Coïmbre, de la Société royale de géographie de Lisbonne et de la Société royale historique de Londres.

PRINCIPALES PUBLICATIONS

Quadros de litteratura, das sciencias e artes na Russia, Funchal, 1868, in-8° (2 vol. sont consacrés à la jurisprudence et à la question sociale.

L'armée d'invasion et la population. Leurs rapports pendant la guerre, étudiés au point de vue du droit des gens naturel. Leipzig, 1874, in-8°.

Traduction française du livre allemand de Victor de Brasch: *La commune et son système financier en France;* Paris, 1879, in-8°.

L'extradition des criminels politiques; Saint-Pétersbourg, 1881, in-12.

Grand nombre de notices bibliographiques dans le *Journal de Saint-Pétersbourg.*

WEISS (CHARLES-ANDRÉ), à Paris,

Associé de l'Institut depuis 1887.

V. *Annuaire,* t. IX, p. 384; t. X, p. 304; t. XII, p. 318.

Né à Mulhouse (Alsace), le 30 septembre 1858. A fait son droit à la faculté de Paris, y a obtenu en 1878 le premier prix de droit romain et, en 1880, le titre de docteur. Nommé agrégé des facultés de droit à la suite d'un concours en mai 1881, et attaché en cette qualité à la faculté de Dijon, où il a enseigné le droit constitutionnel et le droit international privé. M. Weiss professe aujourd'hui à la Faculté de droit de Paris.

PRINCIPALES PUBLICATIONS

Études sur les conditions de l'extradition; 1 vol. in-8°. Paris, 1880.

Le droit fécial et les féciaux à Rome; 1 br. gr. in-8°, Paris, 1883.

Le droit d'extradition appliqué aux délits politiques, d'après le Dr Lammasch (en collaboration avec M. Paul-Louis Lucas); Paris, 1886.

Traité élémentaire de droit international privé; 1 fort vol. in-8°. Paris, 1885-1886 (couronné par l'Académie des sciences morales et politiques); 2e éd., 1890.

Traité théorique et pratique du droit international privé; t. Ier. Paris, 1892.

Traduction française (avec M. P. Louis-Lucas) de l'*Organisation de l'empire romain,* de J. Marquardt; 2 vol., Paris, 1889-1892.

Fetiales, Jus fetiale, dans le *Dictionnaire des antiquités grecques et romaines,* de Daremberg et Saglio.

Nombreuses brochures et monographies juridiques; articles dans le *Journal du droit international privé,* les *Lois nouvelles,* le *Courrier des Tribunaux,* la *France judiciaire,* la *Revue générale du droit,* la *Revue de Bucharest,* l'*Archiv für öffentliches Recht* de Fribourg en Brisgau.

M. Weiss est un des collaborateurs assidus du *Recueil mensuel des Pandectes françaises.* Il est, en outre, chargé avec la collaboration de de M. Louis Lucas, de tout ce qui concerne le droit international privé dans le *Répertoire alphabétique des Pandectes.*

WESTLAKE (JOHN), à Londres,
Membre fondateur de l'Institut.
V. *Annuaire*, t. IV, p. 78.

Né dans le comté de Cornouailles, en 1828; *Queens counsel;* l'un des fondateurs et des directeurs de la *Revue de droit international;* pendant plusieurs années, membre de la Chambre des Communes. Vice-président de l'Institut en 1883 et 1887. Le 21 avril 1877, docteur en droit, *honoris causâ*, de l'université d'Edimbourg.

PRINCIPALES PUBLICATIONS

A Treatise on private international law, or The conflict of laws, with principal reference to its practice in the english and other cognate systems of jurisprudence; Londres, 1858.

On the international aspects of bankrupt laws, dans les *Transactions of the National Association for the promotion of social science*, 1861 (p. 777-786); Londres, 1862.

On commercial blockades, dans les *Papers read before the Juridical Society*, vol. II, p. 681-721; Londres, 1863.

Nombreux articles dans la *Revue de droit international*, l'*Academy*, etc.

VII

Notices biographiques et bibliographiques sommaires sur les membres décédés.

AHRENS (HEINRICH), à Leipzig.

Né le 14 juillet 1808 à Kniestedt (Hanovre), Ahrens fit ses études à Gœttingen, et y connut le philosophe Krause, dont il devint le disciple fervent. Après avoir fait à Paris un cours de psychologie, il fut successivement professeur aux universités de Bruxelles (1834), de Gratz (1850), de Leipzig (1860), et organisa, en 1873, sur l'ordre du gouvernement saxon, un Séminaire philosophique. Membre de l'Institut dès la fondation, il mourut l'année suivante (2 août 1874).

Principaux ouvrages : *Cours de droit naturel*, qui a eu 7 éditions en français et six en allemand ; — *Encyclopédie juridique*, qui a été traduite en cinq ou six langues.

Cfr. *Notice* par Holtzendorff, dans la *Revue de droit international*, VII, 356.

ARNTZ (Égide-Rodolphe-Nicolas), à Bruxelles.

Né à Clèves (Prusse rhénane), le 1er septembre 1812 ; docteur en droit de l'université de Liége en 1835; professeur de droit à l'université de Bruxelles de 1838 à 1848 et depuis 1849 jusqu'à sa mort ; membre de l'Assemblée nationale de Berlin et de la Deuxième chambre de Prusse en 1848 et 1849 ; membre de l'Institut depuis 1877 ; décédé en 1884.

Principaux ouvrages : *Cours de droit civil français* (2 éd.) ; — *Cours de droit des gens* (autographié).

Cfr. *Annuaire*, IV, 1 ; *Notice nécrol.* par M. Prins, *Annuaire*, VIII, 80.

BARTHOLONY (Jean-François), à Paris.

Né à Genève, en 1796 ; fondateur de la Compagnie du chemin de fer d'Orléans ; président du conseil d'administration de cette Compagnie et de celle du chemin de fer de Lyon à Genève, M. Bartholony accorda à l'Institut, l'année même de sa création, une généreuse subvention et fut, en suite de ce don, inscrit en tête de la liste des membres honoraires (1873). Mort le 9 juin 1881.

Cfr. *Notice nécrol.* par M. Moynier, *Annuaire*, VI, 74.

BEACH LAWRENCE (William), à New-York.

Né à New-York, le 23 octobre 1800 ; secrétaire de légation à Londres, avocat près la Cour suprême de New-York (1829-1850) ; lieutenant-gouverneur, puis gouverneur de Rhode-Island (1850) ; professeur d'économie politique et de droit international au *Columbian College* (depuis *University*) de New-York ; membre de l'Institut depuis sa fondation ; décédé en mars 1881.

PRINCIPAUX OUVRAGES : *Commentaire sur les* Éléments du droit international *de Wheaton ; — Cours d'économie politique ; — Administration of Equity Jurisprudence.*

Cfr. *Annuaire*, IV, 38, et *Notice nécrol.* par M. Rivier, *Ann.*, VI, 47.

BERNARD (MOUNTAGUE), à Oxford.

Né le 25 janvier 1820, à Tibberton (Glocestershire); docteur en droit civil de l'université d'Oxford; professeur de droit international à la même université; l'un des signataires du traité de Washington (1871); membre du Conseil privé de la reine; membre de l'Institut depuis sa fondation; président de 1880 à 1882; décédé le 2 septembre 1882.

PRINCIPAUX OUVRAGES : Nombreuses *Lectures* sur diverses questions de droit des gens ;—*Historical account of the neutrality of Great Britain during the American civil war.*

Cfr. *Annuaire*, IV, 7, et *Notice nécrol.* par M. Holland, *Ann.*, VII, 36.

BÉSOBRASOF (VLADIMIR), à St-Pétersbourg.

Né à Vladimir, en 1829 ; membre du conseil du ministère des Finances et professeur au Lycée impérial, avec rang de conseiller privé; membre effectif de l'Académie impériale des sciences (Économie politique et Statistique); l'un des fondateurs de l'Institut; décédé en 1889.

PRINCIPAUX OUVRAGES : *Études sur les revenus publics ; — Les finances russes ; — Recueil des sciences politiques.*

Cfr. *Annuaire*, IV, 8, et *Notice nécrol.* par M. de Martens, *Ann.*, XII, 332.

BLUNTSCHLI (JEAN-GASPARD), à Heidelberg.

Né à Zurich, le 7 mars 1808 ; docteur en droit de l'université de Bonn (1829); professeur à Zurich dès 1833, puis, pendant plusieurs années, membre du gouvernement cantonal et du gouvernement fédéral; chargé en 1844 de la rédaction d'un

Code civil pour le canton de Zurich; professeur aux universités de Munich (1848), puis de Heidelberg (1861); membre des deux Chambres badoises; président du *Protestantenverein*; l'un des fondateurs de l'Institut, dont il a été à plusieurs reprises vice-président et président; décédé en 1881.

PRINCIPAUX OUVRAGES: *Staats- und Rechtsgeschichte von Zürich*; — *Geschichte des schweiz. Bundesrechtes*; — *Privatrechtliches Gesetzbuch des Cantons Zurich* (avec commentaire); — *Deutsches Privatrecht*; — *Deutsches Staatswörterbuch*; — *Geschichte der allgemeinen Staatswissenschaft und Politik*; — *Abgekürztes Staatswörtenbuch*; — *Das moderne Völkerrecht als Rechtsbuch, mit Erläuterungen*; — *Das moderne Kriegsrecht der civilisirten Staaten*; — *Allgemeine Staatslehre*, etc.

Cfr. *Annuaire*, IV, 9; *Notices nécrol.* par MM. Schulze et Rolin-Jaequemyns, *Ann.*, VI, 57 et 61.

BROCHER (CHARLES-ANTOINE), à Genève.

Né à Carouge, près Genève, le 1er avril 1811; docteur en droit de l'académie de Genève, professeur de droit civil à la même académie (plus tard université); à plusieurs reprises, membre de la magistrature de son canton; associé (1874), puis membre de l'Institut (1875); décédé en 1881.

PRINCIPAUX OUVRAGES: *Études sur l'assurance contre l'incendie*; — *Étude historique et philosophique sur la légitime*; — *Études sur les principes généraux de l'interprétation des lois*; — *Zachariæ, sa vie et ses œuvres*; — *Nouveau traité de droit international privé*.

Cfr. *Annuaire*, IV, 11; *Notice nécrol.* par M. Brocher de la Fléchère, *Ann.*, VIII, 35.

BULMERINCQ (AUGUST DE), à Heidelberg.

Né à Riga, le 31 juillet/12 août 1822; docteur de l'université de Dorpat (1850); *privat-docent*, puis professeur à la même université de 1853 à 1875, avec rang de conseiller d'État actuel; professeur à l'université de Heidelberg (1881); membre de l'Institut dès sa fondation, président en 1887; décédé en 1890.

PRINCIPAUX OUVRAGES: *Die Systematik des Völkerrechts*; — *Praxis, Theorie und Codification des Völkerrechts*; — *Handbuch des Völkerrechts*; — *Handbuch des Consularrechts*.

Cfr. *Annuaire*, IV, 14; IX, 380; *Notice nécrol.* par M. Rolin-Jaequemyns, *Revue de droit internat.*, XXII, 385, et *Ann.*, XII, 335.

CAUCHY (Eugène-François), à Paris.

Né à Paris, le 16 octobre 1802; secrétaire archiviste de la Chambre des pairs (1831); maître des requêtes au Conseil d'État jusqu'en 1848; membre de l'Académie des sciences morales et politiques depuis 1866; membre de l'Institut de droit international depuis sa fondation; décédé le 2 avril 1877.

Principaux ouvrages : *Précédents de la Cour des pairs; — Le Duel, considéré dans ses origines et dans l'état actuel des mœurs; — Le droit maritime international, considéré dans ses origines et dans ses rapports avec les progrès de la civilisation.*

Cfr. *Notice nécrol.* par M. Rivier, *Annuaire*, II, 22.

DUBOIS (Ernest), à Nancy.

Né à Sens (Yonne), le 9 décembre 1837; lauréat et docteur en droit de la faculté de Paris (1860); chargé de cours à Strasbourg (1860); professeur agrégé à Grenoble (1864) et titulaire à Nancy (1867); associé de l'Institut (1875); décédé le 7 avril 1882.

Principaux ouvrages : *Institutes de Gaius d'après l'Apographum de Studemund; —* trad. de la *Faillite dans le droit international privé*, de Carle.

Cfr. *Annuaire*, IV, 20, et *Notice nécrol.* par M. Lyon-Caen, *Ann.*, VI, 69.

GESSNER (Ludwig), à Berlin.

Né à Axthausen (Westphalie), le 25 mars 1828; docteur en droit (1850); juge à Berlin (1858-1863); attaché à divers ministères de 1863 à 1874; conseiller de légation; associé de l'Institut (1875), membre effectif (1878); décédé le 4 décembre 1890.

Principaux ouvrages : *Droit des neutres sur mer ; — Étude générale sur les conventions entre États*, dans le *Manuel du droit des gens* de Holtzendorff.

Cfr. *Annuaire*, IV, 24, et *Notice nécrol.* par M. Rivier, *Ann.*, XI, 51.

HAUTEFEUILLE (Laurent-Basile), à Paris.

Né à Paris, le 23 juillet 1805 ; procureur du roi à Alger (1830) ; avocat au Conseil d'État et à la Cour de cassation (1837-1852) ; membre de l'Institut dès sa fondation ; décédé le 26 janvier 1875.

Principaux ouvrages : *Législation criminelle maritime ; — Code de la pêche maritime ; — Les droits et devoirs des nations neutres en temps de guerre maritime ; — Guide des juges marins ; — Histoire des origines, des progrès et des variations du droit maritime international ; — Questions de droit maritime international.*

Cfr. *Notice nécrol.* par M. Rivier, *Annuaire*, I, 65.

HEFFTER (August-Wilhelm), à Berlin.

Né à Schweinitz, le 30 avril 1796 ; docteur en droit de l'université de Bonn (1823) ; professeur aux universités de Bonn, de Halle et, depuis 1833, de Berlin ; membre de la Première chambre de Prusse (1849-1852) ; syndic de la couronne et membre à vie de la Chambre des seigneurs à partir de 1861 ; membre de l'Institut depuis sa fondation ; décédé le 5 janvier 1880.

Principaux ouvrages : *System des röm. und deutschen Civilprozessrechtes ; — Lehrbuch des gemeinen deutschen Kriminalrechtes ; — Das europäische Völkerrecht der Gegenwart ; — Beiträge zum deutschen Staats- und Fürstenrecht ; — Der Civilprozess oder das gerichtliche Verfahren bei bürgerlichen Rechtsstreitigkeiten ; — Die Sonderrechte der Souveränen und der mediatisirten Häuser Deutschlands.*

Cfr. *Notice nécrol.* par Schulze, traduite par M. Rivier, *Annuaire*, V, 25.

HOLTZENDORFF (Joachim-Wilhelm-Franz-Philipp, baron de), à Munich.

Né le 14 octobre 1829, à Vietmannsdorf (Brandebourg) ; docteur en droit de l'université de Berlin (1852) ; *privat-docent*, puis professeur à la même université (1857-1873), transféré à Munich en 1873; membre de l'Institut depuis sa fondation, président en 1883; décédé le 4 février 1889.

Principaux ouvrages: *Das irische Gefängnisswesen; — Principien der Politik; — Allgemeine deutsche Strafrechtszeitung* (1861-1874); — *Handbuch des deutschen Strafrechts; — Encyclopädie der Rechtswissenschaft in systematischer und alphabetischer Bearbeitung; — Deutsche Zeit- und Streitfragen; — Handbuch des deutschen Strafprozessrechtes; Handbuch des Gefängnisswesens; — Handbuch des Völkerrechts auf Grundlage europäischer Staatspraxis.*

Cfr. *Annuaire*, IV, 28, et *Notice nécrol.* par M. Rivier, *Annuaire*, XI, 58.

HORNUNG (Joseph), à Genève.

Né à Genève, le 11 février 1822; docteur en droit de l'Académie de Genève (1850); professeur de droit à Lausanne (1853), puis à Genève (1866); membre de l'Institut (1878); décédé le 2 nov. 1884.

Publications: Très nombreux articles sur des matières de droit et d'économie sociale.

Cfr. *Annuaire*, IV, 30; *Notice nécrol.* par M. Rivier, *Revue de droit international*, XVI, 615; *Ann.*, VIII, 45.

KŒNIG (Charles-Gustave), à Berne.

Né à Berne, le 10 décembre 1828; docteur en philosophie et professeur de droit civil et de procédure à l'université de Berne; docteur en droit, *honoris causâ*, de l'université d'Upsal; associé de l'Institut en 1875, membre en 1885; décédé le 23 mai 1892.

Principaux ouvrages: *Zeitschrift des bernischen Juristenvereins, — Bernische Civil- und Civilprozessgesetze.*

Cfr. *Annuaire*, IV, 33; *Notice nécrol.* par M. Rivier, *Revue de droit international*, XXIV, 331; *Ann.*, XII, 330.

LANDA Y ALVAREZ DE CARVALLO (Nicasio de), à Madrid.

Né à Pampelune, le 11 octobre 1831; docteur en médecine de l'université de Madrid; sous-inspecteur du corps de santé de l'armée espagnole; inspecteur général de la Croix-Rouge en Espagne; membre de l'Institut dès sa fondation; décédé le 11 avril 1891.

PRINCIPAUX OUVRAGES: *Transporte de heridos por vias ferreas y navegables; — La caridad en la guerra; — El derecho de la guerra conforme a la moral; — Servicio sanitario en el sitio y defenza de plazas.*

Cfr. *Annuaire*, IV, 85; *Notice nécrol.* par M. Torres Campos, *Ann.*, XI, 76.

LAURENT (FRANÇOIS), à Gand.

Né à Luxembourg, le 8 juillet 1810; docteur en droit de l'université de Liège (1832); professeur de droit à l'université de Gand depuis 1836; membre de l'Institut dès sa fondation; décédé le 11 février 1887.

PRINCIPAUX OUVRAGES: *Études sur l'histoire de l'humanité; — Principes de droit civil; — Cours élémentaire de Droit civil; — Droit civil international.*

Cfr. *Annuaire*, IV, 86; *Notice nécrol.* par M. Nys, *Ann.*, IX, 42.

LAVELEYE (ÉMILE-LOUIS-VICTOR, baron de), à Liège.

Né à Bruges, le 5 avril 1822; docteur en droit (1846); professeur d'économie politique et d'économie industrielle à l'université de Liège depuis 1864; l'un des membres fondateurs de l'Institut, vice-président en 1882; décédé le 2 janvier 1892.

PRINCIPAUX OUVRAGES: *La Prusse et l'Autriche depuis la dernière guerre; — Essai sur les formes de gouvernement dans les sociétés modernes; — De la propriété et de ses formes primitives; — Le socialisme contemporain; — Éléments d'économie politique; — la Péninsule des Balkans; — Le gouvernement dans la démocratie.*

Cfr. *Annuaire*, IV, 86; *Notice nécrol.* par M. Rivier, *Revue de droit international*, XXIV, 90; *Ann.*, XII, 319.

LEGUIZAMON (JOSÉ-FAUSTINO-ONÉSIMO), à Buenos-Ayrés.

Né à Gualeguay (Entre-Rios, République Argentine), le 15 février 1839; docteur en droit de l'université de Buenos-

Ayres (1862); professeur de droit international à la même université (1872-1875); ministre de la Justice, des Cultes et de l'Instruction publique (1874-1877); depuis 1877, ministre-président de la Cour suprême fédérale; associé de l'Institut (1877); décédé en 1887.

PRINCIPAUX OUVRAGES: *Droit de succession des enfants naturels; — La instituta del Codigo civil argentino.*

Cfr. *Annuaire*, IV, 40, et X, 51.

LORIMER (JAMES), à Édimbourg.

Né à Aberdalgie (Écosse), le 4 novembre 1818; maître-ès-arts de l'université d'Édimbourg; professeur de droit public et de droit de la nature et des gens à la même université, depuis 1862; l'un des membres fondateurs de l'Institut; décédé le 13 février 1890.

PRINCIPAUX OUVRAGES: *Handbook of the law of Scotland; — The institutes of law; — The institutes of the law of nations.*

Cfr. *Annuaire*, IV, 48; *Notices nécrol.* par M. Nys, *Ann.*, XI, 64, et par M. Rolin-Jaequemyns, *Revue de droit international*, XXI, 507.

LUCAS (CHARLES-JEAN-MARIE), à Paris.

Né à Saint-Brieuc, le 9 mai 1803; inspecteur général des prisons (1830); président du Conseil des inspecteurs généraux des prisons (1836) et du Conseil des inspecteurs généraux des services administratifs au ministère de l'Intérieur (1858); membre de l'Académie des sciences morales et politiques depuis 1836; membre de l'Institut dès sa fondation; membre honoraire en 1882; décédé le 20 décembre 1889.

Nombreuses publications sur l'abolition de la peine de mort, la réforme pénitentiaire, et la « civilisation de la guerre » par la substitution de l'arbitrage à la voie des armes.

Cfr. *Annuaire*, IV, 44; *Notice nécrol.* par M. Rolin-Jaequemyns, *Revue de droit international*, XXI, 509.

MAMIANI DELLA ROVERE (Le comte TERENZIO), à Rome.

Né à Pesaro, le 29 septembre 1799; ministre du gouvernement constitutionnel du Pape en 1848; plus tard, professeur de philosophie de l'histoire à l'université de Turin; ministre de l'Instruction publique à Turin (1860); ministre d'Italie à Athènes et en Suisse; conseiller d'État; sénateur du royaume d'Italie; membre de l'Institut depuis 1874; membre honoraire en 1882; décédé le 21 mai 1885.

PRINCIPAUX OUVRAGES: *Di un nuovo diritto pubblico europeo; — Teoria della religione e dello Stato;* — le journal *La Filosofia delle scuole italiane.*

Cfr. *Annuaire*, IV, 53; *Notice nécrol.* par M. Brusa, *Ann.*, VIII, 53.

MANCINI (PASQUALE-STANISLAO), à Rome.

Né à Castelbaronia (Pouille), le 17 mars 1817; docteur en droit de l'université de Heidelberg; professeur de droit international à l'université de Rome; professeur honoraire des universités de Turin et de Naples; député au parlement italien; ministre de la Justice de 1876 à 1878, des Affaires étrangères de 1881 à 1885; l'un des fondateurs et premier président de l'Institut; décédé à Naples, le 26 décembre 1888.

PRINCIPAUX OUVRAGES: *Fondamenti della filosofia del diritto e singolarmente del diritto di punire; — Essai sur la doctrine politique de Machiavel; — Annali di giurisprudenza italiana;* — nombreux discours, rapports, etc.

Cfr. *Annuaire*, IV, 54.

MASSÉ (GABRIEL), à Paris.

Né à Poitiers, le 20 mai 1807; conseiller à la Cour de cassation et membre de l'Institut de France (Académie des sciences morales); membre de l'Institut dès sa fondation; décédé en octobre 1881.

PRINCIPAUX OUVRAGES: *Dictionnaire du contentieux commercial* (avec M. Devilleneuve); — *Le droit commercial dans ses rapports avec le droit des gens et le droit civil; — Le droit civil français de Zachariæ, traduit, annoté et rétabli suivant l'ordre du Code* (avec M. Vergé).

Cfr. *Annuaire*, IV, 57; *Notice nécrol.* par M. Rivier, *Ann.*, VI, 56.

NAUMANN (Christian), à Stockholm.

Né à Malmœ, le 1er juillet 1810; docteur en philosophie (1832); secrétaire et syndic (1841-1852), puis professeur de droit public (1852-1860), de l'université de Lund; docteur en droit, *honoris causâ*, de l'université de Kiel (1854); membre de la Cour suprême de Suède depuis 1860; membre de l'Institut dès sa fondation; décédé le 30 août 1888.

Principaux ouvrages: *Sveriges Statsförfattningsrätt; — Les lois fondamentales de la Suède; — Tidskrift för Lagstiftning, Lagskipning och Författning*, depuis 1864.

Cfr. *Annuaire*, IV, 60, et X, p. VIII; *Notice nécrol.* par M. d'Olivecrona, *Ann.*, XII, 330.

NEUMANN (Léopold, baron de), à Vienne.

Né le 22 octobre 1811, à Zaleszczyki (Galicie); docteur en droit de l'université de Vienne (1835); avocat du fisc près la *Kammer Prokuratur*; professeur de droit à l'Académie thérésienne, puis à l'université de Vienne (1849); membre à vie de la Chambre des seigneurs du Reichsrath; membre de l'Institut depuis 1874, vice-président en 1882 et 1887; décédé en 1888.

Principaux ouvrages: *Handbuch des Consulatwesens; — Traité élémentaire de droit des gens à l'usage des Académies militaires; — Recueil des traités et conventions de l'Autriche depuis 1763 jusqu'à la fin de 1877; — Grundriss des heutigen europäischen Völkerrechtes.*

Cfr. *Annuaire*, IV, 61; *Notice nécrol.* par M. Ernest Lehr, *Ann.*, XII, 341.

NORSA (César), à Milan.

Né à Mantoue, le 10 mai 1831; docteur en droit de l'université de Pavie (1853); avocat près les cours d'appel et de cassation; associé de l'Institut (1875), membre (1883); décédé le 30 novembre 1890.

Nombreux articles dans les revues ou journaux judiciaires, notamment : *Conflitto internazionale delle leggi cambiarie ; — Il telefono et la legge.*

Cfr. *Annuaire*, IV, 63, et IX, 389 ; *Notice nécrol.* par M. Sacerdoti, *Ann.*, XI, 81.

ORELLI (Alois d'), à Zurich.

Né à Zurich, le 18 janvier 1827 ; docteur en droit de l'université de Berlin (1849) ; *privat-docent* à l'université de Zurich (1853) ; membre de la Cour suprême du canton de Zurich (1862-1869) ; professeur à l'université de la même ville depuis 1871 ; associé de l'Institut (1885), membre (1891) ; décédé le 31 janvier 1892.

Principaux ouvrages : *Grundriss zu den Vorlesungen über schweizer Rechtsgeschichte ; — Das schweiz. Bundesgesetz betreffend das Urheberrecht, erläutert ; — Das Staatsrecht der schweiz. Eidgenossenschaft ; — Der internationale Schutz des Urheberrechts.*

Cfr. *Annuaire*, VIII, 352, et IX, 390 ; *Notice nécrol.* par M. Rivier, *Revue de droit international*, XXIV, 104, et *Ann.*, XII, 325.

PHILLIMORE (sir Robert-Joseph, baronnet), à Londres.

Né à Londres, le 5 novembre 1810 ; docteur en droit de l'université d'Oxford ; membre de la corporation des Avocats de Doctors' Commons et *barrister at law* de Middle Temple ; membre de la Chambre des communes (1853-1857) ; avocat général de la reine pour les affaires de l'amirauté ; juge de la haute Cour de l'Amirauté ; membre du Conseil privé ; juge de la division de l'Amirauté, des Testaments, etc., à la Haute-Cour de justice (1875) ; membre honoraire de l'Institut (1883) ; décédé le 4 février 1885.

Principaux ouvrages : *Commentaries upon international law ; — The ecclesiastical law of the Church of England.*

Cfr. *Annuaire*, VII, 287 ; *Notice nécrol.* par sir Travers Twiss, *Ann.*, VIII, 63.

SARIPOLOS (Nicolas-Jean), à Athènes.

Né à Larnaca (Chypre), le 13/25 mars 1817; docteur en droit de la faculté de Paris (1844); professeur de droit à l'université d'Athènes depuis 1846; membre de l'Assemblée nationale hellène; membre de l'Institut (1877); décédé le 17/29 décembre 1887.

Principaux ouvrages (en grec): *Traité de droit constitutionnel; — Traité de droit des gens; — Traité de législation criminelle.*

Cfr. *Annuaire*, IV, 73; *Notices nécrol.* par M. Éd. Rolin, *Ann.*, IX, Avant-propos, p. IX, et par M. Rivier, *Ann.*, X, 52.

SCHULZE-GÆVERNITZ (Hermann-Johann-Friedrich de), à Heidelberg.

Né à Iéna, le 23 septembre 1824; *privat-docent* à l'université de cette ville (1848), professeur extraordinaire (1850); professeur ordinaire à Breslau (1857-1878), à Heidelberg depuis 1878; conseiller intime de justice, membre à vie de la Chambre des seigneurs de Prusse, syndic de la couronne (1869); associé de l'Institut (1879), membre (1880); décédé en 1888.

Principaux ouvrages: *Die Hausgesetze der regierenden deutschen Fürstenhäuser; — System des deutschen Staatsrechts; — Lehrbuch des deutschen Staatsrechts; — Das Preussische Staatsrecht auf Grundlage des deutschen Staatsrechts dargestellt.*

Cfr. *Annuaire*, IV, 75; *Notice nécrol.* par M. A. de Bulmerincq, *Revue de droit international*, XXI, 464, et *Ann.*, XII, 349.

SCLOPIS DE SALERANO (Le comte Paolo-Federico), à Turin.

Né à Turin, le 17 janvier 1798; docteur en droit de l'université de cette ville (1818); membre de la Cour suprême de justice du Piémont (1828); l'un des rédacteurs du code civil de 1837; ministre de la Justice (1848); député et sénateur (1849), président du Sénat italien (1863); président du tribunal arbitral dans l'affaire de l'Alabama; chevalier de l'Annonciade; membre de l'Institut dès sa fondation; décédé le 8 mars 1878.

PRINCIPAUX OUVRAGES: *Storia dell' antica legislazione del Piemonte;* — *Storia della legislazione italiana.*

Cfr. *Annuaire*, I, 181; *Notice nécrol.* par M. Fiore, trad. par M. Rivier, *Ann.*, III, 27.

STEIN (le chevalier LORENZ de), à Vienne.

Né le 15 novembre 1815, à Eckernförde (Slesvig); professeur à l'université de Kiel en 1846; expatrié à la suite de la guerre dano-allemande de 1854; professeur de sciences politiques à l'université de Vienne depuis 1855; membre de l'Institut dès sa fondation; décédé le 23 septembre 1890.

PRINCIPAUX OUVRAGES: *Der Socialismus und Communismus des heutigen Frankreichs;* — *Französische Staats- und Rechtsgeschichte* (avec Warnkœnig); — *Geschichte der socialen Bewegung in Frankreich von 1879 bis auf unsere Tage;* — *System der Staatswissenschaften;* — *Lehrbuch der Volkswirthschaft;* — *Lehrbuch der Finanzwissenschaft;* — *Die Verwaltungslehre;* — *Vergangenheit, Gegenwart und Zukunft der nationalen Wirthschaftspolitik.*

Cfr. *Annuaire*, IV, 76; *Notice nécrol.* par M. Brocher de la Fléchère, *Ann.*, t. XII, p. 345.

WASHBURN (EMORY), à Cambridge (Massachusetts).

Né à Leicester (Massachusetts), le 14 février 1800; avocat. sénateur, juge au Common Pleas, gouverneur du Massachusetts (1853); docteur en droit, *honoris causâ*, de l'université d'Harvard et professeur de droit en ladite université de 1856 à 1876; membre de l'Institut dès sa fondation; décédé le 18 mars 1877.

PRINCIPAUX OUVRAGES: *Law of real property;* — *Law of easements and servitudes.*

Cfr. *Notice nécrol.* par M. Rivier, *Annuaire*, II, 23.

WHARTON (FRANCIS), à Washington.

Né à Philadelphie, le 7 mars 1820; historien, théologien et jurisconsulte; docteur en droit; professeur de droit au Séminaire de l'Église épiscopale, à Cambridge, et à l'université de Boston; *Solicitor* du département d'État, à Washington, en 1885; membre de l'Institut dès sa fondation; décédé le 21 février 1889.

Principaux ouvrages: *Treatise on the criminal law of the United States* (9 éditions); — *Criminal Pleading and Practice* (9 éditions); — *Criminal Evidence* (9 éditions); — *Contracts*; — *Commentaries on Law*; — *Precedents of indictment and pleas*; — *Treatise on the conflict of laws, or Private international law*; — *Treatise on the law of homicide*; — *Treatise on the law of negligence*; — *Treatise on the law of agency*; — *International law Digest*; — *Diplomatic correspondence of the american Revolution.*

Cfr. *Annuaire,* IV, 79; une *Notice nécrol.* par M. Ernest Lehr, d'après les notes de M. J. B. Moore, paraîtra dans la *Revue de droit international* de 1893 et dans le t. XIII de l'*Annuaire.*

WOOLSEY (Théodore Dwight), à New-Haven (Connecticut).

Né à New-York, le 31 octobre 1801; jurisconsulte, théologien et philologue; professeur et président du Yale College, à New-Haven (Connecticut); membre de l'Institut dès sa fondation; décédé en 1889.

Principaux ouvrages: *Introduction to the study of the international law* (6 éditions); — *Essay on divorce and divorce legislation in the United States*; — *Political science, or the State, theoretically and practically considered*; — *Communism and Socialism in their history and theory.*

Cfr. *Annuaire,* IV, 80; une *Notice nécrol.,* par M. Ernest Lehr, d'après les notes de M. J. B. Moore, paraîtra dans la *Revue de droit international* de 1893 et dans le t. XIII de l'*Annuaire.*

VIII

Renseignements biographiques parvenus au Secrétariat général postérieurement à l'impression des notices qui précèdent[1].

CARNAZZA-AMARI.

M. Carnazza-Amari a été nommé sénateur du royaume d'Italie par décret royal du 10 octobre 1892.

LABRA (RAFAEL DE).

M. de Labra est actuellement membre de la Chambre des députés et, indépendamment de ce qui a été indiqué, *suprà*, p. 300, membre de la direction de l'Association libre-échangiste d'Espagne et de la Ligue internationale de l'Enseignement, président de la Ligue des sociétés espagnoles et portugaises d'Éducation populaire, membre du Comité parlementaire international de la paix et de l'arbitrage.

[1] Dans la notice concernant M. SACERDOTI, p. 336, il faut lire: *Annuaire*, t. IX, p. 394 (au lieu de t. X).

TABLE ALPHABÉTIQUE DES MATIÈRES

DRESSÉE PAR

M. JACQUES BERNEY,

SECRÉTAIRE-ADJOINT DE L'INSTITUT

N. B. — On trouvera, sous le nom de chaque ville où l'Institut a tenu des sessions, l'indication des diverses matières sur lesquelles, dans chacune d'elles, il a voté une résolution ou adopté un projet de règlement.

A

B

C

D

U

V

W

Z

TABLE ALPHABÉTIQUE DES NOMS

MENTIONNÉS DANS LE PRÉSENT OUVRAGE

DRESSÉE PAR M. JACQUES BERNEY, SECRÉTAIRE-ADJOINT

La présente table ne renvoie pas aux listes générales de noms ni aux tableaux qui figurent aux pages xxviii et suivantes, et 235 à 255.

Les chiffres gras renvoient à la page où se trouve la notice biographique et bibliographique sur le membre ou l'associé dont il s'agit.

CONSEIL SUPÉRIEUR DE L'INSTRUCTION PUBLIQUE

J'apporterai à Monsieur le Ministre l'Annuaire de l'Institut de Droit international où il trouvera, notamment pp. 1 à 18, les renseignements dont il peut avoir besoin pour la collation des [illegible]

[illegible]

CHEZ LES MÊMES LIBRAIRES

Annuaires de l'Institut de droit international.

T. I, 1877 (Sessions de Gand, de Genève et de La Haye), 1 vol. de xx-388 p., 1877.

T. II, 1878 (Session de Zurich), 1 vol. de xii-364 p., 1878.

T. III et IV, 1879-1880 (Sessions de Paris et de Bruxelles), 2 vol. de x-421 et de vii-300 p., 1880.

T. V, 1880-1882 (Session d'Oxford), 1 vol. de x-225 p., 1882 *(épuisé)*.

T. VI, 1882-1883 (Session de Turin), 1 vol. de xii-334 p., 1883, *(épuisé)*.

T. VII, 1883-1885 (Session de Munich), 1 vol. de xi-301 p., 1re éd., 1885 *(épuisée)*; 2e éd., 1891.

T. VIII, 1885-1886 (Session de Bruxelles), 1 vol. de xiii-372 p., 1886.

T. IX, 1887-1888 (Session de Heidelberg), 1 vol. de xvi-421 p., 1888.

T. X, 1888-1889 (Session de Lausanne), 1 vol. de xviii-349 p., 1889.

T. XI, 1889-1892 (Session de Hambourg), 1 vol. de xiii-572 p., 1892.

T. XII, 1892-1894 (Session de Genève), 1 vol. de xvi-376 p., 1892.

LAUSANNE — IMP. F. REGAMEY

www.ingramcontent.com/pod-product-compliance
Ingram Content Group UK Ltd.
Pitfield, Milton Keynes, MK11 3LW, UK
UKHW022325190726
13856UKWH00001B/214